· 江苏高校哲学社会科学优秀创新团队"中国文化安全字   研校任成术
· 江苏高校优势学科建设工程资助项目（PAPD）
· 江苏省社会科学基金项目"青少年毒品滥用行为干预研究"（项目编号：22SHB013）
· 毒品分析及禁毒技术公安部重点实验室2022年度开放课题"后疫情时代青少年戒
  毒行为影响因素的实证研究"（项目编号：ynpc2022kf003）
· 江苏省公安厅公安理论及软科学研究计划"抗逆力视角下的农村青少年戒毒行为
  及干预研究"（项目编号：2021LX004）

青少年涉毒问题研究

黄　进　刘　彬　著

中国人民公安大学出版社

·北　京·

图书在版编目（CIP）数据

青少年涉毒问题研究／黄进，刘彬著 . —北京：中国人民公安大学出版社，2023. 11
ISBN 978-7-5653-4759-7

Ⅰ.①青⋯　Ⅱ.①黄⋯②刘⋯　Ⅲ.①青少年犯罪—吸毒—研究　Ⅳ.①C913.8

中国国家版本馆 CIP 数据核字（2023）第 214898 号

青少年涉毒问题研究

黄 进 刘 彬 著

出版发行：中国人民公安大学出版社
地　　址：北京市西城区木樨地南里
邮政编码：100038
经　　销：新华书店
印　　刷：北京市泰锐印刷有限责任公司

版　　次：2023 年 11 月第 1 版
印　　次：2023 年 11 月第 1 次
印　　张：12.75
开　　本：787 毫米×1092 毫米　1/16
字　　数：242 千字

书　　号：ISBN 978-7-5653-4759-7
定　　价：50.00 元

网　　址：www.cppsup.com.cn　www.porclub.com.cn
电子邮箱：zbs@cppsup.com　zbs@cppsu.edu.cn

营销中心电话：010-83903991
读者服务部电话（门市）：010-83903257
警官读者俱乐部电话（网购、邮购）：010-83901775
教材分社电话：010-83903084

前　言

《2022年中国毒情形势报告》指出，截至2022年年底，全国现有吸毒人员112.4万名，同比下降24.3%；戒断三年未发现复吸人员379万名，同比上升11.49%；新发现吸毒人员7.1万名，同比下降41.7%。我国现有吸毒人数和新发现吸毒人数连续六年下降，毒品滥用治理成效持续显现。反观全球，毒品问题不容乐观。《2022年世界毒品问题报告》指出，2022年全世界约有3亿人使用毒品，比前十年增加了22%。其中使用毒品的青少年比成年人更多，而且使用程度也高于过去几代人。近年来，随着一些国家和地区将大麻的非医疗用途合法化，使大麻成为合法的消费品，毒品泛滥问题越发严重。国外严峻的毒品形势对我国禁毒工作是一个挑战，尤其是青少年对新精神活性物质的认知匮乏、新鲜猎奇及盲目从众，成为我国青少年毒品滥用的主要原因。青少年毒品滥用对自身、家庭、社会和国家都造成了无法弥补的伤害，因此，如何使青少年识毒、拒毒、防毒是全社会共同关注的问题。

本书以青少年为研究对象，在多地禁毒总队、禁毒支队、禁毒大队、戒毒局、戒毒所、派出所及社区调研的基础上，以青少年毒品滥用问题为研究核心，以价值思考为研究视角，多方辐射研究相关背景、原因、现状，进一步提出优化青少年禁毒工作的路径。

从篇章结构看，本书共分为六章。

第一章为导论，着重介绍本书研究的背景、青少年毒品滥用问题、文献综述，以及本书的研究方法和框架。

第二章为青少年毒品滥用环境重构与现状审视，从我国毒品滥用现状、青少年毒品滥用人群画像及滥用毒品种类三个方面进行了具体阐述。在这一部分中，通过对实地搜集的数据进行进一步筛查、计算和分析，探究青少年毒品滥用情况及其变化趋势，为原因分析及对策研究提供现实数据支撑。

第三章为青少年毒品滥用群体分析，结合人口学理论，从性别特征、年龄特征、受教育程度、婚姻状态、职业分布以及收入水平进行青少年毒品滥用分析。利用案例、调查问卷对毒品滥用青少年进行生物学特征、心理特征、人群对比的分析，剖析毒品滥用青少年的内在特质，为进一步探索青少年毒品滥用原因以及对策提供依据。

第四章为青少年毒品滥用的原因，从个人、家庭、学校、社会四个方面分析青少年接触、成瘾、难以戒断的诱因。利用前期调查、搜集的各项数据进行整合、分析，从中总结毒品滥用缘由，条分缕析，便于进一步对症下药、探索优化措施。

第五章为青少年毒品滥用的危害，从个人、家庭、社会、国家四个方面阐述了毒品滥用的影响和危害，着重点明遏制青少年毒品滥用的重要性、紧迫性。

第六章为青少年毒品预防，从心理健康、家庭教育、社区服务、学校规划、社区组织、立法及公安工作等多元化协同治理角度出发，探索预防青少年毒品滥用的对策。

本书为江苏高校哲学社会科学优秀创新团队"中国文化安全学"阶段性成果、江苏高校优势学科建设工程资助项目（PAPD）、江苏省社会科学基金项目"青少年毒品滥用行为干预研究"（项目编号：22SHB013）、毒品分析及禁毒技术公安部重点实验室 2022 年度开放课题"后疫情时代青少年戒毒行为影响因素的实证研究"（项目编号：ynpc2022kf003）、江苏省公安厅公安理论及软科学研究计划"抗逆力视角下的农村青少年戒毒行为及干预研究"（项目编号：2021LX004）的研究成果。

最后，感谢指导和帮助本书编写的江苏省公安厅禁毒总队、江苏省戒毒局、南京市禁毒支队、淮安市淮安区禁毒大队、南京戒毒所、城东派出所等多家单位。同时感谢江苏警官学院冯宇轩、杨知晨、陈奕帆、明鑫、徐雨、李桑晨、徐宁晨、张利奕、孙传宇、杨铭宇、杨皓文、左哲成等同学对资料的收集、整理及分析。书中如有疏漏之处，敬请读者批评指正。

编者

2023 年 6 月

目　录

第一章
导 论

一、研究背景

毒品成为危及人类健康与福祉的公共卫生问题和社会问题。毒品不仅对吸食者个人的身体健康造成损害，而且还会对其家人、朋友以及所处社会环境造成消极影响，极易引发一系列严重的社会问题，不利于经济发展和社会稳定和谐。

《2022 年世界毒品问题报告》指出，2022 年全球吸毒人数高达 3 亿，高于 2010 年的 2.26 亿人，增加了 22%，预计到 2030 年吸毒人口会继续增加 11%。2019 年，吸毒导致近 50 万人死亡，超过 3600 万人因吸毒患有精神障碍疾病，重度毒品使用精神障碍导致了 1800 万健康生命丧失，2022 年大约有 20 万人因吸毒而死。[①] 国家禁毒委员会发布数据，截至 2022 年年底，全国现有吸毒人员 112.4 万名，同比下降 24.3%；戒断三年未发现复吸人员 379 万名，同比上升 11.4%；新发现吸毒人员 7.1 万名，同比下降 41.7%。[②] 现有吸毒人数和新发现吸毒人数连续六年下降，毒品滥用治理成效持续显现。

2015 年 6 月 25 日，习近平总书记在北京会见全国禁毒工作先进集体代表和先进个人时发表重要讲话。他强调，禁绝毒品，功在当代，利在千秋。禁毒工作事关国家安危、民族兴衰、人民福祉，严厉打击毒品违法犯罪活动是党和政府的一贯主张。[③] 2018 年 6 月 25 日，习近平总书记就禁毒工作作出重要指示，他强调，要加强党的领导，充分发挥政治优势和制度优势，完善治理体系，压实工作责任，广泛发动群众，走中国特色的毒品问题治理之路，坚决打赢新时代禁毒人民战争；要坚持

---

① 2022 世界毒品报告：超过 3600 万人患吸毒障碍，曾有女孩为买包陪吸. [2023-01-17]. https：//baijiahao. baidu. com/s？id＝1755239469511376206&wfr＝spider&for＝pc. 2023-01-17.

② 中国国家禁毒委员会办公室. 2022 年中国毒情形势报告. [2023-06-26]. http：//mzt. fujian. gov. cn/ztzl/mfdjd/qtfl/202306/t20230626_6192491. htm.

③ 坚决打赢新时代禁毒人民战争. 人民公安报，2020-6-23.

关口前移、预防为先，重点针对青少年等群体，深入开展毒品预防宣传教育，在全社会形成自觉抵制毒品的浓厚氛围。①

处于身心发展关键阶段的青少年，因为社会经验不足、是非辨别能力差，对毒品的危害性和违法性也认识不够，极易成为毒品犯罪的"高危群体"，因此，青少年吸毒已成为社会亟待解决的热点问题。

在相关法律法规方面，国家也适时出台了许多文件以预防青少年吸毒。2016年国家禁毒办会同14部委制定的《全国青少年毒品预防教育规划（2016—2018）》，首次明确提出要着重预防青少年吸毒，并要求到2016年年底前，要建立1所国家级、32所省级禁毒教育基地；2017年年底前，全国300万人口以上大城市各建1所禁毒教育基地；2018年年底前，毒情严重、登记吸毒人员超过5000人的地市、州和超过1000人的重点县市均要建立禁毒教育基地。2019年国家禁毒办为深入贯彻落实习近平总书记关于加强禁毒工作的重要批示指示精神，进一步做好青少年毒品预防教育工作，按照今年9月国家禁毒委员会办公室、教育部联合印发的《关于做好2019年秋季开学在校学生毒品预防教育工作的通知》要求，国家禁毒办决定在全国青少年毒品预防教育数字化平台（以下简称数字化平台）上开展2019年全国青少年禁毒知识答题活动。这些政策措施的出台以及活动的进行必将极大推动青少年禁毒工作的职业化、专业化发展。

近年来，国家禁毒办、教育部按照《中小学生守则》《中等职业学校德育大纲》《中小学毒品预防专题教育大纲》和《生命安全与健康教育进中小学课程教材指南》的要求，深入开展校园禁毒专题教育，连续9年开展秋季开学全国在校学生毒品预防教育"五个一"活动，连续7年组织开展全国青少年禁毒知识竞赛活动，吸引了上亿名学生和学生家长参与，进一步提高了广大人民群众特别是在校学生的禁毒意识和抵制毒品的能力，新滋生吸毒人数大幅减少。2022年，全国新发现吸毒人员7.1万名，较最高峰时期下降了86.6%，取得了"教育一个孩子，影响一个家庭，带动整个社会"的良好效果。

2023年9月，国家禁毒办、教育部再次部署各地开展秋季开学在校学生毒品预防教育"五个一"活动，要求通过"参观一次禁毒展览、开展一次禁毒主题班会、开展一次禁毒知识答题活动、开展一次禁毒作品征文活动、观看一次禁毒题材影视作品或文艺演出"等形式，进一步巩固学校毒品预防教育成果。下一步，国家禁毒办和教育部将结合正在组织开展的"笑气"、涉依托咪酯违法犯罪集中打击整治以

---

① 习近平就禁毒工作作出重要指示强调走中国特色的毒品问题治理之路坚决打赢新时代禁毒人民战争．[2018-06-25]．https：//www.gov.cn/xinwen/2018-06-25/content_5301084.htm？eqid=8b84d23b000103d2000000026491227e．

及麻精药品非法流失综合治理等专项行动，要求各地禁毒部门、教育部门将防范新精神活性物质、"聪明药"等麻精药品和"笑气"、依托咪酯等物质滥用纳入今年全国秋季开学在校学生毒品预防教育"五个一"活动的重要内容，通过专题教育、专家讲授、宣传视频、参观体验等多种形式，科学阐明毒品的概念，深刻解释依托咪酯物质的伪装性、迷惑性和严重危害，不断增强青少年禁毒意识和拒毒、防毒能力，帮助他们自觉抵制毒品的侵害，健康成就未来。

2023年，全国禁毒部门深入贯彻落实习近平总书记关于禁毒工作重要指示精神，按照公安部部长"面对新形势、研究新问题、创出新战法，确保管得住、打得掉、不反弹"的指示要求和公安部党委部署，结合开展学习贯彻习近平新时代中国特色社会主义思想主题教育，积极应对疫情防控平稳转段后毒情形势新变化，统筹推进禁毒"清源断流—2023"行动和全国公安机关夏季治安打击整治行动，严厉打击整治毒品违法犯罪活动，取得明显阶段性成效。1至8月，全国共破获毒品犯罪案件2.6万起，抓获毒品犯罪嫌疑人3.9万名，缴获各类毒品16.5吨，同比分别上升10%、16.4%、24.7%，查处吸毒人员11万人次，同比下降18.1%。6月份全国公安机关夏季治安打击整治行动以来，共破获毒品犯罪案件7000多起，抓获毒品犯罪嫌疑人1万余名，缴获各类毒品4.8吨，有力防范遏制了毒情反弹风险。① 经过不懈努力，中国禁毒斗争形势稳中有进、趋势向好，吸毒人数连年下降，规模性制毒活动大幅萎缩，制毒物品非法流失问题得到整治（见图1-1~图1-3）。

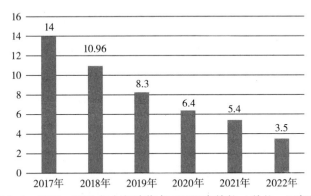

图 1-1 2017—2022 年全国破获毒品犯罪案件数（单位：万起）②

---

① 今年1至8月全国共破获毒品犯罪案件2.6万起．［2023-09-27］．https：//tv.cctv.com/2023/09/27/VIDEX x52w12cSf0scYvxpKe5230927. shtml.

② 中国国家禁毒委员会办公室．2022年中国毒情形势报告．［2023-06-26］．http：//mzt. fujian. gov. cn/ztzl/mfdjd/qtfl/202306/t20230626_6192491. htm.

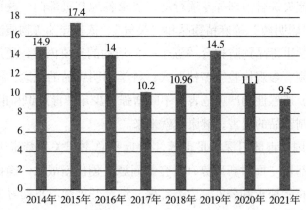

图 1-2　2014—2021 年破获吸毒人员引发的案件数（单位：万起）

图 1-3　2014—2022 年全国毒品缴获总量（单位：吨）

当前，全球毒品问题继续呈恶化态势，"金三角"①"金新月"②"银三角"③ 三大毒源地传统毒品产能依然巨大，并与冰毒等合成毒品和新精神活性物质形成三代毒品叠加供应态势。在"金三角"地区向我国渗透海洛因、冰毒片剂的同时，冰毒

---

① "金三角"（Golden Triangle）是指位于东南亚泰国、缅甸和老挝三国边境地区的一个三角形地带，因这一地区长期盛产鸦片等毒品、是世界上主要的毒品产地，而使"金三角"闻名于世。"金三角"的范围大致包括缅甸北部的掸邦、克钦邦、泰国的清莱府、清迈府北部及老挝的琅南塔省、丰沙里、乌多姆塞省，以及琅勃拉邦省西部，共有大小村镇 3000 多个。

② "金新月"是一个仅次于"金三角"的鸦片和海洛因生产基地。位于阿富汗、巴基斯坦和伊朗三国的交界地带，因形似新月，故名"金新月"。"金新月"地区一直种植鸦片，产量很高，曾为世界最大的鸦片产地。"金新月"，世界三大毒品产地之一，其地域位于西南亚，从土耳其东部，经伊朗、阿富汗一直延伸到巴基斯坦一带，"金新月"的毒品最大产地是阿富汗。因其形状好像一弯新月，故称"金新月"。

③ "银三角"是指拉丁美洲毒品产量集中的哥伦比亚、秘鲁、墨西哥和巴西所在的安第斯山和亚马逊地区。这一地带总面积在 20 万平方公里以上，由于盛产可卡因、大麻等毒品而闻名，所以从 20 世纪 70 年代起，被人们称为"银三角"。

晶体及氯胺酮输入量急剧上升，占据我国毒品市场主导地位。大麻、可卡因等毒品也在向我国不断渗透。随着经济全球化和社会信息化加快发展，世界范围内的毒品问题泛滥蔓延，特别是周边毒源地和国际贩毒集团对中国渗透的力度不断加大，成为中国近年来毒品犯罪面临的外部威胁。

（一）毒品滥用

2022年，中国毒品滥用形势继续好转。经过持续深入推进毒品预防教育工程、社区戒毒康复工程以及吸毒人员"清零""清隐""清库"行动等专项工作，国内毒品滥用增长势头进一步减缓。现有吸毒人数（不含戒断三年未发现复吸人数、死亡人数和离境人数）连续六年下降，戒断三年未发现复吸人数连续多年上升。尽管中国减少毒品需求工作成效明显，治理毒品滥用问题取得一定成效，但滥用人数规模依然较大、吸毒活动隐蔽性增强、新类型毒品增多，治理巩固难度加大。

1. 吸毒人数持续下降，毒品滥用形势继续好转

截至2022年年底，中国现有吸毒人员112.4万名，同比下降24.3%。戒断三年未发现复吸人员379万名，同比上升11.4%。其中新发现吸毒人员7.1万名，同比下降41.7%。新发现吸毒人数连续7年持续下降（见图1-4、图1-5）。①

图1-4　2014—2022年全国现有吸毒人员数（单位：万人）

①　中国国家禁毒委员会办公室.2022年中国毒情形势报告.［2023-06-26］.http://mzt.fujian.gov.cn/ztzl/mfdjd/qtfl/202306/t20230626_6192491.htm.

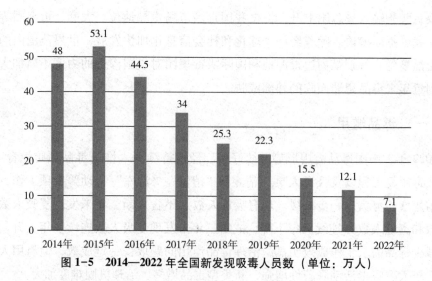

图 1-5　2014—2022 年全国新发现吸毒人员数（单位：万人）

2. 三类主要品种滥用人数下降，冰毒滥用人数最多

2022 年，在现有吸毒人员中，滥用海洛因 41.6 万名、冰毒 58.8 万名、氯胺酮 3.2 万名，同比分别下降 25.2%、25.8%、14.7%。各地开展城市污水中毒品成分监测结果显示，海洛因、冰毒、氯胺酮滥用人数较多的主流毒品消费量普遍大幅下降。① 冰毒滥用居毒品滥用之首。

3. 新类型毒品增多，识别查处难

目前，我国已列管 456 种麻醉品和精神物质和整类芬太尼类物质②，但新类型毒品不断出现。如含 LSD 成分的"邮票"、向学生兜售的"聪明药"以及逐渐蔓延的"0 号胶囊""G 点液""犀牛液"等色胺类物质，品种五花八门。有的变换包装，伪装成食品、香烟等，如"奶茶"、巧克力形态的毒品；还有新精神活性物质作为第三代毒品，在国内迅速扩张，且花样不断翻新，如合成大麻素"娜塔莎"等，据国家毒品实验室检测，全年检测出新精神活性物质 41 种，其中新发现 5 种。

4. 滥用危害风险始终存在，严重影响社会治安

毒品滥用不仅给吸毒者本人及其家庭带来严重危害，也诱发盗抢骗等一系列违法犯罪活动。一些人滥用毒品后，出现狂躁症状甚至诱发精神障碍或心血管疾病，存在引发肇事肇祸风险。一些不法分子利用具有镇静、催眠、麻醉作用的精神药品制成"迷奸水""听话水"，实施强奸、猥亵等犯罪活动。长期滥用合成毒品还极易导致精神性疾病，由此引发的自伤自残、暴力伤害他人、"毒驾"等肇事肇祸案

---

① 中国国家禁毒委员会办公室 . 2022 年中国毒情形势报告 . ［2023-06-26］. http：//mzt. fujian. gov. cn/ztzl/mfdjd/qtfl/202306/t20230626_6192491. htm.

② 我国管制毒品目录 . 中国禁毒报，2023-6-26.

（事）件在各地时有发生，给公共安全带来风险隐患。

（二）毒品来源

中国毒品来源于境外输入和国内制造。2022 年缴获海洛因、冰毒、氯胺酮等 3 类滥用人数较多的主流毒品 11.7 吨，其中来源于境外 10.9 吨、国内囤积或制造 0.8 吨，分别占缴获总量的 92.3% 和 6.7%。① 根据各地办案部门不完全统计，其他不确定来源的缴获毒品大多数也产自境外。随着国产毒品产量减少及毒品价格暴涨，境外毒品不断向我国渗透，迅速抢占市场，弥补需求空缺，取代了国产毒品的市场主导地位。

1. 境外毒品来源

（1）"金三角"毒品仍是主流。卫星遥感监测数据显示，2019 年至 2020 年生长季，"金三角"地区罂粟种植面积 55.5 万亩，较上年略降 1.4%，可产鸦片 500 余吨。同时，该地区还大规模制造冰毒片剂、晶体冰毒和氯胺酮，并向我国及周边地区大肆输出，这是中国毒品的主要来源地。2022 年缴获海洛因 1.3 吨，同比下降 27.6%，其中来自"金三角"地区 1.29 吨、"金新月"地区 15.8 千克，分别占缴获总量的 98.8% 和 1.2%。缴获冰毒 9.1 吨，同比下降 39.3%，其中来自"金三角"地区 8.4 吨，占缴获总量的 92.1%。②

（2）"金新月"和南美毒品渗透风险依然存在。2020 年，中国缴获"金新月"海洛因 186 千克、南美可卡因 582 千克，同比分别上升 1.4 倍和 2.5 倍。"金新月"海洛因主要从广东走私入境，已形成分工明确、较为稳定的贩毒团伙网络。南美可卡因主要藏匿于远洋货轮集装箱中，中国东部沿海等地多次查获来自南美可卡因案件。③

（3）北美大麻入境案件增多。2021 年缴获境外大麻 308.9 千克，同比上升 4.5 倍。中国海关 2019 年立案查处走私入境大麻案 268 起，缴获大麻 252.1 千克，走私大麻案件和缴毒量呈逐年增长态势。受欧美一些国家大麻合法化政策影响，中国境内外籍员工、高校留学生、海外归国人员以及文娱从业人员通过互联网勾连，以国际邮包、航空夹带等方式从境外购买、滥用大麻及其制品的现象明显增多。

2. 国内毒品制造

（1）规模性制毒活动减少。经过持续不断地推进打击制毒"除冰肃毒"专项行

① 中国国家禁毒委员会办公室.2022 年中国毒情形势报告.［2023-06-26］.http：//mzt.fujian.gov.cn/ztzl/mfdjd/qtfl/202306/t20230626_6192491.htm.

② 中国国家禁毒委员会办公室.2022 年中国毒情形势报告.［2023-06-26］.http：//mzt.fujian.gov.cn/ztzl/mfdjd/qtfl/202306/t20230626_6192491.htm.

③ 境外毒品来源有哪些？［2021-05-19］.http：//gdjdj.gd.gov.cn/dawenku/dpkp/content/post_3450807.html.

动和易制毒化学品清理整顿，国内制毒犯罪受到严厉打击，地下制毒活动得到有效遏制。2021 年共破获制毒犯罪案件 230 起。摧毁制毒窝点 123 个，缴毒 1.2 吨，同比分别下降 26.4% 和 89.0%。规模化制毒活动得到遏制，缴获毒品公斤级以下的案件 70 起，占 64.2%，10 公斤以上案件 6 起，占 2.2%，未发生 50 公斤以上制毒案件。制毒活动出现新变化，呈现规模小型化、分布零散化、工艺简单化的特点，有的在家庭作坊、小型货车内流动制毒，大宗制毒活动减少，产能大幅下降。

（2）制毒活动向境外转移趋势明显。受严打整治挤压，国内一些制毒分子与境外贩毒势力相勾结，流窜到"金三角"地区或其他东南亚国家选点设厂，购买生产制毒物品，制成毒品后再走私回流入境或销往其他国家。

（3）国内制毒活动存在反弹风险。2022 年，全国滥用冰毒人员 58.8 万名，市场需求规模依然大，冰毒成瘾性强、戒断难度大，毒品消费"刚需"依然存在。同时，国内冰毒、氯胺酮等合成毒品受国产供应减少影响，价格高涨，受高额暴利的刺激，个别地方地下制毒活动仍有发生。

（4）制毒物品流入制毒渠道问题受到遏制。随着制毒物品监管、整治、打击力度不断加大，非法流入国内制毒渠道的制毒物品大幅减少。2022 年破获制毒物品案件 287 起，同比上升 24.89，缴获制毒物品 660.2 吨，同比下降 48.5%。[①] 受境内外存在制毒原料需求影响，非法制贩和走私制毒物品活动仍较活跃，订单式研发生产非列管化学品用于制毒的问题日益突出。一些不法分子注册"皮包公司"，通过骗取经营资质和许可备案证明等方式，违规交易、运输、储存、进出口化学品，几经倒手即流入非法渠道。

（三）毒品贩运

2022 年破获走私、贩卖、运输毒品案件 3.5 万起，抓获犯罪嫌疑人 5.3 万名，缴获毒品 21.9 吨，同比分别下降 28.6%、24.3% 和 39.7%。[②] 毒品贩运活动依然活跃，呈现境内境外、网上网下相互交织的局面。

1. 境外毒品经西南边境流入内地仍为主流

西南边境地区是"金三角"毒品主要的渗透地和中转集散地，贩毒群体云集。"金三角"毒品经云南入境后内流全国的主要贩运路线有：沿沪昆高速贩往湖南、湖北的华中线和江西及"长三角"地区的华东线，经四川、重庆贩往陕西、河北等

---

① 中国国家禁毒委员会办公室．2022 年中国毒情形势报告．［2023-06-26］．http：//mzt. fujian. gov. cn/ztzl/mfdjd/qtfl/202306/t20230626_6192491. htm.

② 中国国家禁毒委员会办公室．2022 年中国毒情形势报告．［2023-06-26］．http：//mzt. fujian. gov. cn/ztzl/mfdjd/qtfl/202306/t20230626_6192491. htm.

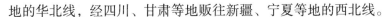

地的华北线，经四川、甘肃等地贩往新疆、宁夏等地的西北线。

2. 物流寄递渠道贩毒突出

经过持续治理，外流贩毒和特殊群体贩毒等"老大难"问题得到有效遏制，但物流寄递渠道贩毒案件大幅上升，2022 年破获互联网贩毒案件 2761 起，缴获毒品 1.2 吨，缴毒数量同比分别上升 119%。[①] 寄递渠道贩毒交寄方便、成本低、风险小，一些人采取境外转寄、请人代寄等方式，将毒品直接从毒源地寄到末端消费市场。

3. 网络贩毒活动突出

2022 年破获网络贩毒案件 2761 起、缴获毒品 1.2 吨，缴获数量同比增长 119%。[②] 由于网络具有勾连方便、安全和网上支付简单、快捷等特点，走私贩毒人员携带毒品、当面交易的接触式贩毒模式已越来越少，利用网络虚拟身份勾连、线上交易毒品，采用手机银行、微信、支付宝等网络支付方式付款，通过寄递渠道运送毒品的网络贩毒模式已成新常态，追踪查控难度大。

二、研究意义

本书研究的青少年毒品滥用问题，是现今国内毒品滥用群体中最受社会关注、影响最为深远的部分。青少年是这个时代接受信息、创新活力的新力量，如果青少年接触到了毒品，未来将是一片黑暗，因而青少年毒品滥用是当今社会亟待解决的热点问题。本书以青少年人群为分析和研究对象，以价值思考为视角，尝试对毒品滥用行为进行全面预防以及减少的措施探索，期望能够在前人研究成果上实现新的突破，进而给国内禁毒工作提供借鉴和参考，扭转我国青少年禁毒、戒毒工作的被动局面。

（一）理论意义

当前，我国对青少年开展的毒品预防教育通常采用比较简单的方式来达到警示青少年远离毒品的目的，通过标识"不准沾染毒品""只要一次吸毒品，终生吸毒"等警告语来提示青少年禁绝沾染毒品。青少年毒品预防与戒毒的知识尚未系统化、理论化、科学化，过多停留在直观的表面，本书以青少年人群为分析和研究对象，

---

① 中国国家禁毒委员会办公室. 2022 年中国毒情形势报告.［2023-06-26］. http：//mzt. fujian. gov. cn/ztzl/mfdjd/qtfl/202306/t20230626_6192491. htm.

② 中国国家禁毒委员会办公室. 2022 年中国毒情形势报告.［2023-06-26］. http：//mzt. fujian. gov. cn/ztzl/mfdjd/qtfl/202306/t20230626_6192491. htm.

以价值思考为视角，期望在青少年预防吸毒与戒毒的理论研究方面实现新的突破，为实际解决青少年毒品滥用问题提供理论指导。

（二）现实意义

研究青少年毒品滥用问题可以有效提高预防效力，从个人、家庭、学校、社会、国家等方面深入价值思考提出相关改进措施，对现有的预防措施取其精华，更专业化、效率化地做好青少年毒品滥用的预防工作。研究青少年毒品滥用问题可以更有效帮助青少年戒毒，从毒源和吸毒途径进行人群分析，可以更有针对性地解决青少年毒品滥用问题。因此，全面了解毒品滥用人员的状况，探索解决问题的途径，对社会长治久安、经济繁荣发展有着十分重要的意义。

1. 有助于保护青少年健康成长

青少年是国家的希望，民族的未来，做好青少年毒品滥用问题预防与治理对解决当下青少年吸毒人数增长的现状有着重要的现实意义。毒品滥用的青少年第一次沾染毒品的过程大多带有偶然性，但最终却会陷入毒品的沼泽而不能自拔。所以，只有让青少年真正理解毒品的原理、影响机制、贩卖途径等信息，才能让他们真正树立起远离毒品的意识，从而免受毒品的危害，并且自觉抵制毒品。加强青少年毒品预防教育，让广大青少年明确我国禁毒工作的基本原则——"有毒必肃，贩毒必惩，吸毒必戒，种毒必究"，让青少年从思想意识上将涉毒犯罪的萌芽扼杀于摇篮，真正做到防患于未然。

2. 有助于促进家庭和睦兴旺

众所周知，一个家庭哪怕只有一个人吸毒，那么对这个家庭来说也将是灾难性的，不仅在经济方面带来致命性打击，而且还会产生一系列的家庭问题。因此，对青少年毒品滥用问题的治理，对于家庭的和谐稳定有着至关重要的意义。改善青少年毒品滥用问题，对青少年开展毒品预防工作，有助于青少年健康成长，为家庭发展助力，促进家庭和睦，同时也有助于下一代的健康发展，形成良好的家风，促进家庭的和睦兴旺。

3. 有助于维护社会稳定与发展

毒品滥用会带来大量的社会问题，还引发了各种形式的犯罪：贩、制毒品、因财杀人、斗殴、卖淫等，给社会的治安带来极大危害。掐断青少年毒品滥用问题这个源头，一方面，有助于遏制社会涉毒犯罪，从而促进社会治安的稳定。同时，遏制青少年毒品滥用有助于其所在的家庭经济体正常发展，参与社会的经济建设，从而有助于社会经济稳定。另一方面，不法分子因制、吸毒品而伴生的巨额利润需通过各种非正常的手段洗白，对金融系统的正常运行也产生了重大影响。所以解决好

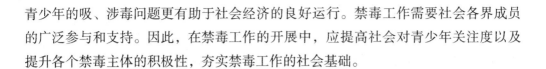

青少年的吸、涉毒问题更有助于社会经济的良好运行。禁毒工作需要社会各界成员的广泛参与和支持。因此，在禁毒工作的开展中，应提高社会对青少年关注度以及提升各个禁毒主体的积极性，夯实禁毒工作的社会基础。

三、文献综述

青少年毒品滥用是社会普遍关注的问题，也是公共管理学、社会学、政治学等多学科共同关注的领域。许多学者从学理层面研究青少年毒品防治问题，对青少年毒品滥用行为的成因、背景、措施等方面进行探析。进入 21 世纪，由于科技的进步，社会环境的变化，学术界近些年来对青少年毒品预防教育的关注也逐渐增多，从不同视角多维度地分析青少年吸毒成因以及教育预防问题。有些学者强调政府需要通过参与以及协助手段发动社会组织力量，有些学者强调对青少年进行适当的教育宣导，发挥学校、家庭、社区等社会力量参与青少年毒品防治的行动，还有学者强调加强青少年公共活动空间的建设和规范，健康的社交圈，以及培养正确的人生观和价值观，重视引入专业组织对青少年进行心理干预，从而达到比较好的防治氛围。本书将从价值思考的认识论和现实论两个维度出发，以客观社会大环境、中观学校和家庭环境以及微观青少年自身为具体着眼点，对青少年毒品滥用的成因、危害和干预路径三个方面开展研究。

（一）关于青少年毒品滥用主要成因的研究

目前对于青少年无法摆脱吸毒行为归结为如下诱因，即个人特质论、社会关系论和宏观结构论。

一是个人特质论，首先是吸毒青少年的认知偏差，一些青少年对毒品知识的匮乏，尤其是新精神活性物质常以普通的物品外形出现，例如邮票、香料及彩虹烟的名称来掩盖，与海洛因、冰毒等传统毒品相比有更强的伪装性[1]、时尚性。[2] 新精神活性物质，新在以常人所不知晓的形式流通，并且暂时还不受控制。制毒者大多通过对常见精神药物的原子成分结构进行修改或者替换从而形成新的药物代替物，从

① 李建卓，李新蕊，任庆莹，廖玫珍 . 2017—2020 年济南市男男性行为者新型毒品滥用趋势及相关因素分析 . 现代预防医学，2022（6）.
② 李颜行，唐紫莹，吴萍 . 新型毒品的成瘾机制及其危害 . 中国医刊，2021（11）.

而逃过法律的制裁。在市场流通时所披的虚假外衣让吸食者坚信自己没有吸毒。①
由于缺乏一定的识毒、辨毒的能力和知识，导致青少年对其充满好奇却不明其危害
性，也会导致误入歧途。② 除了毒品专业知识匮乏外，部分青少年对禁毒方面的法
律法规了解较少，严重的是对于吸贩毒法律规定一问三不知，他们不知道自己的吸
贩毒行为已经违反了刑法和治安管理处罚法的规定，也不知道这种行为会带来怎样
严重的后果。③ 他们有些人甚至认为偶尔吸毒，或者吸食 NPS 不算吸毒，就算自己
吸毒也与他人无关。④

其次是青少年道德弱化，无聊感⑤以及缺乏对毒品诱惑力的抵制。⑥⑦ 青少年心
智不成熟，抵御毒品诱惑力不足。由于青少年自身的历练较少，阅历不够丰富，对
形形色色的诱惑不能够很好地认清和抵御，最终坠入吸毒的深渊。⑧ 青少年毒品滥
用的心理诱因是多方面的，诸如好奇、盲从、侥幸、无知、空虚、炫耀等心理因素，
都可能使他们陷入毒魔的纠缠。学者王晓瑞从弗洛伊德精神分析理论去探索青少年
吸毒的生理社会原因，为解决此社会问题提供一种思维途径。⑨ 他提出，弗洛伊德
把人的心理活动分为意识和无意识两大系统阶段，而人们的行为往往受无意识的支
配。弗洛伊德认为无意识就是指不能为人们所意识到的，但却对人的神经产生作用
从而影响人行为的意识。在意识与无意识两大系统阶段之间存在的检察过程会使心
理活动受到压抑。本能冲动受到压抑会形成更大的反作用力，从而渗透进入意识领
域——弗洛伊德把这种现象称为转移。在无意识领域内潜伏的强烈本能冲动，虽然
处在严厉的压抑之下，也时刻伺机寻找发泄的途径，否则就不能经常达到某种心理
状态的暂时平衡。青少年正处于心理发育时期，各方面都不成熟，自我受欲望与冲
动的支配，总是试图摆脱超我的束缚。在本能的驱动下，他们本我张扬，桀骜不驯，

① 庾泳，张丽，苏莉莉，解静，孙寅萌，王道豫. 133 例大学生 HIV 感染者新型毒品使用及
危险性行为特征. 中国艾滋病性病，2022（1）.

② 许昌斌，李超，赵国程，撒春丽. 海南省毒品预防教育模式创新与探索. 中国药物滥用
防治杂志，2021（5）.

③ 罗思洁. 昆明市未成年人毒品预防教育探究. 云南警官学院学报，2021（3）.

④ 季小天. 理性情绪疗法干预青少年吸毒认知的研究——以武汉 H 未成年人强制隔离戒毒
所 L 为个案. 中国青年研究，2018（1）.

⑤ 郑红丽. 我国青年无聊感与吸毒行为关系研究. 中国青年研究，2020（6）.

⑥ 青少年吸毒现象及社会工作介入策略. 中国青年研究，2011（12）.

⑦ 韩丹. 多元整合视野下的社区戒毒模式——一项基于江苏南京的实证研究. 青少年犯罪
问题，2017（4）.

⑧ 王锐园. 反思毒品预防教育：基于药物滥用预防体系的构建. 中国药物依赖性杂志，
2021（2）.

⑨ 王晓瑞. 青少年涉毒成因的精神分析学解析. 中国青年研究，2002（5）.

快乐至上，如果青少年所处的外部环境风气不良、父母要求松懈，便会导致青少年的超我机制无法构成，极易使青少年受本能支配，踏入吸毒的泥潭。学者王晓瑞强调，依照弗洛伊德的理论，对青少年开展有针对性的"超我"机制培育，同时加强环境风气的改善与家长的要求，有助于青少年禁毒工作的进一步开展。

此外，在本能论者、驱力论者、认知论者等研究基础上，周立民认为好奇心是人类学习和发展的内在动力，是人类进行探索性和创造性活动时所具备的重要心理特征。[①] 当青少年遇到新奇的事物和现象时，会不由自主地表现出惊异和探究的心理倾向。并且，好奇心的强弱程度与外界刺激的新颖性和复杂性密切相关，刺激越新奇、越复杂，青少年越容易产生好奇心。他强调，预防青少年因好奇心而吸毒，首先，承认青少年对毒品普遍意义上的好奇没有错，其次，区分青少年的毒品好奇心理和毒品猎奇心理，借鉴美国、日本等国家以及中国香港特区青少年毒品预防教育的启示。承认青少年对毒品普遍意义上的好奇没有错这一步，恰恰是很多学者在研究吸毒青少年心理时所没有想到的一点。青少年对于毒品的普遍好奇心确实会可能导致青少年"以身试毒"现象的发生，但传统意义上的禁毒工作常常着眼于避免好奇心、有目的性地绕过好奇心。因此，学者周立民强调直面青少年对毒品的好奇心，剖析其原因，挖掘好奇心的本质，有针对性地开展毒品科普教育来阻断好奇心通往吸毒的道路。

二是社会关系论，首先差异性的群体交往，认为吸毒行为是青少年与同伴交往中习得的行为方式，很多青少年受吸毒的朋友引诱或劝诱首次吸毒。[②③④⑤⑥⑦] 一些青少年认为和朋友一起吸毒可以获得认可和归属感[⑧⑨]，对毒友圈及其亚文化的依赖

---

① 周立民.好奇心与青少年吸毒及预防好奇心吸毒的对策.中国药物滥用防治杂志，2016（5）.

② 陈钊鑫，徐猛.未成年人滥用新型毒品的比较研究——以海南省三亚市为例.人民法治，2018（22）.

③ 张玲博，沈杰.72例16岁以下未成年人吸毒原因调查.中国药物依赖性杂志，2008（2）.

④ 莫关耀，杜敏菊.云南35岁以下青少年吸食新型毒品的朋辈原因分析及预防策略.中国药物滥用防治杂志，2014（6）

⑤ 王瑞山.吸毒的病原学分析及青少年涉毒预防——基于上海某区吸毒人员初次涉毒成因的调研.青少年犯罪问题，2014（6）.

⑥ 王天宇.新疆青少年吸食大麻现状、原因与对策研究.中国人民公安大学学报（社会科学版），2017（3）.

⑦ 蒋凌月.新形势下云南边境民族地区未成年人滥用合成毒品问题初探—基于西双版纳州景洪市强制隔离戒毒所一个个案的研究.中国药物依赖性杂志，2016（3）.

⑧ 景军.中国青少年吸毒经历分析.青年研究，2009（6）.

⑨ 向樱.云南省青少年新型合成毒品滥用问题研究——以云南省大理白族自治州古城娱乐场所个案为例.云南警官学院学报，2012（5）.

导致他们无法自拔。①②

　　其次是原生家庭的影响，家庭对于青少年可以提供工具性支持、情绪性支持和讯息性支持③，父母的教养方式及家庭关系会影响其未来的人际关系与身心适应，一旦家庭功能欠缺或失调，会给青少年在成长过程中留下阴影，为日后的吸毒行为埋下伏笔。家庭不重视吸毒问题及相关教育引导④⑤、溺爱型或专制型教养方式⑥⑦、父母关系或亲子关系不好⑧⑨、单亲/离异/重组家庭⑩⑪、婚姻状况不好⑫⑬、父母对子女生活/学习/工作关注不够⑭⑮等皆是青少年吸毒的因素。

　　从家庭影响角度来看，吸毒青少年的家庭因素分为家庭教养方式、家庭环境、家庭结构以及家庭接纳程度，包括工具性支持和情感性支持。⑯ 家庭教育不到位，会对青少年成长产生消极作用，易形成障碍型人格，产生错误的人生观、价值观和世界观，进而导致青少年从事毒品犯罪和其他违法犯罪。此外，作为子女启蒙教师的父母，其道德品质、行为举止等也会影响青少年的成长。生活在涉毒家庭的青少

① 吴乐．朋辈导致青少年初次吸食毒品的影响因素分析——以上海市数据为例．青少年犯罪问题，2019（5）．

② 何克，刘丽君．青少年吸毒的心理因素与家庭教育的调查．中国药物滥用防治杂志，1998（4）．

③ 沈黎．支持与应对：家庭为本的青少年戒毒社会工作模式研究．中国青年研究，2009（3）．

④ 张玲博，沈杰．72 例 16 岁以下未成年人吸毒原因调查．中国药物依赖性杂志，2008（2）．

⑤ 向樱．云南省青少年新型合成毒品滥用问题研究——以云南省大理白族自治州古城娱乐场所个案为例．云南警官学院学报，2012（5）．

⑥ 刘玉梅．家庭教养方式对海南省青少年吸毒行为的影响．海南医学院学报，2009（11）．

⑦ 刘玉梅．海南省吸毒青少年的家庭环境调查．海南医学院学报，2010（1）．

⑧ 朱小雄，万萍，刘华承．青少年海洛因依赖患者的行为习惯及人格特征调查．中国行为医学科学，2000（1）．

⑨ 刘忠成，江红义，何阳．青少年吸毒行为的影响因素分析——基于海南省的实证调查．中国青年研究，2016（11）．

⑩ 林春湖，刘满芬，赖怀远，等．中学生盐酸曲马多滥用者父母教养方式与主观幸福感的相关研究．中国健康心理学杂志，2010（1）．

⑪ 刘成斌，季小天．青少年吸毒的社会建构及其治理．华中科技大学学报（社会科学版），2015（4）．

⑫ 易静，李桂蓉，胡青，等．青少年药物滥用危险因素分析．现代预防医学，2003（3）．

⑬ 郭开元．青少年吸毒的现状、影响因素和预防对策研究报告．预防青少年犯罪研究，2020（1）．

⑭ 杨江澜，李颖，王洁．青少年女性吸毒的状况和特征分析报告．预防青少年犯罪研究，2020（1）．

⑮ 王瑞山．吸毒的病原学分析及青少年涉毒预防——基于上海某区吸毒人员初次涉毒成因的调研．青少年犯罪问题，2014（6）．

⑯ 孔诗逸．吸毒青少年的家庭治疗探究．苏州大学，2016．

年与生活在非涉毒家庭的青少年相比，更容易走上毒品犯罪的道路。而家庭结构不完整的青少年往往在情感、心理和精神上遭受创伤，感受不到正常家庭的温暖和快乐，导致心理扭曲，尤其是单亲、留守无人管教的青少年，会过早接触社会，被毒品犯罪分子诱导，更容易走上毒品犯罪的道路。①

最后是社会排斥，资源禀赋薄弱的青少年在主流社会的经济排斥、制度排斥、社会关系排斥和文化排斥的共同推力下，通过吸毒抵御生活困境。②③

三是宏观结构论。首先是毒品亚文化的泛滥，NPS 成为青年人中常见的流行元素。④ 学者张胜康认为，青少年滥用毒品一个重要原因是亚文化群体对青少年的影响。他从亚文化群体对青少年毒品行为的催化机制进行研究，以此寻求治理对策和预防措施。青少年亚文化群体是指由青少年个体参与构成，而价值和行为游离于社会主流文化之外的某些群体，成员具有独特思想以及行为方式独特、我行我素、人际关系密切、重视成员身份、成员构成复杂和内聚力强等特点，群体成员具有共同价值观，处于同一种亚文化氛围，以及去个性化的状态，这类群体对青少年会产生负面影响，包括毒品的使用。饭圈文化荼毒深，明星吸毒也会引发青少年模仿。明星作为具有一定社会影响力的人物，其所作所为都会被社会关注，他们自身所起的榜样作用也非常关键，他们最大的粉丝群体是青少年，他们的每一个举动都会对青少年粉丝产生非常大的影响。⑤ 明星的行为是具有带动性的，青少年由于认同感的原因会做出与明星一致的行为来模仿他们。⑥ 如果他们喜欢的明星吸毒的话，部分青少年也会模仿他们的偶像。鉴于亚文化群体对青少年吸毒的严重影响，学者张胜康认为应加强青少年的道德建设，大力弘扬主流文化，引导青少年参加健康的群体活动来抵制亚文化对青少年的腐蚀。⑦ 同时，加强对青少年的毒品科普教育，让青少年形成健康积极的生活方式。

此外，吸毒人员在吸毒亚文化的作用下可以形成特定的亚文化空间。吸毒亚文

---

① 李强. 青少年毒品犯罪侦查治理研究. 武汉公安干部学院学报，2022（3）.

② 彭睿，王郅强. 社会排斥与毒品亚文化：青少年群体吸毒的双重诱因及其消解路径. 公共行政评论，2019（2）.

③ 许弘智，陈文景. "社会排斥"与"自我放纵"：当代青年吸毒者的生命历程与吸毒生涯. 社会政策研究，2021（1）.

④ 林少真. "国家—村庄—个体"三维框架下农村青年吸毒问题的治理——基于 H 省 A 村的个案研究. 公共行政评论，2019（2）.

⑤ 赵海滨，吕薇. 驻京 5 所高校大学生禁毒意识现状调查——以明星吸毒丑闻为背景. 天中学刊，2018（6）.

⑥ 张迪. 青少年社会教育的塑造与坚守——基于明星吸毒事件的反思. 中国青年研究，2015（7）.

⑦ 张胜康. 论亚文化群体对青少年毒品使用行为的影响. 青年探索，2002（2）.

化空间具有封闭性、稳定性和依附性等特点。由于吸毒亚文化对社会主流文化的强烈抵触与反叛，因此吸毒亚文化空间与社会主流文化空间相互隔离。此外，由于吸毒人员认同吸毒亚文化，便产生强烈的归属感，因此，吸毒人员对吸毒亚文化空间有很强的依附性。社会成员一旦吸毒之后就会有了特有的"标签"，成为主流文化社会的"局外人"，于是特有的社会规则建构了吸毒亚文化。但是，对于一些社会边缘群体来说，他们不接受主流文化，也得不到主流社会的认可而成为"问题"人物。这些人为了在社会中找到合适的位置证明自身价值，他们也会在吸毒亚文化之中找到在社会中无法获得的归属感。对越轨亚文化而言，吸毒行为的象征意义在于借此赢得伙伴的认同，甚至佩服。①

其次是社会环境角度。学者郑建文以戒毒所实际工作为支撑，从社会大环境的角度探索了毒品对于吸毒青少年身体上的各种危害以及吸毒原因，并提出了在预防吸毒和复吸问题上，坚持"社会、家庭、个人"三者相结合的原则。② 他强调毒品重新蔓延而使社会上形成一定的地下吸毒环境是造成吸毒的客观因素。我国实行对外开放之后，国际贩毒集团趁机渗透，与国内的一些不法之徒沆瀣一气，开辟了从毒品产地"金三角"，经云南、广西、广东、深圳至香港的所谓贩毒"第四通道"。毒品在运输过程中，吸毒活动向周围蔓延，初步形成了地下毒品市场，形成了一定的吸毒环境。除此以外，西方不良文化和资产阶级生活方式的影响、禁毒舆论造势尚弱亦是重要的影响因素，导致青少年禁毒工作缺乏真正彻底、有力的推进。郑建文提出，必须坚持"社会、家庭、个人"三者结合的原则，建立起完整的宣传跟踪网络，才能有效推进青少年禁毒工作的开展。只有全社会和禁毒、戒毒工作者共同努力，才能从根本上真正解决困扰人类的毒品问题，让青少年远离毒品的深渊。学者蒋涛、朱玲怡通过对重庆市南岸区戒毒所的戒毒人员调查，将初次吸毒行为分为四种——追求性吸毒、逃避性吸毒、诱骗性吸毒、反叛性吸毒，并对应享乐主义的亚文化、相对需求不满足、社会表达失败、吸毒网络的扩张四种因素，从社会学的角度分析青少年首次吸毒行为的原因及其相应对策。③ 两位学者以社会学习理论、社会控制理论、亚文化理论、差异选择理论为基础，从吸毒青少年的社会结构、社会文化、社会变迁等影响因素，对青少年吸毒行为进行社会学剖析。廖龙辉认为，青少年吸毒行为是一种复杂的社会越轨现象，分为利己型、利他型和失范型三类。青少年自身好奇心理的驱使、社会角色紧张度、家庭功能的缺陷及社会转型期价值

---

① 马振超. 亚文化视角下中越边境地区吸毒问题研究——基于广西靖西市 RZ 乡的田野调查. 中国人民警察大学学报，2022（11）.

② 郑建文. 论吸毒的危害、原因及戒毒服务指导原则. 社会学研究，1993（4）.

③ 蒋涛，朱玲怡. 初次吸毒行为的社会学解析. 青年研究，2005（8）.

观错位等因素是导致其吸毒的重要原因。他强调应该通过不同社会化阶段的不同方式使其越轨行为得到矫治，即基本社会化、强制再社会化以及继续社会化三个阶段。基本社会化阶段对应家庭、学校以及社会环境对青少年行为模式、思想意识等方面的积极引导与教育，弘扬社会价值观；强制再社会化阶段对应国家对戒毒工作的高度重视和戒毒机构开展的戒毒工作，针对吸毒青少年开展有针对性的心理疏导、矫治工作；继续社会化阶段对应戒毒人员的未来发展，包括职业培训以及归属感适应度的提高。学者廖龙辉从家庭教育方式、社会禁毒宣传、社会转型的不利因素等方面分析青少年吸毒原因，并提出不同社会阶段的矫治措施，从外部环境角度对青少年禁毒工作的研究开展了深度思考。[1]

此外，社会变迁的背景下，经济的飞速发展与青少年相对剥夺感的产生，进而将吸毒视为可接受、正常化的娱乐形式。社会秩序失重[2]，村庄、社区等的非政治权力控制下降也造成了毒品的滥用。[3]

（二）关于毒品滥用对青少年危害的研究

随着毒品制作的工艺逐步完善，含有合成毒品的"上头电子烟"进入市场，给酷爱新潮的青少年带来了严重的身体和心理危害，西方生活化的渗透容易让青少年在不知不觉中染上毒瘾。[4] 在此背景下，青少年吸毒问题再一次成为大众关注的热点问题，引起了大规模的讨论与思考，国内外学者从学理层面深度剖析了青少年吸毒行为的背景与成因，并对青少年毒品滥用的危害展开了积极探讨。一方面，毒品滥用给青少年的身心健康带来巨大伤害。大部分青少年在借助毒品获得短暂的快感之后，往往会出现精神萎靡、烦躁抑郁等症状，[5] 18 岁以下的青少年滥用毒品后，更是会导致认知功能损伤，进而引发更差的学习成绩、更高的辍学率、更低的人生成就感等一系列负面连锁反应，甚至引发精神分裂症，最终对大脑产生不可逆的伤害。[6] 另一方面，毒品滥用会导致青少年犯罪率的提高。研究表明，许多青少年会

---

① 廖龙辉. 当前青少年吸毒行为现状及其成因的社会学分析. 青年探索，2001（4）.
② 刘成斌. 青少年吸毒的社会建构及其治理. 华中科技大学学报，2015（4）.
③ 刘能，宋庆宇. 吸毒人群增量的社会结构因素研究. 华中科技大学学报，2015（7）.
④ 周旭晖，郑一瑾，聂时韵，刘佳. 大学生对加拿大"大麻合法化"态度的调查及对策探讨. 法制与社会，2019（30）.
⑤ Yuanni Huang, Ruibin Wu, Junkai Wu, Qingwen Yang, Shukai Zheng, Kusheng Wu. Psychological resilience, self-acceptance, perceived social support and their associations with mental health of incarcerated offenders in China. Asian Journal of Psychiatry, 2020（52）.
⑥ 赵奇琪，张蓝元，徐鹏，李香豫，凌宇，杜晗，余志鹏，沈昊伟. 青少年大麻滥用与认知功能的损伤. 中国药物依赖性杂志，2020（3）.

在吸食毒品之后，更容易走上贩毒的道路，由于受到药物致幻性的影响，青少年不受控制地杀人、强奸、抢劫等恶性刑事案件也在不断增多。[1]

（三）关于青少年毒品滥用干预路径的研究

目前，国内学界虽然对于新型毒品的对策研究较少，但对于海洛因和冰毒等传统毒品滥用的预防机制及解决措施的研究均已取得了大量成果，阿片类毒品由于其毒性大，戒断反应强，在临床上一般采用美沙酮作为替代，但是代替药物也容易产生依赖，一旦脱离药物的控制，心瘾未除，就会导致戒后复吸。当前在社区康复的过程中，公安机关联合医院对吸毒人员进行运动干预，通过有益于身心发展的体育锻炼，主要针对心理状态的治疗尤为有效，运动分泌的多巴胺能够很好地抑制已经被毒品控制的伏隔核，让患者心瘾降低。[2] 运动所产生多巴胺，可以刺激奖赏机制记住对于运动的兴奋度，从而降低对于大麻类毒品的渴求。[3] 由于海洛因毒性过大，加之毒瘾反应强，合成毒品冰毒逐渐取代海洛因的位置，冰毒致幻性强，容易导致精神疾病，随着科技的进步，毛发筛查与检验在社区戒毒和康复中发挥了至关重要的作用，常规的尿液检查检测窗口期短，容易出现假阴性和假阳性两种反常现象，而毛发检测稳定性高，能够在社区戒毒中起到很好的监测作用，强制性地防止复吸和滥用。[4]

近年来，毒品滥用问题研究常常聚焦到青少年群体，大量关于青少年毒品滥用行为的探讨及相关研究成果已纷纷发表，但对青少年吸毒问题如何进行有效治理的研究甚微。现有研究多是基于案例总结，如学者沈文伟以个案为主，采用社会学方法，在定量分析的基础上结合定性分析来阐述不同地域、不同人群吸毒现象的发生原因和发展趋势，并有针对性地提出对策。也有从病理学防治角度谈控制吸毒成瘾的流行病学研究，如杨良关于吸毒的流行病学特征、强迫性觅药用药的生物化学原因、戒断综合征的临床反应，探索吸毒者治疗、康复的药物及技术，这在很大程度

---

[1] Tugade M M, Fredrickson B L, Feldman Barrett L, Psychological resilience and positive emotional granularity: Examining the benefits of positive emotions on coping and health. Journal of personality, 2004 (6).

[2] 王玉洪，叶燎昆. 拓展训练干预对促进戒毒人员心理健康的可行性研究. 昆明学院学报，2021 (6).

[3] 王大安，李琼芸，张建磊，张龙. 常态化疫情防控背景下戒毒场所开展康复训练工作的思考. 中国药物滥用防治杂志，2021 (6).

[4] 朱晓莉，雷阳. 从检测到监测：毛发毒品检测在社区戒毒康复中的应用分析与展望——以 H 省为例. 警学研究，2021 (4).

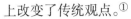

上改变了传统观点。[①]

很多学者从教育方面入手。家庭教育作为禁毒教育的第一步，至关重要，尤其是对于青少年而言更是重中之重。我国青少年涉毒犯罪形势严峻、复杂，给各级政府、公安机关、司法机关开展青少年涉毒犯罪防治提出了挑战。[②] 父母在家庭教育中忽视青少年的人格教育，对其身边朋友漠不关心，致使家庭教育重要部分缺失。从青少年所处的社会系统来看，家庭因素在青少年的吸毒及戒毒行为中均扮演着重要角色。孔诗逸以家庭治疗理论为基础，强调青少年产生的问题与其家庭环境存在着重要关系。以家庭治疗手段为支撑，创新性地提出在治疗过程中，社工引导吸毒青少年的家庭成员参与治疗，并结合结构式家庭治疗、联合家庭治疗以及短期策略家庭治疗进行治疗的方法与措施。[③] 学校作为青少年教育的主体，应当重视对学生的毒品预防教育，[④] 建立长效的毒品预防教育机制。学校应当建立完备的禁毒教育专业课，培训一批专业教师，开展禁毒专业教育课，[⑤] 并且应当把这门课程作为应试的一部分，从而加大中小学生对于毒品和毒品犯罪的认识。

毒品问题本身的多样性、复杂性决定了青少年毒品问题的治理亟须改变传统的以司法惩治为主要导向的单一治理模式，不能只片面强调对涉毒行为的打击惩处，而要坚持改造为主、惩罚为辅、宽严相济的原则，以涉毒青少年戒毒矫正和社会回归作为一切治理工作的出发点和落脚点。这种治理模式强调在发挥政府主导作用的前提下，倡导社会中的多元力量协同参与到政府对青少年涉毒治理工作中，共同实现对青少年涉毒问题的联防联治和综合治理。依据协同治理理论的指导，青少年涉毒问题治理的全过程需要充分调动政府、社会组织、社区、家庭等多方资源和力量的参与和互动，构建协同共治、齐抓共管的青少年毒品问题治理体系，在预防教育、打击管控、戒治帮扶等方面推动青少年毒品问题综合治理，有效控制涉毒青少年滋生率，降低毒品社会危害性，提升戒毒康复成功率，从而实现对青少年毒品问题良性治理。[⑥]

此外，孙祥成提出积极探索建立"四位一体"社区戒毒新模式，即集生理脱毒、身心康复、预防宣传、就业安置为一体的新型社区戒毒新模式。通过政府、社区、社会多方帮扶，力求从根本上解决戒毒人员复吸问题，压缩毒源空间，锁死涉

① 杨良．中国社区戒毒和社区康复模式理论与实践．中国药物滥用防治杂志，2014（5）.
② 常进锋．预防与惩治青少年涉毒犯罪的法治路径述评．中国社会青年科学，2018（5）.
③ 孔诗逸．吸毒青少年的家庭治疗探究．苏州大学，2016.
④ 黄尚．青少年涉毒违法犯罪问题的成因与对策研究．西部学刊，2019（4）.
⑤ 林洋．论青少年吸毒原因及预防措施．青少年犯罪问题，2016（3）.
⑥ 杨青．泉州市青少年群体涉毒研究．华侨大学，2021.

毒人员吸毒圈，从源头上解决毒品犯罪问题。[①]

我国政府在青少年禁毒方面通常是整合各种资源综合治理。本书从治理角度出发，强调政府通过多部门协调合作，鼓励社会参与等方式，对新型毒品进行综合防治。[②] 面对日趋变化的态势，青少年毒品防治不仅要在宣传引导方面下功夫，政府更需要引入社会力量，全方位有机协调与整合社会资源，加强与家庭、专业社会组织合作，形成个人、家庭、学校、社会、公安机关等多元化整体性治理的局面，为青少年禁毒工作的开展提供有力的社会支持。

四、研究对象

（一）研究对象界定

联合国世界卫生组织（WHO）、联合国儿童基金会（UN ICEF）和联合国人口活动基金会，将青年（Youth）定义为"15 至 24 岁"，青少年（young people）定义为"10 至 24 岁"。但联合国在很多文件中明确指出，即便是"联合国系统"（联合国各个机构和相关组织）内部，也对"青年"有不同的年龄划分：联合国秘书处（UN Secretayiat）、联合国教科文组织（UNESCO）和国际劳工组织（ILO）规定的青年是"15 至 24 岁"；联合国人居署的规定是"15 至 32 岁"；联合国非洲青年宪章规定的青年是"15 至 35 岁"。本书的研究对象为年龄处在 15 至 35 岁之间毒品滥用群体。这个年龄界限既与联合国年龄划分标准较为吻合，也与我国禁毒报告中对人群的划分较一致。亦包含另一层含义——考虑到不同地区不同文化程度的青少年在价值观、社会意识发展层面的不同，本书将研究对象的年龄界限延伸至 35 岁，处于这个年龄阶段，人的心智达到一定的成熟状态，具有抽象与逻辑思考的能力，且情绪较趋稳定。在这一阶段，青少年告别儿童时代的认知方式和生活方式，从心理上重建人生，实现自我更新，发展个体的认知、情感、人格、人际关系、社会化、信仰与心理健康等方面，摆脱过去与外界的联系方式，缔造新的生活世界。新的自我虽然觉醒，但尚未完全形成，个体处于对旧自我的"厌恶"和寻求新自我的"焦虑"之中，同时个体的逆反心理和对抗性行为也不断崛起。这是个体为了摆脱对亲近者的依赖，建立新的关系世界，包括同伴关系和家庭关系而特有的心理与行为反

---

① 孙祥成.毒品犯罪问题的社会成因及防控对策研究.曲阜师范大学，2021
② 陈振明.政府能力建设与"好政府"的达成——评梅利里·S.格林德尔主编的《获得好政府》一书.管理世界，2003（9）.

应。因此，青少年期可以被解释成为一段改变、转化的时期，在这一阶段，青少年既很容易受到外界的不良影响，亦会在矛盾中寻求突破口，来顺应自己的个体发展需求。

总的来说，青少年时期是个体从不成熟转至成熟的发展阶段，在这个阶段中存在着不成熟与成熟的两个自我阶段，因此也是人生发展直线上的一个蜕变、转折、转型或转换期。这种转变或转折比人生任何阶段都要重要和深刻，因此青少年时期是人生最关键的时期，是自我辨识与认定的重要时期。

（二）研究对象选取原因

1. 青少年毒品辨别能力弱

伴随青少年滥用毒品人数逐年上升的态势，吸毒人群日趋低龄化已成为整个社会广泛关注的问题。随着社会、经济和科技的快速发展，青少年所接触的环境和信息也在不断发生变化，青少年正处于生理、心理发育时期，好奇心重，社会经验积累不足，辨别是非能力弱，抵制毒品侵袭的心理防线薄弱，缺乏成熟的认知与判断，加之对毒品的危害性和吸毒的违法性缺乏一定认识，在接触毒品初期会对其产生好奇心理，最易受到毒品的侵袭。从我国现实情况来看，登记在册的吸毒人员中，青少年占了很大比例，初次吸毒人群日益低龄化。制毒、贩毒者不断玩转花样，不少新型毒品披着华丽的外衣，干扰青少年对毒品的认知，而青少年自身猎奇心强，接受新鲜事物快，辨别是非能力弱，更加容易迷失自我。此外，青少年毒资来源少，更容易走上"以贩养吸"违法犯罪的道路，这对社会治安也存在较大的威胁。近年来，毒品滥用青少年犯罪率不容小觑，这充分说明了开展青少年禁毒工作的重要性、紧迫性。同样地，对青少年进行珍惜生命、远离毒品的教育也应该是禁毒预防教育工作的重中之重。

2. 青少年重塑可能性大

由于青少年在行为、性格等方面没有完全定型，可塑性比较大，所以毒品的诱惑，很容易对他们产生误导，使其踏上吸毒之路。同样地，对其采取正面教育也可以让他们重塑自身，摆脱毒品的控制。要想改变青少年的毒品滥用行为，首先要从观念的转变开始。毒品滥用青少年的重塑教育更要注重对其大脑发育方面的重塑与纠正。脑科学专家在这一方面曾有研究：青春期是重塑大脑的最好阶段。中国青年出版社出版的《不可思议的青少年大脑》表明，根据我们在生命不同阶段学习和生存的需要与期望，大脑在周期性地进行发育。"期望"在特定的发育阶段接受特定的体验。人体通过向大脑的不同区域发出信号，敏锐感知外界环境。因此，青少年大脑的发育与外界环境对其"期望"的刺激密不可分。青少年大脑的首要任务是学习，而青春期是大脑具有超强适应性并时刻为变化做好准备的时期。在这段时间中，青少年倾向于融入同伴、承担风险并获取新体验、学习使用情绪、实现自我认同、获得自主独立这五个方面的学习体验。而同伴的选择与模仿学习、对风险和行为后果的预测与行为选择、情绪的产生与发泄方式、自我认同的培育与正向引导、自主独立地进行行为管控恰恰是影响青少年吸毒行为至关重要的因素。除此以外，还要注重对毒品滥用青少年开展有效的社会帮教、戒毒康复等，这样才能够在青少年禁毒方面占据主动位置。对青少年进行毒品预防教育，可以提高青少年的判断力、分析力和自控力。注重对青少年的禁毒教育宣传与毒品滥用青少年的及时止损，有助于我国禁毒工作抓住吸毒"源头"，将毒品遏制在萌芽阶段，这对我国禁毒工作具有重要的直接现实意义。

3. 青少年吸毒危害性更大

（1）个人层面。在身体素质方面，青少年的身体发育还尚未成熟，器官功能尚未发育完全，而毒品的滥用会严重摧残青少年身体健康，导致抵抗力下降，甚至造成死亡。青少年一旦吸毒成瘾，会导致记忆力衰退、营养严重不足、多种疾病发生。不同的毒品摄入体内，都有各自的毒副反应及产生戒断症状，对健康形成直接而严重的损害，吸毒过量甚至会导致死亡。此外，由于毒品对消化系统、呼吸系统、心血管系统、免疫系统的影响，滥用毒品可导致多种并发症的发生，如急慢性肝炎、肺炎、败血症、心内膜炎、肾功能衰竭、心律失常、血栓性静脉炎、动脉炎、支气管炎、肺气肿、各种皮肤病、慢性器质性脑损害、中毒性精神病、性病及艾滋病。毒品不仅对躯体造成巨大的损害，滥用毒品产生的生理依赖性与心理依赖性，使得毒品滥用青少年成为毒品的奴隶，他们生活的唯一目标就是设法获得毒品，为此他们失去工作、生活的兴趣与能力。长期吸毒精神萎靡，形销骨立。因此，有人告诫吸毒者："吸进是白色粉末，吐出来的却是自己的生命。"

此外，吸毒扭曲人格，自毁前程。毒品滥用青少年毒瘾发作时，大都会不顾廉耻，丧失自尊，无法进行正常的生活、学习和工作，往往以自我为中心，不关心他人，贪图享受、好逸恶劳、爱撒谎、丧失责任感，毒瘾发作时会使青少年感到非常痛苦，失去理智和自控能力，甚至自伤、自残和自杀，这对青少年的心理发育和个人发展都危害极大。

（2）家庭层面。青少年一旦毒品滥用成瘾，其所处的家庭就会失去往日的宁静、和谐、幸福和快乐。吸毒需要大量的金钱，就是家境富裕的家庭也难以承受。青少年为购买毒品耗尽正当收入后，就会变卖家产，四处举债，严重的会导致倾家荡产。青少年本来应是一个家庭未来的希望，给予这个家庭更多的期望。但青少年毒品滥用，不但切断了这个家庭未来发展的道路，也意味着悲剧和灾难的开始。青少年毒品滥用,还会影响自己后代的发展。毒品滥用不仅危害自身的健康,还影响其生育能力,对未来胎儿的发育和儿童生长造成严重损害。

(3)社会层面。青少年本是社会发展的储备力量,是祖国的花朵,应当努力学习、拼搏,为社会的发展贡献青春力量,但青少年一旦染上毒品,不仅对自身和家庭带来伤害,还会破坏社会风气,危害社会治安,诱发各种犯罪,不利于社会稳定。吸毒与犯罪如同一对孪生兄弟,毒品滥用青少年为获得毒资往往置道德、法律于不顾,越轨犯罪,严重危害人民生命与社会安全。毒品滥用青少年会失去正常人应有的道德观念、伦理准则和是非标准,自私、冷漠、精神空虚、人格低下、毫无自我约束能力,沉溺于毒品感官刺激之中,严重败坏社会风气、破坏社会道德。毒品滥用青少年会丧失工作能力与正常生活能力,对毒品滥用青少年的各种医疗费用,缉毒、戒毒力量的投入,药物滥用防治工作的开展,这些都会给社会经济带来沉重的负担,吞噬社会巨额财富。因此,青少年毒品滥用相较于其他年龄群体吸毒人群,不仅消耗整个社会的经济投入,更损害着社会发展的储备力量,对社会发展带来双重打击,具有更大的危害性。

五、研究方法

本书采用定性与定量相结合的研究方法,在借鉴现有理论研究成果的同时,充分依托调查取得的数据材料和实际案例,在对青少年毒品滥用现状、原因、危害的描述和分析后有针对性地提出预防的途径与对策。

田野调查法。通过召开相关会议,实地走访有关单位和通过与禁毒民警、派出所民警、吸毒人员及其家属的深入访谈,获得大量一手资料。同时,选取多个青少年毒品滥用的案例进行研究、比对,分析治理吸毒问题的对策。研究成员前后对 S 省禁毒总队、J 市禁毒大队、S 省戒毒局、J 市强制戒毒所、H 分局及多个派出所进行调研。此外还与"禁毒模范派出所"进行交流,分享辖区吸毒者戒毒的经验和心得,与成功戒毒的人员详谈如何染上吸毒、吸毒过程以及戒毒之后的感受等。

文献研究法。通过手工检索以及计算机等手段查阅,整理相关的研究资料,在图书馆、S 省禁毒总队、S 省 J 市禁毒支队等数据库网站查阅相关资料,为课题的顺利完成提供丰富的理论和实践知识。

问卷调查法。根据研究的需要,设计出针对 J 市戒毒所人群"吸毒问题调查"的调查问卷,在吸食人员调查中,分析吸毒的原因、吸毒的时间、戒毒的情况、毒品造成的危害等。

第二章
青少年毒品滥用环境重构与现状审视

一、我国毒品滥用现状

毒情主要是指毒品从生产、运输、贩卖直至吸食全过程的情况。本部分将毒情分为境外毒品毒源地情况、国内制毒情况、贩运和滥用情况等，以生产—贩运—滥用毒品完整的链条进行分析。

（一）来源广泛，多路渗透

目前，我国毒品市场上的毒品除本土零星违法生产外，很大部分来自国外的几大毒源地。这几大毒源地或因自然环境或因当地政治原因导致大批毒品销往世界各地。控制住这几大毒源地毒品流入我国是我国公安禁毒部门艰巨的工作之一。这些毒源地贩毒团伙成员间分工明确，联系方式以单线联系为主；在联络方式上，随着互联网的普及，网上传播制毒技术、贩卖毒品及制毒物品等活动日益猖獗，网络涉毒犯罪比例显著增大。犯罪分子使用微信、QQ等互联网工具进行语音通话、聊天，利用网站、论坛、聊天室等虚拟网络进行毒品犯罪，给有效的侦控带来一定的难度；在贩运方式上，利用物流寄递渠道取代传统运送方式，汽车运送、客车夹带等犯罪多采取人货分离、多辆汽车交替使用的方式，以大巴、自驾车、租赁车辆贩运为主，逐渐向以物流、邮寄贩运为主人货分离的方式转换。

1. "金三角"地区

"金三角"地区是世界三大毒源地之一，其相对于其他两个毒源地来说，地理位置上更靠近中国，因此成为我国禁毒部门关注的重点。传统概念上的"金三角"地区位于东南亚中南半岛北部的缅甸、老挝、泰国三国交界处，为湄公河和南拉河汇流处，是亚洲东部最大的毒品原作物生产地。广义的"金三角"范围包括缅甸东北部的掸邦、克钦邦所属的萨尔温江两岸地区，泰国西北部的清莱府、清迈府、夜丰颂府，以及老挝的琅南塔省、博胶省、乌多姆塞省、丰沙里省、琅勃拉邦省等地。

总面积约 20 万平方公里，100 多万人口，包括苗族、瑶族、克耶族、哈尼族、掸族等诸多民族，海拔大部分在 1000 米以上，气候类型属于热带季风气候。复杂的人文环境及适宜的温度有利于罂粟等毒品原植物的生长。缅甸北部地区是这一片毒源地的核心区域，该地区长期经济落后，政局动荡不稳，民族矛盾复杂，地方武装林立，军事摩擦不断，使其毒品问题根深蒂固，泛滥蔓延趋势严重。

近十几年来，随着缅甸、泰国、老挝、越南及中国等国的持续禁毒打击，区域内各国采取铲除境内罂粟田的行动，毒品问题治理稍有成效。但近年来卫星遥感监测数据显示，2019—2020 年生长季，"金三角"罂粟种植面积仍有 55.5 万亩，共计可产鸦片 500 余吨。该地区还同时生产并向我国输出其他种类的毒品。2019 年，全国共缴获海洛因、冰毒晶体及片剂、K 粉等主要毒品 33 吨，其中来自"金三角"的共 27.3 吨，同比上升 5.5%，占缴获总量的 82.7%。

2. "金新月"地区

"金新月"地区位于阿富汗、伊朗及巴基斯坦三国边境处，由于该地处于三国交界地区，从地图上看因呈现弯月形而得名。这一毒源地主要包含伊朗的俾路支斯坦省，巴基斯坦西北部俾路支省、边境省，阿富汗的南部地区。这里处于三国边境地区，本地人口流动自由，三国政府都对其难以进行有效的管理。该地区是全球最大的罂粟种植地和海洛因生产地，罂粟种植地主要分布于阿富汗的东部和南部地区。该地的鸦片贩卖已经与阿富汗当地的政治、经济、军事等方面紧密相连，毒品生产、加工、走私已经在当地形成了一条成熟的产业链。相对于"金三角"等其他毒品原植物种植地区来说，"金新月"地区种植毒品的时间较晚，主要种植的毒品原植物种类为大麻和罂粟。其罂粟种植面积近 11 万公顷，每年生产 4000 吨毒品。

位于"金新月"地区核心地带的阿富汗是目前世界上最大罂粟种植国之一。其国内局势动荡不安，居民自古剽悍尚武，政治背景和人文因素也促使该国罂粟种植面积广泛，全国罂粟种植面积共达 5.8 万公顷，使其成为世界鸦片生产第一大国。

由于该地与我国新疆地缘临近，故而生产的毒品对我国的渗透时有发生。2019 年全年我国共破获涉及"金新月"地区海洛因案件 11 起，共计缴毒 78.9 千克。

3. "银三角"地区

"银三角"地区毒源地是指中南美洲安第斯山脉北部和亚马逊西部地区范围内的毒品原植物种植区，主要涉及哥伦比亚、秘鲁、玻利维亚和巴西等国。这一世界范围内的毒源地总面积在 20 万平方公里以上，山脉广布，热带雨林繁密，气候极其潮湿，自然环境极其适宜古柯生长。使得该地区成为世界上最大的可卡因生产基地，其销往世界各地的可卡因占全球可卡因市场份额的 90% 以上。"银三角"地区中的秘鲁是世界最大的可卡因产地，古柯种植面积达 8 万公顷以上，每年产古柯 6 万吨左右。紧随其后的玻利维亚年产古柯叶 5 万吨左右。据玻利维亚官方统计，在全国 600 万人口中，从事古柯叶种植和加工的农民约有 50 万人，占全国人口数八分之一，从事古柯叶贩运和贸易的也不少于 10 万人，每年外销古柯叶的收入一般在 10 亿美元左右。该地区每年产古柯叶 12 万吨，是世界上生产、加工、贩卖可卡因的主要基地。哥伦比亚是世界最大的大麻产地，年产量为 7500 至 9000 吨，居世界第一位。"银三角"地区的 4 个大麻产地合计年产大麻 1.9 万吨左右，是世界大麻生产和销售的重要基地。①

4. 其他地区

世界范围内的毒品生产，除上述提到的三大毒源地外，随着世界对毒品需求的不断增加，毒品的产地也遍及全球。这些毒源地或多或少地都对我国本土的毒品问题造成了一定的影响。除三大毒源地外，以阿尔及利亚、南非、尼日利亚、塞内加尔为代表的非洲西部几内亚湾沿岸地区也逐渐形成影响深远的一大毒源地。贩毒集团从上述地区出发，在长期的违法贩毒过程之中逐渐打通了一些国际贩毒通道，并利用这些通道形成巨大的遍布全世界的贩毒网络，以传统的陆路运输和日益发展的海陆运输及空中运输，将毒品贩卖到世界各地，包括中国。而这里因地处传统意义上的"黑非洲"，也被称为"黑三角"。在我国国内，也存在一些制毒问题较为突出的省份，如广东、四川、广西等。福建、山东、河南、云南等一些地方贩毒制毒活动也不容忽视。国内和国外的毒品制贩都给我国公安禁毒部门的执法查缉活动带来不小的考验。

上文提及的几个世界范围内影响较大的毒源地对中国国内的涉毒问题产生了不小的影响。离中国最近的"金三角"地区一直以来是国外走私毒品的主要来源地。"金三角"毒源地的贩毒团伙，为顺利在中国这个巨大的市场贩卖毒品，在躲避我国禁毒执法部门的同时，不断拓展线路。新型毒品产生、发展时间与世界政治经济全球化的发展进程是相互重叠的，这也导致了新型毒品呈现全球化扩张的特征。自 20 世纪 90 年代"摇头丸"、氯胺酮等新型毒品出现后，毒品消费市场开始迅速蔓延，从之前的西南边境扩张至我国全境，都有不同程度的制造、贩卖、运输、吸食毒品现象。随着毒品消费市场的不断扩大，青少年这一群体势必受到影响。目前，新型毒品已经形成了国内外双向流动格局，输入方面，我国毒品市场受周围几大毒源的影响，从"金三角"地区、新金月地区等制毒产区生产的新型毒品流入我国。输出方面，我国毒品的流出仍以欧美国家、日本等对新型毒品需求量大的国家为主。由于双向需要及过境因素的存在，新型毒品国内外双向流动格局还会持续。

---

① 央视网. 世界四大毒品产地——银三角. [2020-06-18]. http：//www. cctv. com/special/4/4/694. html.

以毒品制贩活动最为猖獗的缅北地区来说，通往我国的陆上贩毒线路共有六条：由缅甸景栋、孟延至我国昆明；缅甸佤邦经思茅、临沧至我国昆明；缅甸果敢、佤邦经临沧至我国昆明；缅甸腊戍、木姐经德宏至我国下关、昆明；缅甸八莫、密支那经保山至我国下关、昆明；缅甸密支那经怒江、迪庆至我国昆明、四川。① 通过上述几条线路从缅北地区走私毒品抵达我国西南省市，再从这些省市扩散到各地。此外除陆路渗透外，"金三角"地区的贩毒团伙在我国加大云南边境查缉力度的情况下，不断开辟海上渗透渠道。"金三角"地区的毒品在本地生产之后，打包集中运输至东南亚地区大型港口城市，如曼谷，再经这些港口城市船只通过海路大宗运输至我国的香港、广州等沿海港口城市，进而渗透到内地各省市。"金新月"地区的毒品多经航空渠道由该地区周边国家机场飞抵我国广州、上海、重庆、北京等地的国际机场入境，或通过陆路口岸从新疆入境。再者，"金新月"地区的大宗海洛因已经在"金三角"地区形成稳定的中转渠道，与"金三角"地区的海洛因形成合流通过陆路进入我国西南地区。世界其他毒源地向我国进行毒品渗透则存在海运大宗走私或邮递的情况。

（二）制毒猖獗，屡禁不止

1. 制毒场所隐蔽

国内由于执法查缉的力度强，因此制毒场所大多较为隐蔽，不存在境外几个毒品泛滥地区集中大规模生产的情况，国内的制毒场所往往在农村或是郊区较为偏僻的废弃厂房、仓库、院子之中，这给涉毒案件的侦查带来不小的难度。为了增加制毒场所的隐蔽性，犯罪分子常常租用偏僻废弃的厂房，用窗帘、报纸或砖头封堵住所有窗户。安装使用监控摄像头，一旦有陌生人靠近时立马阻止或转移。在某些农村地区的制毒窝点使用铁丝网、护院犬来阻止陌生人进入。为增加制毒窝点的隐蔽性，防止制毒工人泄露制毒情况，毒贩往往会雇用文化程度较低的工人，并采取不公开招工的方式，管理、技术人员行为隐秘，尽可能降低被外界发现的风险。在个别偏僻的村庄甚至出现整个村庄都成为制毒贩毒村的情况，村民家家参与制毒，互相包庇，形成一个紧密链接的利益团伙。如2013年轰动一时的广东博社，所谓的"中国第一毒品村"。广东警方派出3000多名警察一举挺进，才捣毁了这个以往不易被发现的制毒贩毒村，查处该村18个制毒窝点。

制毒犯罪分子往往选取隐蔽、偏僻和不易被人察觉的场所作为制毒工厂，甚至设法取得化工产品合法生产经营证明，"挂羊头卖狗肉"，采用小规模的手工作坊，

① 董泽林．"金三角"地区毒品问题令人堪忧．东南亚之窗，2012（1）．

不断改进制毒工艺，将生产的原料、半成品、成品制作工序分开，设在不同地点，这些伪装手段给侦查破案造成一定困难。在 M 县调研中获取到的案例显示，2018 年警方在信息研判时发现，县内有人往山西运送毒品"长治筋"，这种毒品主要成分为甲卡西酮，与冰毒相类似，吸食后将对人体造成严重损害，过量吸食会造成吸食者不可逆的永久脑部损伤甚至死亡，是受我国严格管控的毒品。在该案例之中，设置在王某家中的制毒窝点十分隐蔽，日常控制生产，并安排数人把风，由于该制毒窝点隐蔽，警方收网时为了一网打尽，部署了众多警力，确保万无一失。

2. 制毒原料获取受到遏制

随着近几年公安禁毒部门及社会各有关部门对制毒物品监管、整治打击力度不断加大，目前从境外非法流入国内制毒渠道的制毒物品大幅减少。以 2022 年为例，全年共破获制毒物品案件 287 起，同比上升 24.89%，缴获各类制毒物品 660.2 吨，同比下降 48.5%，说明易制毒化学品监管效果显著。[①] 然而，国内外仍存在大量制毒原料需求，非法制贩和走私制毒物品活动仍然十分活跃。中国国家禁毒委员会办公室发布的《2019 年中国毒品形势报告》指出："国内订单式研发生产非列管化学品用于制毒的问题日益突出。一些不法分子注册'皮包公司'，通过骗取经营资质和许可备案证明等方式，违规交易、运输、储存、进出口化学品，几经倒手即流入非法渠道。"在禁毒执法实践之中，还有些制毒团伙为获取制毒原材料的便利，往往依托表面合法合规的化工企业，使用制毒原材料在维持公司本业的同时在偏僻厂房隐蔽地进行毒品的生产，牟取暴利。在一些案例中，这些制毒团伙往往招募文化程度较低、涉世未深的农村青少年充当制毒工人，产生了极其恶劣的社会影响。

3. 制毒活动存在反弹风险

虽然公安禁毒部门的执法查处成效显著，沉重打击了国内的制毒贩毒活动。但是 2022 年数据显示现有吸毒人员中，滥用海洛因 41.6 万名、冰毒 58.8 万名、氯胺酮 3.2 万名，市场需求规模依然较大。有毒品市场的需求，就会有不法分子为获取暴利铤而走险，进行制毒贩毒活动。同时，国内冰毒、氯胺酮等合成毒品因国内生产供应减少，价格持续升高，由于有高额利润的存在，个别地下制毒活动仍有发生。可以预见，在未来一段时间之内，国内的制毒活动仍会存在反弹概率，这是公安禁毒部门即将迎来的新挑战。

（三）贩运活跃，藏匿隐蔽

在涉及毒品贩运案件方面，2022 年，共破获走私、贩卖、运输毒品案件 3.5 万

---

① 中国国家禁毒委员会办公室.2022 年中国毒情形势报告.［2023-06-26］.http：//mzt.fujian.gov.cn/ztzl/mfdjd/qtfl/202306/t20230626_6192491.htm.

起，抓获犯罪嫌疑人 5.3 万名，共计缴获毒品 21.9 吨，同比分别下降 28.6%、24.3% 和 18.7%，[①] 总体来说，近几年国内禁毒打击犯罪取得了不小的成绩。但在公安部门发布的《2019 年中国毒品形势报告》中指出，我国目前的毒品贩运活动依然活跃，呈现出境内境外、网上网下相互交织的局面。毒品伪装更加隐蔽，部分犯罪嫌疑人将毒品夹藏在茶叶盒、鞋盒、音响等小型货物中运输，运毒方式由以大巴、自驾车、租赁车辆贩运为主，逐渐向以物流、邮寄等人货分离的贩运方式转换（见图 2-1、图 2-2）。

图 2-1　2014—2022 年我国破获制毒物品案件数（单位：起）

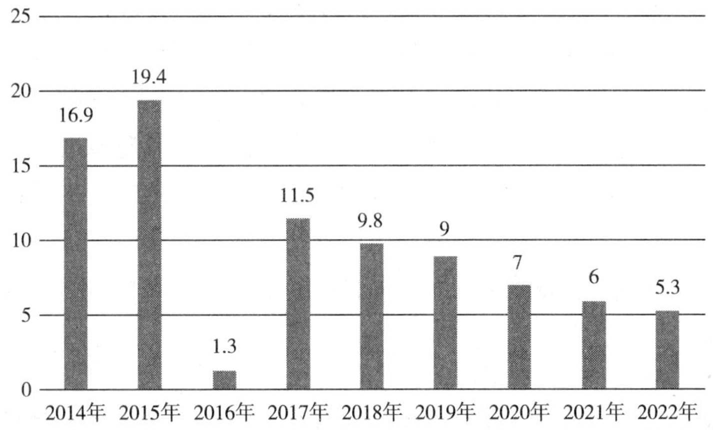

图 2-2　2014—2022 年我国抓获毒品犯罪嫌疑人员数（单位：万人）

1. 毒品走私形势严峻

境外贩运方面，毒品经西南地区，尤其是云南向全国其他省市贩运依然是目前

① 中国国家禁毒委员会办公室. 2022 年中国毒情形势报告. ［2023-06-26］. http：//mzt. fujian. gov. cn/ztzl/mfdjd/qtfl/202306/t20230626_6192491. htm.

主要问题。依上文所述，云南是"金三角"毒源地毒品主要的渗透入境地和中转集散地，产生了众多或大或小的跨国贩毒团伙。据《2019 年中国毒品形势报告》指出："'金三角'毒品经云南入境后内流全国的主要贩运路线有：沿沪昆高速贩往湖南、湖北的华中线和江西及'长三角'地区的华东线，经四川、重庆贩往陕西、河北等地的华北线，经四川、甘肃等地贩往新疆、宁夏等地的西北线等四条主要线路。"这四条主要的线路覆盖全国各大主要地区，此外国内其他小规模的毒品贩运路线依托于上述四条干线进一步将境外渗透进来的毒品辐射至全国各省市。

由于云南是国内贩运环节的重要初始地，禁毒部门近年来在云南的缉私行动中硕果颇丰，例如：

云南孟定"11·13"走私冰毒案。2018 年 11 月 13 日，云县禁毒大队抓获犯罪嫌疑人冯某、白某，从汽车油箱内查获冰毒 14 袋，净重 20.07 千克。

云南瑞丽"6·17"走私毒品案。2018 年 6 月 17 日，昆明海关缉私局所属瑞丽海关缉私分局查获一起走私毒品案，抓获黄某、蔡某、莫某 3 名犯罪嫌疑人，查获毒品海洛因 29.4 千克，查扣涉案货车 1 辆。

云南西双版纳"7·13"走私毒品案。2018 年 7 月 13 日，昆明海关缉私局所属西双版纳海关缉私分局跟踪锁定携带毒品嫌疑车辆，抓获犯罪嫌疑人罗某、邱某，在嫌疑车辆油箱内查获用塑料瓶封装的冰毒（甲基苯丙胺片剂）18 瓶，净重 17.9521 千克。

云南大理"3·09"走私制毒物品案。2018 年 3 月 9 日，昆明海关所属孟连海关使用 H986 大型集装箱检查设备发现，一辆厢式货车及所运载货物扫描图像异常，当场查获犯罪嫌疑人刘某走私出境易制毒化学品"1-苯基-1-丙酮"共计 10.52 吨。经延伸侦查，昆明海关缉私局所属大理海关缉私分局又抓获犯罪嫌疑人曾某，并查获该批次另外 10 桶易制毒化学品"1-苯基-1-丙酮"。该案共查获易制毒化学品"1-苯基-1-丙酮"12.6145 吨。[①] 除边境检查站与海关缉私局查获的案件外，其他省份也查获边境地区没被发现的走私毒品情况。这都能看出目前境外向我国贩运毒品的严峻态势。

2. 邮寄毒品案件多发

随着道路交通日益发达、物流寄递行业迅猛发展，犯罪分子更多地选择通过快递将毒品贩运至接收地，人货分离，有的故意填写虚假的收寄信息，给禁毒查处工作带来很大难度。一些不法分子提供"套餐式"非列管化学品、生产工艺给下游制毒人员加工成易制毒化学品再制造毒品，不直接参与制毒或制毒物品犯罪活动，以

---

① 郭媛丹. 海关总署公布海关打击毒品走私情况及 2018 年十大典型案例. ［2019-06-25］. https：//china. huanqiu. com/article/9CaKrnKl828.

此来逃避公安机关查处打击。一些犯罪分子采取单线联系、面谈或通过语音视频通话方式进行网上勾连，规避公安机关技术侦控。虽然在公安禁毒部门的持续打击之下，破获了不少经邮购贩卖毒品的案件，但总体上来说物流寄递渠道贩毒案件并未得到有效遏制。寄递渠道贩毒有着交寄方便、成本低、风险小等几项传统贩毒渠道很难实现的优点。从数据上看，物流、邮寄方式贩运毒品数量不断上升，由于寄递行业信息登记漏洞较多，隐蔽性强、监管难度大，如果寄递行业没有履行规定手续，那么装有毒品的包裹很容易通过快递迅速到达毒品购买方手中，在此过程中传统的缉毒侦查方法很难有所作为。因此，近年来常存在境内或境外毒贩、毒品购买者利用个别寄递行业的空子，使用境外转寄、请人代寄等方式，将毒品从环节源头的毒源地直接寄到环节末端的毒品消费市场。这成为近年来禁毒执法部门打击的重点问题，愈演愈烈的态势给执法工作带来了不小的难度。以 2019 年为例，全年共破获物流货运渠道贩毒案件 491 起、邮寄快递渠道贩毒案件 2037 起，同比分别上升 29.6%和 32.4%，共缴获毒品 4.9 吨。①

在 J 市调研中，2020 年 1 月 J 市破获了一起重大跨区域邮寄毒品案件。J 市警方收到云南警方的线索之后，对存在问题的包裹运输过程实施监控，待包裹抵达后，由快递公司正常投递，在包裹接收人前来提货时将其当场抓获，犯罪嫌疑人供述其前往云南购买毒品并经快递渠道将毒品快递回 J 市的犯罪事实。

2017 年四川广元重大邮寄毒品案。涉毒分子胡某利用自己的物流公司，采取向"老乡"邮寄四川特产并将冰毒夹带在里的方式，从事邮寄运输毒品的活动，其货运物流寄递渠道横跨川、陕、晋数省市。② 此类案件都说明了目前我国邮寄毒品多发的现状。

再者，很多小众社交软件中也存在毒品交易、联络等隐患，公安机关侦查人员不能确保第一时间发现毒品交易，这也是新态势下公安禁毒部门工作的难点所在。以 2022 年通报的数据为例，全年共破获网络涉毒案件 2761 起，缴获毒品 1.2 吨，缴获数量同比增长 119%。③ "互联网+"的时代已经到来，我国与世界各国联系越来越密切，人员流通变得越发频繁，这为毒品犯罪的滋生、蔓延发展提供了条件。就当前我国毒品管制现状来看，近几年犯罪分子的反侦查意识在不断提高和增强，制贩毒技术越来越娴熟，作案的手段也逐步提高；易制毒化学品安全管理的方式滞后，

① 中国国家禁毒委员会办公室.2022 年中国毒情形势报告.［2023-06-26］.http：//mzt. fujian. gov. cn/ztzl/mfdjd/qtfl/202306/t20230626_6192491. htm.

② 四川广元宣判首例利用物流寄递贩毒案，3 人被判死缓.［2017-11-01］.https：//www. thepaper. cn/newsDetail_forward_1845645.

③ 中国国家禁毒委员会办公室.2022 年中国毒情形势报告.［2023-06-26］.http：//mzt. fujian. gov. cn/ztzl/mfdjd/qtfl/202306/t20230626_6192491. htm.

存在安全技术和管理的漏洞等，传统毒品犯罪治理难以跟上当前毒品犯罪发展的步伐和节奏。互联网为聚众吸食毒品提供了新的共享平台，互联网的便捷性虽然给人们带来了方便快捷的生活方式，但也给违法犯罪行为找到了新的出口。近年来有些不良网站以开设聊天室等方式聚众吸食毒品的事情也屡有发生（见图 2-3）。

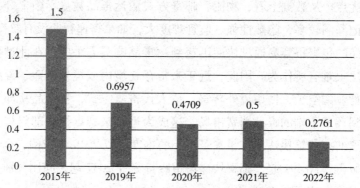

图 2-3 2015—2022 年我国破获互联网涉毒案件数（单位：万起）

2020 年 4 月 8 日，S 省警方侦破一起特大网络贩毒案件，共计抓获涉案人员 140 余人，缴获冰毒 5.35 千克，麻古 4128 粒。[①] 在这起案件中，警方先是于 2018 年抓捕吸毒人员梅某时，发现其与上线竟"素未谋面"，毒品均是通过寄递渠道送到手上。随后，办案民警通过调取梅某的手机信息，发现其吸食的冰毒是通过网店购买，页面信息表面看起来普通平常，例如"现有肉 3 斤可包邮""一斤好酒需要私聊""黄金便宜出售"。可经过梅某证实，这些"肉、酒、黄金"均是毒品。通过调取寄递信息查询，办案民警发现该寄件人频繁使用快递向国内 20 余省市邮寄"货物"100 余次，存在重大网络贩毒嫌疑。经调查，杜某在网上发布大量隐晦的出售毒品信息，获得买家信任后，从买家中发展各地代理商。各代理商以高价从下线买家处获取毒资及收件信息，以较低的价格将毒资及买家收件信息远程发给杜某，再由杜某在云南直接将毒品邮寄给买家。由于"进货"价格较低，再加上各地买家纷纷发展自己的下线，各级代理商不断增长。随后，各地警方开展了收网行动，多个省市公安禁毒部门共抓获犯罪嫌疑人 100 余人，将该特大网络贩毒团伙连根拔起。这是 2020 年最大的一起网络贩毒案件，涉案人员之多、横跨省市之广都是很罕见的，而这也能反映出当下网络贩毒活动越演越烈，并与物流寄递运毒相互结合的态势。

3. 藏毒手法复杂多变

作为毒品贩运的重要一环，运输毒品及在运毒环节中的藏毒方式勾连着其上游

---

① 朱志庚 . 特大网络贩毒团伙在 20 余省市发展代理商涉案人员 140 余人 . [2020-04-09]. http：//news. china. com. cn/2020-04-09/content_75909247. htm.

的毒品制造和其下游的毒品贩运环节，扮演着极为重要的角色，也是公安禁毒部门打击的重要一环。运毒贩毒人员不愿意舍弃贩毒带来的高额利润，因此，毒贩不断升级藏毒手法，千方百计地躲避公安机关的查处，以应对运输路途上的层层关卡，借此免于法律的制裁。当前较多的是和物流寄递渠道运输毒品联系起来的邮包藏毒，毒贩将毒品藏于外观较为相似的奶、茶粉包中，以表面上邮寄奶粉的方式企图瞒天过海。除此之外，在边境禁毒民警的缉毒执法实践之中，还发现有毒贩将词典内页挖去藏毒、将毒品藏于香皂盒中、将毒品藏于挖空的南瓜中、将毒品藏于保温杯中、把汽车外壳拆下将毒品藏于汽车内部、将毒品藏于咸鱼肚子中的情况。更为公众所知的还有人体藏毒的手法，毒贩冒着高纯度毒品可能危及自己生命的风险，在境外将用胶囊包装好的毒品吃下，通过边境检查站进入国内后再将其排出。可以说，只要运输毒品贩卖毒品仍存在暴利，这些不法分子就会继续铤而走险，不断升级藏毒手法以应对禁毒民警的检查，这也是目前毒品贩运的现状之一。2023 年 7 月，深圳邮局海关关员在对过境货物开展监管时发现，1 票包裹机检图像可疑，随即对其开箱查验，发现该票包裹内有一块做工精致的地毯，编织到地毯内的透明细塑料管中藏匿有细粉末一批，毛重 11555.8 克。经现场试剂检测，判定为冰毒。

（四）吸食泛滥，打处艰难

1. 吸毒人员呈现低龄化的趋势

毒品滥用是全世界范围内的公共卫生与社会安全问题，当前全球毒品问题仍然形势严峻，毒品泛滥是最严重的社会问题之一，制造、运输、销售、使用等几个环节如果得不到有效治理，吸毒贩毒引发的恶性事件和社会矛盾将会不断激化，因此打击毒品违法犯罪已成为世界人民的共识。《2019 世界毒品报告》显示，当年有近 3500 万人吸毒成瘾，近 60 万人直接死于毒品滥用及并发症。UNODC 的数据显示，吸毒者的数量从 2006 年的 2.08 亿增至 2021 年的 2.75 亿。世界范围内吸毒人群涉及广泛，影响深远。目前青少年在吸食毒品人群中占了不小的比重，2015 年全美青年风险行为报告显示：9~12 年级的学生中有 38.6% 的个体曾使用过大麻，其他使用过致幻剂、可卡因、"摇头丸"、海洛因和甲基苯丙胺类毒品的比率分别为：6.4%、5.2%、5.0%、2.1% 和 3.0%。[1]

在毒品问题全球化的大背景下，中国毒品形势虽有向好趋势，但仍然不容轻视，国外毒品输入不断上升，境内制毒现象屡打屡现，毒品滥用群体发生变化。吸毒人群涵盖不同年龄段、不同阶层人群。2022 年，我国现有吸毒人员 112.4 万，根据国

---

① Kann L, Mcmanus T, Harris W A, et al. Youth Risk Behavior Surveillance-United States, 2015. Morbidity & Mortality Weekly Report Surveillance Summaries, 2016（SS-12）.

际惯例，1个吸毒人员周围至少隐藏5个吸毒人员，所以我国的实际吸毒人数预估达500多万。据《2019中国禁毒报告》表明，全国现有的214.8万名吸毒人员中，不满18岁的有7151名，18岁到35岁的有104.5万名。① 青少年吸毒群体增多，容易引发复杂的社会问题。2019年，我国35周岁以下吸毒人员占人员数据库总人数的49%，近乎一半，其中年龄最小的仅12岁，因此35岁以下青少年是毒品滥用的主要群体（见表2-1）。我国港澳地区青少年毒品滥用问题也很复杂。据香港特区禁毒处于2016年发布的一项调查发现，全日制学生在2014—2015年吸食毒品的比例为2.0%。② 《2016年香港药物滥用资料中央档案室第六十六号报告书》显示，该年呈报的21岁以下青少年吸毒者占该年总吸毒人数的6%，③ 青少年群体中，冰毒是滥用人数最多的毒品（35.2%），其次为可卡因（28.0%）、氯胺酮（19.2%）、大麻（14.4%）和海洛因（3.2%）（见图2-4）。

表2-1　全国不同年龄吸毒人员数

	18岁以下吸毒人员数（人）	18~35岁吸毒人员数（万人）	35岁以上吸毒人员数（万人）
2015年	43000	142.2	87
2016年	22000	146.4	100.3
2018年	10000	125	114.5
2019年	7151	104.5	109.5

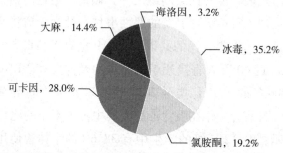

图2-4　2016年香港特别行政区青少年吸毒人员滥用毒品情况

而澳门特别行政区的"澳门药物滥用登记系统"显示，2017年毒品滥用者中青

---

① 中国国家禁毒委员会办公室.2019年中国毒品形势报告.［2020-06-24］.http：//www.nnccc626.com/2020-06/24/c_1210675813.htm.

② 香港保安局禁毒处.2014-2015年学生服用药物情况调查报告.香港保安局禁毒处，2016.

③ 中华人民共和国香港特别行政区保安局禁毒处.药物滥用资料中央档案室第六十六号报告书.中华人民共和国香港特别行政区保安局禁毒处，2017.

少年占比达 4.5%，其中也以吸食冰毒为主。近年来，全国在册的吸毒人数中，滥用合成毒品的人数占比不断提高，吸食合成毒品青少年占所有吸毒者的 79.2%。

以 S 省为例，2018 年查处的吸毒人员中青少年占比达 52.13%，2019 年查处的吸毒人员中青少年占比达 54.15%。2018—2019 年省内各地级市查处吸毒人员中青少年占比最少的也达到了 37.07%。青少年群体在毒品滥用人群里占了相当大的比重，青少年毒品滥用问题是很突出的。当前，我国毒情总体保持平稳可控，但受国外的多重因素影响，S 省毒情正转入新型毒品发现期和隐蔽交易打击期，面临着吸毒人员总量尤其是青少年新增吸毒人数不断攀升，外部毒品内流渗透加剧，制毒物品流失风险加大，毒品犯罪手段愈加隐蔽，新型毒品问题日益凸显等新情况新问题。

2. 吸毒人员总量不断下降，毒品滥用呈现新特点（见图 2-5）

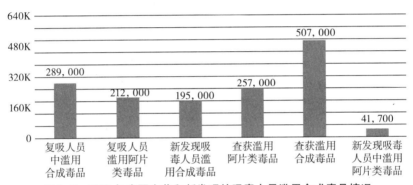

图 2-5　2018 年我国查获和新发现的吸毒人员滥用合成毒品情况

调研中，S 省查获的吸毒人员总数呈逐年下降趋势。我国目前合成毒品滥用规模仍居首位，从查处情况看，冰毒仍然是市场主要消费品种，占 86.7%。[①] 2018 年，全国查获滥用合成毒品 50.7 万人次，占查获滥用毒品总人次数的 65.4%；查获滥用阿片类毒品 25.7 万人次，占查获滥用总人次数的 33.1%。查获的复吸人员中滥用合成毒品 28.9 万人次，占查获复吸人员滥用总人次数的 57.3%；查获的复吸人员滥用阿片类毒品 21.2 万人次，占复吸人员滥用总人次数的 42.1%。

2019 年，在新发现吸毒人员中，滥用合成毒品 19.5 万人，占新发现吸毒总人数的 77.2%；滥用阿片类毒品 4.17 万人，占 16.5%。可以看出三类毒品滥用人数中，冰毒滥用人数最多。在 214.8 万名我国现有吸毒人员中，滥用冰毒人员 118.6 万名，占 55.2%，2022 年，现有吸毒人员中，滥用海洛因 41.6 万名、冰毒 58.8 万名、氯胺酮 3.2 万名。冰毒仍是我国滥用人数最多和滥用问题最突出的合成毒品（见表 2-2）。

---

① 中国国家禁毒委员会办公室．2018 年中国毒品形势报告．〔2020-06-24〕．http：//www. nncc626. com/2019-06/17/c_121797. htmhttp：//www. nncc626. com/2020-06/24/c_1210675813. htm.

吸毒人员滥用替代品趋势明显。随着对海洛因、冰毒、K 粉等传统毒品打击力度不断加大，毒品供应减少、价格大增，毒品滥用群体不断寻找替代毒品。调研中多地均发现吸食合成大麻素、卡西酮、三唑仑、羟基丁酸、氟硝西泮等新精神活性物质人员，有些地方的酒吧、歌厅等娱乐场所不同程度地存在年轻人滥用"笑气"的现象。

表 2-2　吸食不同类型毒品人员数

	滥用海洛因等阿片类 毒品人员数（万人）	滥用合成毒品 人员数（万人）	滥用大麻、可卡因等 毒品人员（万人）
2014 年	145.8	145.9	
2015 年	98	134	
2016 年	95.5	151.5	3.5
2017 年	97	153.8	4.6
2018 年	88.9	141.3	2.4
2019 年	80.7	123.5	2.4
2020 年	73.4	103.1	
2021 年	55.6	83	1.8
2022 年	41.6	58.8（冰毒）	3.2（氯胺酮）

从时间线来看合成毒品的发展走势，根据国家禁毒委数据，2004 年至 2019 年年底滥用合成毒品人数占比由 9.5% 增加至 67.8%。以 S 省为例，2008 年前后全省所办的毒品案件，新型毒品案件占总数 10% 以下，缴获冰毒等新型毒品亦占总量的 10% 以下；随后几年，新型毒品案件逐年攀升。到现在年均缴获合成毒品量占查获毒品总量的 85%。合成毒品案件以每年 5% 左右的速度递增，合成毒品量以高于 7% 的速度递增，呈现出新型毒品走势强劲，传统毒品逐渐萎缩的态势。

从滥用地区的分布看，合成毒品从东南沿海地区向内地扩散，目前已逐渐波及全国城乡地区，并有进一步渗透态势。从涉毒地域角度看，传统毒品向郊县、农村转移，新型毒品则向东部发达地区的城乡接合部、乡镇渗透，在西部地区的城市蔓延。

此外，当前脱失吸毒人员问题亟须解决。脱失吸毒人员是指在戒毒过程中脱离控制和失去治疗的吸毒人员。我国目前仍有部分吸毒人员在戒吸过程中脱失，情况值得我们重视。

3. 新情况下打击治理难度大

近年来，贩毒案件始终处于高位运行，大宗贩毒案件持续攀升，犯罪分子采取网上勾连、网银转账、快递交割等方式，这也使得公安机关禁毒部门打击毒品滥用问题难度日益加大。隐性吸毒人员情况很难完全摸清，新类型毒品、新形式吸毒等情况不断涌现，攻坚查处难度可见一斑。

五花八门的新包装毒品不断出现，给办案人员准确识别侦查的难度加大。有的还是未列管的毒品衍生品，列管查处进度跟不上新型毒品的更新速度，这也是当前打击处理难度大的症结所在。

滥用毒品引发的潜在风险同样不容忽视，这是影响社会和谐稳定的重要因素之一。据统计，吸毒人员中有 85% 会从事一些违法犯罪活动，"枪毒合流"案件也逐渐增多。因吸食合成毒品导致的精神失常、自伤自残、暴力伤害他人、肇事肇祸案（事）件在各地仍时有发生，这严重威胁了人民群众的生命、财产安全，给社会安全和治安稳定带来巨大的风险。

近年来特定群体涉毒问题频繁跃入公众视野，随着合成毒品滥用加剧，新型物质毒品蔓延，车辆驾驶员群体中吸食毒品的人数也逐渐增多，"毒驾"所引发的交通事故增长近两年较为明显。2016 年，全国公安机关将 7.13 万名吸毒司机的驾驶证依法注销。由此可见，"毒驾"肇事的增长，已经成为道路交通领域中的又一重大隐患，严重危害了人民生命和财产安全，同时也增加了新形势下打击毒品、维护社会稳定的难度。

二、青少年毒品滥用人群画像

毒品问题在当今世界已成为一大公害，毒瘾的戒除十分困难，青少年吸毒者中戒毒后再次吸毒的比例高达 95% 左右，毒品成瘾对青少年造成了极大的危害。目前，我国采取的戒毒方式以强制戒毒和社区戒毒为主，以自愿戒毒和药物代替治疗为辅，共同构成了我国戒毒工作体系。但就目前而言，其预期效果并不乐观，青少年在戒毒后较难回归社会，重复吸毒的概率高居不下，亟须解决这一大问题。

（一）吸食毒品多以甲基苯丙胺类为主

甲基苯丙胺类毒品是当下涉毒青少年吸食的主要毒品种类。甲基苯丙胺俗称冰毒、大力丸，是兴奋剂的一种。最开始是作为一种药物被生产以及销售的，主要用于治疗嗜睡、哮喘以及一些其他的疾病，同时该物质的服用也可以起到抑制食欲以及保持清醒的作用。但是人们长时间服用后，便发现该物质会让人产生一定的依赖性，使人上瘾。

冰毒使用过量会导致急性中毒事件的发生。更严重的还会导致精神错乱、焦虑、性欲亢进、烦躁以及出现幻觉。长时间无节制地使用还会导致体重下降、慢性中毒、溃疡、消瘦、脓肿、夜间磨牙以及指甲脆化等情况的发生。据统计，2022 年我国112.4 万名现有吸毒人员中，滥用冰毒人员有 58.8 万名，占比 52.3%。[①] 冰毒已经取代海洛因成为滥用人数最多的毒品。对于涉毒青少年，滥用冰毒人数也是占比最高的，涉毒青少年更愿意选择吸食之后能使自身感到亢奋、激动的冰毒等毒品。

（二）刑事案件以贩毒和容留他人吸毒为主

涉毒刑事案件包括贩卖毒品、容留他人吸毒、非法持有毒品、运输毒品、制造毒品等。根据调研得知，涉毒青少年涉及最多的刑事案件是贩卖毒品犯罪，其次是容留他人吸毒犯罪。

毒品成瘾的人会对毒品产生渴望以及冲动，这种渴望是不断迭加的，最后难以控制自身行为。一些青少年因为没有经济来源，相当一部分会走上以贩养吸的道路。在调研中发现，目前涉毒青少年群体之中以贩养吸的情况屡见不鲜。这些青少年由于自身无法长期承担昂贵的毒资来满足自己的毒瘾，而导致一部分人在自己吸毒的同时还贩卖毒品，利用贩卖毒品产生的高额利润购买毒品以满足自身需求。毒品滥用的危害性除了会产生心理和生理的依赖，造成精神和身体的损害外，还会使吸毒者家庭破碎、妻离子散，甚至为了继续吸毒铤而走险，引发走私贩卖毒品，教唆强迫他人吸食毒品等犯罪行为，最终对家庭和社会造成危害。

（三）团伙性吸毒犯罪明显

涉毒青少年较之于其他涉毒群体，独自获取毒品的渠道有限，因此其初次吸毒大多是经他人诱骗或是朋辈介绍。为获取长期稳定的毒品来源和较为便宜的毒品购买价格，许多涉毒青少年纷纷"抱团"，使得涉毒青少年这个群体中团伙性犯罪明显。

2018 年 10 月 8 日，洪湖市公安局沙口派出所破获一起"以盗养吸"的吸毒人员盗窃案，抓获 3 名犯罪嫌疑人。经讯问，杨某等 3 人供认：他们因吸毒开销大，便采取"以盗养吸"的办法筹集毒资，先后窜至洪湖、仙桃、潜江等地从事盗窃活动，初步交代并指认共盗了 19 辆电动车，其中洪湖市沙口镇 13 辆、瞿家湾镇 4 辆、滨湖办事处 1 辆，潜江市 1 辆。

---

① 中国国家禁毒委员会办公室 . 2022 年中国毒情形势报告 . ［2023－06－26］. http：//mzt. fujian. gov. cn/ztzl/mfdjd/qtfl/202306/t20230626_6192491. htm.

（四）滥用场所隐蔽性较强

涉毒青少年滥用毒品的场所以"出租屋、他人或自己家"的最多，约占总数的六成，其余四成为"宾馆、旅店、酒店""机动车内"等。近几年涉毒青少年为躲避公安机关禁毒部门的打处，整个群体吸毒活动隐蔽性都有了不小的增加，在公共场所吸毒情况大大减少，选择在宾馆、出租屋、轿车内或娱乐会所等隐蔽场所吸毒的情况明显增多。

2020年疫情突然暴发，公共场所的封闭与外出的限制，使得更多的青少年吸毒人员躲在家中吸食毒品，这种情况更给侦查缉毒工作带来了难度，全国范围内新增查缉吸毒人员都出现了倒退。这也意味着存在一定的未被发现的青少年吸毒人员和隐性吸毒人员，给社会治安稳定带来了不确定因素。全国也发生了多起由吸毒人员或隐性吸毒人员引发的极端案件，造成多名人员伤亡，严重威胁人民群众的生命财产安全和公共安全，造成十分恶劣的社会影响。此外，很多涉毒青少年吸毒模式从线下的面对面模式转为线上的网络互动模式，在这种网络互动模式之下，常出现使用网络社交软件创建的"毒友群"，其中的成员都使用网络虚拟身份、吸毒圈子内的暗语交流。

三、青少年滥用毒品种类

随着打击毒品力度的不断加大，市场相继发展出三代毒品，第一代是以海洛因为典型的可从植物提取的传统毒品，第二代是以甲基苯丙胺（冰毒）为代表的合成毒品，以及最新发现的多样化趋势明显的第三代毒品。

根据毒品的来源，可将毒品分为天然毒品、半合成毒品和合成毒品三类。天然毒品的原料来自毒原植物，如鸦片等。天然毒品中的成分辅以其他物质提炼制成了半合成毒品，如海洛因等。合成毒品是纯人工合成，由特定化学物质组成，如苯丙胺等。毒品更新换代越来越快，毒品预防和打击也面临着越来越多的挑战。

（一）传统毒品（天然毒品）

传统毒品历史悠久，在各国历史、文学中也能见到它们的踪影。古人很早就知道从一些植物提取制作一些可以令人麻醉、迷幻之类的药物，用于医药和宗教等。近代科技将这些植物的提取物进一步提纯，甚至通过与其他物质合成，制作出了毒性更强的传统毒品。

传统毒品一般指吗啡、海洛因、美沙酮等传播较早的毒品，基本都源自植物成分。其中的典型就是海洛因，其危害性和成瘾性被称为"毒品之王"。

传统毒品作用于人体，使人体产生适应性改变，形成在药物作用下新的平衡状态。一旦停掉药物，生理功能就会发生紊乱，出现一系列严重反应，称为戒断反应，使人感到非常痛苦。用药者为了避免戒断反应，就必须定时用药，并且不断加大剂量，使吸毒者终日离不开毒品。

吸食者使用传统毒品后，自身血液循环系统中的可帮助人体调整呼吸、平衡血压的一种特定物质会迅速被外来的传统毒品中类吗啡肽物质替代。一旦停止吸食，人的生理活动就出现紊乱，如全身疼痛、体温上升等。传统毒品的成瘾性偏重于生理，身体依赖使吸食者的身体在长时间的毒品作用下产生生理上的变化，常常表现为一种循环性的慢中毒状态。机体要想有正常的生理活动必须靠持续使用毒品才能维持下去，否则会产生一系列排斥和机体损害反应，如身体忽冷忽热、恶心反胃、上吐下泻等。一旦成瘾，停止吸食虽生犹死，痛不欲生的戒断反应使得他们不敢再轻易尝试戒毒，生理机能逐渐被此类毒品所控制，成为一具行尸走肉。

传统毒品这一大类有海洛因、鸦片、吗啡、可卡因、大麻、美沙酮等，具体特征和案例见表2-3。

表2-3　传统毒品分类

名称	成分	外观	细分种类	作用	案例
海洛因	二乙酰吗啡	白粉、白面状		镇痛、镇静，对延脑呼吸中枢有抑制作用，可引起使用者呼吸衰竭，导致死亡	26岁的阿雨染上海洛因以后，整日毫无表情地呆坐，沉浸在半麻醉状态中，瞳孔缩小至针尖状。老完存款的她毒瘾一犯，就拿针头扎自己手臂，注射部位的皮肤腐烂，皮肤破损并伴生溃疡
鸦片	吗啡碱、生物碱	深褐色膏状物	生鸦片、精制鸦片、罂粟壳、卡苦	镇静、止泻及止咳功效，过量吸食后脉搏变慢，昏睡不醒，体温下降	吸食鸦片容易成瘾，一旦停止吸食则痛不欲生，如出现打冷战、厌食、腹泻、身体蜷曲、抽筋等症状。晚清时期，数以亿计的中国人成为"鸦片的奴隶"。事实上，当时人民已经把吸食鸦片作为交际方式之一。一个"老烟鬼"回忆说：第一次吸食鸦片时，感觉并不好受，还含有一种恶心的感觉，被一种欣快感覆盖，立马就想吸第二口，紧跟着整个人就陷入疯狂之中，根本停不下来。而吸食鸦片之后，整个人都飘飘欲仙了，不想再理凡尘俗世，似乎整个人都陷入一种臆想的状态，会陷入一种臆想的状态
吗啡	吗啡碱	白色结晶或白色结晶性粉末	吗啡碱、粗制吗啡、吗啡片	缓解急性锐痛，抑制中枢神经系统，引起眩晕、恶心	吗啡传到美国的时候，医生们积极用它来为内战中的老兵缓解痛苦。而在作为镇痛作用的吸食下，越来越多的老兵对吗啡有了极大的依赖性，强度一点也不比鸦片毒瘾小。而这时人们才意识到，在吗啡超强的镇痛能力下隐藏的是致命的成瘾性。备受药品成瘾折磨的退伍老兵及其家人，将战争灾难和经济低迷下的不满，全都转嫁在了毒品上。可令人唏嘘的是，最后却都选择了靠吸食吗啡来麻醉自己
可卡因	古柯碱	无色或白色薄片晶体		产生欣快感，情绪高涨、好动，食欲减弱	来自福建的孙某19岁第一次吸食可卡因，就产生欣快感，感到飘飘欲仙，舒适无比。为了恢复初次神仙般的体验，孙某越用越多，很快可卡因对他身体生理机能造成了不可逆的伤害。孙某的肝、肾、胃等器官都不同程度地出现衰竭，等他躺在重症监护室里时已经悔之晚矣

续表

名称	成分	外观	细分种类	作用	案例
大麻	大麻酚	大麻植物叶子和花	大麻草、大麻脂、大麻油	麻醉和致幻作用，使眼结膜充血，血管扩张，喉咙发干，心跳较快	在加州生活的20多岁的华人IT男抱着试试的心态自愿服用大麻，写下了他的观察日记。经过刚开始的不适，他很快就会到了High的感觉，就好像戴着一副眼镜看到不一样的世界：他在大麻的支配下畅快地大笑，感官无限放大，觉得时间变慢。不到一个月，他的记忆力严重减退，体质下降，也没有当初那么丰富的愉悦感，身体已经慢慢地颓废下去。他果断戒断了大麻，将自己的体验日记发布到网上，警示大家远离大麻
美沙酮	生物碱	液体状		替代其他成瘾性较强的毒品服用，易形成药物依赖	

（二）合成毒品

合成毒品指制毒者完全用有机化学的方法合成的一类毒品，包括比较新颖的三唑仑、"神仙水"和"开心水"都属于这一范畴。此类毒品常被吸食者在娱乐场所滥用。

合成毒品是相对于鸦片、海洛因等天然毒品而言，不是取自天然植物，而是通过化学提取方法加试剂在实验室内制成的一类片剂，可直接作用于人的大脑中枢，抑制正常的神经反应，重复使用能使人产生依赖。

新型毒品吸食者比传统毒品滥用者更加年轻，表现出群体性、娱乐性等特点，心理上表现为易惹怒、焦虑、无聊寂寞，行为上呈现出没有耐心、过于急躁等特点。很多年轻人第一次接触新型毒品都是因为想要寻求刺激，有的想缓解压力，甚至有人吸食只是为了减肥，这都符合新型毒品的社会心理学特点。

毒品进入人体后作用于人的神经系统，使吸毒者出现一种渴求用药的强烈欲望，驱使吸毒者不顾一切地寻求和使用毒品。一旦出现精神依赖后，即使经过脱毒治疗，在急性期戒断反应基本控制后，要完全康复原有生理机能往往也需要数月甚至数年的时间。更严重的是，对毒品的依赖性难以根除。这是许多吸毒者一而再、再而三重复吸毒的原因，也是世界医学界尚待解决的课题。

海洛因等传统毒品是抑制剂，属麻醉类毒品，主要起镇痛、镇静作用；冰毒等合成毒品是兴奋剂、致幻剂，属精神类毒品，服用后使人亢奋、躁动。传统毒品主要破坏人的免疫功能，损害心、肝、肾等脏器，过量使用导致呼吸衰竭而亡；合成毒品直接损害大脑细胞，导致神经中毒反应和精神分裂症状，过量服用将诱发急性精神障碍或急性心脑疾病。

合成毒品的成瘾性偏重于心理，尽管也有生理成瘾，但相对于传统毒品的整体生理改造，明显要小得多。合成毒品被吸进身体，在成分作用下人体会产生快感，给中枢神经发出刺激，后续的吸食就是在不断增强这种刺激效应，巨大的心理依赖也使心瘾就此形成。合成毒品的精神依赖不同于生理依赖，难以去除，它危险之处在于有顽固至极的黏性，普通人的意志力很难抵挡不去复吸，这也是毒品吸食者在生理脱瘾后又染毒的症结所在。

全球性合成毒品的流行滥用始于 20 世纪 90 年代，由美国等发达国家开始并很快蔓延至许多国家，滥用的毒品以冰毒、"摇头丸"为主，这跟此类毒品比较容易合成制造有着直接关系。根据联合国国际麻醉品管制局（INCB）报告，仅 2003 年美国捣毁的用于制造甲基苯丙胺的秘密加工点就达 9000 多个。这些源自手工作坊式地下窝点中的 ATS 使生产制造更加容易和隐蔽，加之互联网在吸贩毒中的作用，对全球禁毒造成了新的挑战。合成毒品滥用者从早期的一些亚文化群体为主蔓延到现在以青少年为主的不同社会阶层。20 世纪 90 年代中期以来，亚洲特别是东南亚地区成为合成毒品滥用增长最快，滥用最为严重的地区之一，亚洲许多地区的合成毒品滥用已超过阿片类毒品。

合成毒品可以分为冰毒、麻古、氯胺酮、"摇头丸""神仙水"等，具体特征和案例见表 2-4。

表2-4　合成毒品分类

名称	成分	外观	作用	案例
冰毒	甲基苯丙胺	无色透明结晶体，形似冰	使精神振奋、清醒、消瘦、颓扬，可造成慢性中毒	来自湖南株洲23岁的小李在一次和朋友的聚会中染上了冰毒。刚开始，小李吸毒后只是感觉精神激动，情绪高涨。几次吸食下来，小李的中枢神经发生损害，情绪和脾气不能自控，性格表现得很暴躁，在家里眼前常出现幻觉，感觉自己身体被鬼怪附身，感觉自己身体被鬼怪附身，感觉自己身体被鬼怪附身，总怀疑有人要谋害自己性命。最终在社区戒毒的帮助下才恢复正常状态
麻古	乙基香草醛	暗红色结晶体	精神抑制，产生偏执	18岁的张某在KTV做业务员的时候经朋友孙某诱惑开始吸食麻古，刚开始感觉很好，但是随着孙某用量过大的死亡，以及自己沉沦后反省，在戒毒医院经过720小时的生死较量后，逐渐摆脱毒品魔掌
氯胺酮	氯胺酮碱	白色结晶粉末	烦躁不安焦虑；精神病性障碍，产生幻觉和认知功能损害	21岁的军某已经腹痛两年有余，一直没有好转。他听说吸食K粉可以缓解腹痛，可"打K"缓解了半年突然失效了。不仅腹痛卷土重来，还带来头痛，胃痛，尿痛等一系列并发反应。看过医生，进过戒毒所他终于明白毒品不是治病的药，依赖它只会越陷越深，陷入泥沼
"摇头丸"	苯丙胺碱	彩色丸药状	活动过度，嗜舞，造成脑细胞损伤认知混乱	来自无锡的吴某才18岁，却极度依赖"摇头丸"，他说吸入后半个小时产生反应，浑身热气腾腾，站起来很想晃动身体，每次都控制不住。如果发生身体不晃动就要出冷汗，牙齿战栗，突如其来的兴奋让大脑极度空荡。吴某有一次在酒吧玩摇食"摇头丸"后，舞蹈不止，一直跳动直到休克、抽搐，口吐白沫，最后经医生抢救才捡回一条性命

名称	成分	外观	作用	案例
"神仙水"	γ-羟基丁酸	无色透明液体	抑制中枢神经，使其欣快、混乱	湖北省天门市公安局在市内一KTV抓获聚众吸毒人员11名，警方在现场茶几、果盘等多处发现白色粉末状毒品"冰毒"。民警当场在吸毒人员刘某包中发现5瓶无色无味液体，疑似毒品"神仙水"。民警随即将在场某涉嫌吸毒人员的7男4女带回派出所接受调查。总民警询问过程中发现一名年轻女子杨某神志不清，答非所问，甚至出现幻听现象，4名女子均是KTV觉得自己背后有人说话。民警怀疑其是吸食毒品过量致幻。经询问，她们见状也跟着吸食了服务员，在陪前来消费的男子唱歌过程中，男子开始吸食毒品，起兴备作用，喝了之后玩得更好，冰水，将瓶内的水倒人运动饮料，刘某让服务员送来一箱运动饮料。杨某离刘某较近，被刘某劝说喝了一整罐加了"神仙要儿个陪唱女子喝。透明小瓶内的液体"神仙水"的运动饮水"的运动饮料。经检验，透明小瓶内的液体"神仙水"正是毒品GHB（γ-羟基丁酸），使用后可导致意识丧失、心率缓慢、呼吸抑制、幻视、幻听、昏迷或其他疾病发作

（三）新精神活性物质 NPS（第三代毒品）

新精神活性物质是指目前未被国际禁毒公约管制，如果被人过度使用后会对公众安全和社会稳定带来威胁的新物质。现在市面上的大多新精神活性物质是毒贩为了规避法律而用化学合成方法通过还原来改变片剂成分结构而得到的近似毒品物质，有着与管制毒品基本持平或超过已管制毒品的兴奋和抑制作用，因此也被称为实验室毒品。

目前，大多数新精神活性物质还未进入大众视野，因为本就是为规避法律而制成，法律上也有相当的空白。由于新精神活性物质本就为人为化学合成，当某个品种列入管制后，很快就有全新的衍生类化学物质被制造出来，更新换代速度极快。现今新精神活性物质在全世界传播扩散开来，截至 2020 年年底全球各个国家和地区出现 1047 种，其中约 450 种为近 5 年新出现的种类，远超世界通行列管的数量种类。

1. 新精神活性物质滥用

近年来，新精神活性物质的年轻使用者占据主导地位，且有高速增长的趋势。在美洲、欧洲、亚洲的酒吧等聚会场所内，一些地方使用新精神活性物质的年轻人的数量超过了吸食传统毒品的年轻人数量。新精神活性物质管控较宽松，购买较为便利，麻醉效果好，因此受到了年轻吸毒群体的欢迎。很多毒品贩子也开始有针对性地重点转售新精神活性物质。

不断增多的新精神活性物质滥用带来的威胁不可忽视。从法律管制上来说，毒品是受国际公约管制或国家规定管制的麻醉药品和精神药品，而新精神活性物质是未被纳入管制范畴的化合物，这是两者最为显著和本质的区别，更是制贩毒人员对毒品"转移风险"的最佳选择。新精神活性物质从成分上来说是毒品的化学结构类似物，相近的成分物质决定了其具有类似的物理和化学性质，带来的机理作用依然是精神抑制、意识致幻等。并且新精神活性物质不受法律监管，这样在市场投放新精神活性物质就可以堂而皇之地改变吸毒者的药物依赖取向和使用习惯，从而扩大贩毒者的销售市场。

日本有学者研究发现，滥用新精神活性物质同样也会导致性质恶劣的暴力犯罪案件，且行为往往具有较大社会危害，引发恶性事件的概率是传统已列管毒品的数倍。

2018 年，新精神活性物质"娜塔莎"（合成大麻素）在新疆出现一定规模的滥用。2018 年 5 月以来，上海、浙江破获多起非法贩卖"蓝精灵"（含氟硝西泮精神类药物成分，第二类精神药品）的案件，发现该类药物在上海、浙江等地有滥用、蔓延趋势，多作为常规毒品的替代品使用。2017 年 7 月以来，国内陆续发现青少年滥用"笑气"（氧化亚氮）造成伤害的案例，"笑气"常出现在俱乐部、派对和音乐节之类的活动上。这些情况都表明，我国滥用新精神活性物质现象不容轻视。

例如，芬太尼类物质在医疗中作为镇痛药和麻醉剂使用，但由于药物滥用问题，竟然在国外酿成了严重的危机。芬太尼不仅是一种被批准作为止痛药和麻醉剂合法使用的药物，而且其效力约是海洛因的 50 倍、吗啡的 100 倍。因为芬太尼的药效更强而价格又相对低廉，这使其非法滥用情况在美国越来越普遍。例如，作为芬太尼物质典型代表的卡芬太尼，20 世纪 70 年代由美国杨森制药公司首次合成，具有类似其他阿片类药物的镇痛作用，其药效约为吗啡的一万倍，成人的致死量仅约 2 毫克。吸食芬太尼类新精神活性物质的人通常有轻度不良反应，主要为头晕、头痛、呕吐、视觉模糊、皮肤瘙痒、恶心、呼吸抑制。人一旦吸食芬太尼类物质，会导致呼吸抑制、肌肉僵硬、癫痫发作和低血压等，严重时会引起呼吸衰竭而死亡。由于此类物质药效较强，极少量的摄入即可对人体造成伤害乃至危及生命。目前，在全球范围内芬太尼类物质制造、走私和滥用问题越来越突出，欧美国家已出现上百起滥用芬太尼类新精神活性物质中毒、致死的案例。

我国重视对新型毒品的系统管制和及时打击，注重综合运用法律、行政和教育等多种手段共同治理新精神活性物质问题。我国在 2001 年将氯胺酮列入药品管制目录。自 2013 年以来，随着全球新精神活性物质的爆发，我国不断地创新传统毒品立法管制制度，加快推进新精神活性物质列管体系建设。截至 2019 年 12 月，我国已将 170 种新精神活性物质和整类芬太尼物质列入精麻药品管制目录，超过了同期联合国列管的数目，是全球列管该物质数目最多的国家之一。[①] 2023 年，我国已列举 456 种麻醉品和精神物质，成为世界上列管毒品最多、管制最严的国家。2017 年国家禁毒办主动向美方通报寻购芬太尼等毒品线索 400 余条，美国客户购买新精神活性物质情报 500 余条。中国和美国等国开展案件合作，成功破获"河北王凤玺案"等一批有国际影响的案件。这是中美执法部门成功合作破获芬太尼案件的第一起，该案件线索由美国相关部门提供，公安部禁毒局对此高度重视，成功侦破全案，共抓获犯罪嫌疑人 21 人，捣毁芬太尼制毒工厂 1 个，销售网点 2 个，对中国境内的毒品生产、运输、贩卖和走私犯罪予以摧毁。尽管在社会各方的共同努力下，我国遏制新精神活性物质蔓延取得一定成果，但我国所面临的新精神活性物质形势仍不容乐观。

随着科技的发展，全球新精神活性物质进入爆发期，种类样式迅速增加，每年

---

① 杨丽君. 我国新精神活性物质形势剖析. 云南警官学院学报，2020（2）.

有数十种新品药剂以正常市场交易物的名义出售。新精神活性物质的品类包括了超乎想象的广泛的新型化学精神抑制物质，与传统意义上的合成毒品共同组成了一个极其复杂的毒品市场。新精神活性物质在全球爆发，覆盖面非常之广，对全球禁毒工作都构成了严峻的挑战。自 2010 年以来，我国新精神活性物质市场与国际接轨速度加快，分别超越第一代海洛因时期和第二代甲基苯丙胺时期的接轨速度，甚至成为部分新精神活性物质的生产源头地。在氯胺酮、甲卡西酮仍未消失的同时，其他新精神活性物质喷涌而出，截至 2019 年 9 月，我国累计发现 267 种新精神活性物质。当前新精神活性物质现状呈现以下几个特点：

（1）品种增长快，呈现多元化。新精神活性物质是制毒者利用现代发达的化学工业技术去钻毒品管制法律漏洞的结果。即便管制，也存在管制时间差。当一种新精神活性物质被部分消费国家和地区管制后，为规避法律的惩处，境内外不法人员会在较短时间内研发出尚未列管的新品种，由此推动新精神活性物质品种不断快速增长。联合国毒品和犯罪办公室（UNODC）有关资料显示：近年来全球新精神活性物质新品种以不少于 1 种/周或 52 种/年的速度出现。①

（2）外形很时尚，极具迷惑性。新精神活性物质常以普通的物品外形出现，具有极强的伪装性、时尚性和迷惑性。新精神活性物质，新在以常人所不知晓的形式流通，并且暂时还不受控制。制毒者大多通过对常见精神药物的原子成分结构进行修改或者替换从而形成新的药物代替物，进而逃过法律的制裁。在市场流通时所披的虚假外衣让吸食者坚信自己没有吸毒。有时此类物质会用邮票、香料及彩虹烟的名称来掩盖，与海洛因、冰毒等传统毒品相比有更强的伪装性。

（3）毒性更强烈，造成危害大。滥用新精神活性物质的并发后果危害大，甚至远超前两代毒品。滥用该类物质会引起大脑兴奋、幻觉和中枢神经系统麻醉等不良症状，并导致诸如肾功能不全、意识模糊、神经毒性和精神分裂等症状，过量服用甚至可能致命。吸食者还会经历病理性心理状态，例如，遭受迫害的妄想、嫉妒的妄想、性欲增加和听觉错觉等。在这些病态的心理症状影响下，吸毒者极易发生暴力行为，极有可能引发暴力犯罪，严重危害公共和社会安全。近期西方国家的毒检部门已累计发现一百多起致人死亡的案例，都是因为当事人吸食了该物质，其中就包括举世震惊的"迈阿密啃脸案"和"纽约丧尸案"。多数新精神活性物质的毒性作用、依赖性质尚不明确，但部分已知 NPS 拥有超强的毒性和依赖性，对人的作用比前两代传统毒品更强，危害更大。如合成大麻素类新型物质 CB-13 的机体依赖性

---

① United Nations Office on Drugs and Crime（UNODC）. Understanding the synthetic drug market：the NPS factor.［2018-10-05］. https：//www.unodc.org/scientists/global-smart-update-2018-vol-19.html.

相当于海洛因的 23.6 倍。大多数新精神活性物质具有兴奋和幻觉诱导作用，从而可引起人体高水平的性需求。地方疾控中心的有关数据显示，近年来青少年接触毒品的群体中染上性病的比例呈快速增长态势，这给公共卫生防治体系带来巨大压力。[①]

（4）情况不明朗，趋势要预防。目前除去氯胺酮、甲卡西酮外，我国其他新精神活性物质的滥用情况基本不明。例如，滥用人数有多少？滥用人群是哪些？滥用人群的人口学特征是怎样的？最常滥用的新精神活性物质有哪些？采用何种滥用方式？使用的频度是多少？从何处获得新精神活性物质？我们对近年来新精神活性物质滥用问题的相关资料掌握得非常有限。造成该事实的主要原因：一是我国滥用新精神活性物质的人数有限。二是实战一线缺乏新精神活性物质的快速检测方法和设施，使用常见毒品尿检卡还不能完全有效检出新精神活性物质。基层缉毒民警也缺乏相关的实战经验。当前我国新精神活性物质滥用的情况不甚明朗，制贩现状和未来趋势也难以合理预估。

（5）网络传播快，形式很隐秘。大数据时代的到来和全球化进程降低了毒贩们将新精神活性物质获取、制备、贩运的难度，更容易将毒品运输到世界的每个角落。新精神活性物质的交易方式也不再是从前的当面交货交钱模式，移动支付的方便快捷助推了其泛滥趋势。全世界范围内的即时通讯工具，以及工具内的"闪照"和阅后即焚等功能，使涉毒交易更加难以被侦查。一套完整成熟的贩毒交易模式已经形成：在通讯工具平台上用密语确定交易信息，用移动支付或者"比特币"等支付，将毒品包装成正常货物使用寄递渠道运输。公安部在 2014 年开展的网络毒品专项整治行动中，仅 7 起专案就定位到上百个相关微信群，涉毒网络线索近 3000 条，共抓获贩毒嫌疑人 700 多名。新精神活性物质具有无色易溶于水等新特征，毒贩常把它添加到许多生活用品之中，现已发现出现在巧克力、软糖、香烟、饮料等物品中，还出现了邮票状的片剂。由于临床手术中比较依赖精神与麻醉药品，药品信息数据库及相关链条监管的滞后，导致我们必须要面对精麻药品滥用加剧、被非法贩运的风险。

（6）打击缺力度，有待去监管。当前我国打击治理毒品法律体系主要是为了管制前两代毒品而建立的，针对第三代毒品还存在管不到、管不好、管得不及时等问题。首先，我们对新精神活性物质的掌控列管目录数量还太少。目前，国家总共出台列管了 456 种，与已知的 1047 种新精神活性物质相比，还有大量的新精神活性物质未被列管，这也是毒贩不惧法律的根本所在。例如，甲卡西酮 2010 年被我国列入管制后，制毒者立即修饰物质化学成分，制造出了子代产品乙卡西酮，五年之后乙

---

① 李彬，张旻南，马立鹏，等．新精神活性物质特征与管控．中国安全防范技术与应用，2020（3）．

卡西酮才进入列管名单。

我国虽然已经制定出台了针对有可能造成滥用后果的精麻药品专门的管制办法，但由于该办法对执法程序的规定太过简略，实际操作参考价值不大，审判时法官的量刑标准往往靠酌情，因此对于新精神活性物质的打击控制力度没能形成高压态势。最典型的例子莫过于2014年宁夏银川的"蓝莓案"。该案警方缴获了名为"蓝莓"的以合成大麻素为主要成分的新活性物质400余克，经化学检验中心鉴定该物质对机体的作用与大麻类似，但毒性却是大麻的4~10倍，但缺少相应的法律文件效力，且新活性物质当时尚未进入列管名单，司法机关最终无法对贩毒人员提起公诉。①

其次，打击毒品违法犯罪的力量不够，有待加强。缉毒民警在与前两代毒品的斗争中占据压倒性态势，但面对第三代新精神活性物质却存在诸多困境，这个问题需要我们及时应对。目前，多个行政部门，都对制毒前体有相应的法规来进行管制，（涵盖公安、农业、安监、食药监、商务及海关等多个部门）但各部门制定的法规条款对前体管理的尺度不一、范围参差不齐，给了不法分子可乘之机。

最后，前体管理问题也需解决。制毒前体是指能用化学方法提取出毒品原料的物质，而特制前体通过化学还原修改前体化学分子结构就可获得。当前许多特制前体就是常见化学品，在一般性的工业医药农业生产中都会使用得到，暂时无法纳入管控范围。且当一种前体被管制后，制毒者会通过加工前前体来合成前体，用多走一步的迂回方法趁国家还未及时跟进，就赚管控前的利润。如2008年K粉的前体羟亚胺被列管后，就使用当时仍是未列管的普通化学品羟亚胺的前前体邻酮，该类物质直至2012年才被国家管制。

2. 新精神活性物质的主要种类

根据其化学结构，新精神活性物质可以分为九类：合成大麻素类、卡西酮类、苯乙胺类、色胺类、哌嗪类、氯胺酮及苯环利定类、氨基茚满类、植物类和其他类。根据其作用效果，新精神活性物质可以分为七类：大麻素受体激动剂类（合成大麻素类）、兴奋剂类（苯乙胺类、卡西酮类、氨基茚满类、哌嗪类）、迷幻剂类（苯乙胺类、色胺类、麦角酰胺类）、分离剂类（氯胺酮及苯环利定类）、阿片类（芬太尼类、鸦片衍生物类）、镇静催眠剂类（苯二氮卓类）和其他类（见图2-5）。

---

① 游彦，邓毅，赵敏. 第三代毒品——新精神活性物质（NPS）发展趋势评估、管制瓶颈与应对策略. 四川警察学院学报，2017（1）.

表 2-5　新精神活性物质分类表

名称	外观	作用
芬太尼类	白色结晶粉末	适用于缓解各种疼痛及临床手术时的镇痛，会抑制呼吸、肌肉僵硬、癫痫发作和低血压等，严重时会引起呼吸衰竭而死亡。调查显示，非法芬太尼和其他合成类鸦片现在是美国使用最致命的鸦片类物质
合成大麻素类	制成植物熏香	产生心悸、反胃、上吐下泻、焦虑、偏执、精神幻觉等。易上瘾，长期吸食会引起心血管并发疾病，精神不可控，细胞也有癌变可能
卡西酮类	白色或棕色粉末	直接作用于中枢神经系统，迅速产生欣快感，短时间内极度狂躁，后期导致抑郁等并发症，伴有幻想，产生心理与身体损伤，甚至休克性死亡
苯乙胺类	不详	兴奋中枢神经系统，高剂量摄入后产生强烈致幻作用，也会导致精神错乱。兴奋能力强、持续时间长
哌嗪类	片剂、胶囊或散粉	引发幻觉、意识混乱、妄想、焦虑、头痛头晕、心悸等不良反应。急性反应包括惊厥、低钠血症等综合征，也可能出现癫痫持续状态以及肾衰竭等其他症状
色胺类	胶囊、片剂、粉末、液体等多种形式	一般情况下能使人产生感知、情绪和意识上的变化，致使人产生欣快、身体失控、幻觉，严重者甚至引发死亡
氨基茚满类	粉末或晶体	导致焦虑、惊恐、心动过速等不良反应
植物类	干叶子	具有兴奋和轻微致幻作用，有类似吗啡的麻醉作用和强烈的致幻作用
苯环利定类	粉末或晶体	使人产生幻觉、精神与躯体分离的状态、欣快感等
其他类例如，氧化亚氮（"笑气"）	无色有甜味的气体	产生欣快感，作用于特异的脑区，导致认知扭曲、记忆损害。高浓度吸入"笑气"可引起低氧血症，可诱发癫痫、心律失常和心搏骤停。长期吸入会使脊髓中枢不断受损，最终导致肢体瘫痪

3. 新精神活性物质的迷惑性

近年来我国合成毒品犯罪猖獗，制贩毒活动逐渐由南向北、由东南沿海地区向内地蔓延，毒品种类不断增多。在流行滥用的毒品种类上，除甲基苯丙胺（冰毒）、亚甲二氧基甲基苯丙胺（"摇头丸"）和以氯胺酮为主要成分的 K 粉三种合成毒品外，又出现了"麻古丸""烫面面""忽悠悠"以及"开心水"、GHB（γ-羟基丁酸）等越来越多的新类型毒品。其中有些是境外渗透进中国大陆地区，有些是内地不法分子地下非法生产制造和加工配制。许多新精神活性物质为多种混合物质勾兑而成，其中既有违禁毒品，也有个别医疗药品成分或不知名化学物质。其中一些为掩人耳目，逃避打击，改头换面，甚至以药品的外包装形式出现。为吸引青少年人群的好奇心，打消其对毒品的戒备心理，不法分子常利用新奇的包装将毒品打扮成年轻人喜爱的零食、饮料外观，借此诱导青少年吸食，渐渐走上毒品上瘾的不归路。

经常见报的大麻饼干，外观为普通饼干状，其不同的就是夹杂绿色成分并伴随异味。此绿色成分为处理后的碎大麻叶，使用者咀嚼这样的饼干就是在吸毒，而周围人根本看不出来。2019 年 3 月 16 日，福建厦门警方破获一起涉毒案件，因吸食毒品而被治安拘留的 21 岁女子韩某吸食的毒品正是通过网络，以 500 元 10 块的昂贵价格购买的大麻饼干。

毒品"小树枝"，由于其呈褐色细棍状，毒贩将其谎称为熏香或线香发售，诱使不知情者"中招"。通过社交软件接单，再用快递等方式送货，往往于凌晨人少时进行交易。交易场所常选择酒吧、宾馆等隐蔽场所。此种新型毒品是针对青少年群体，它吸食方式较为隐蔽，将其分成若干段，混在香烟中点燃，便可达到吸食效果。

根据两起缉获并经实验室检测的毒品案件显示，2009 年 1 月，在广西缉获的含有 γ-羟基丁酸、"摇头丸"和氯胺酮成分的毒品混合物，这些毒品混合物藏在有"传统止咳药"标记的瓶子中。而近年来一种在娱乐场所流行滥用的"开心水"（"Happy 水"），经检测其主要成分为甲基苯丙胺、咖啡因和氯氨酮的混合物，该类毒品通常被包装成"蛇胆川贝液"等药品或饮料，在包装方式上乃至外盒上均与该药品实物一致，外观上难以分辨。由于许多合成类毒品属多种化合物的混合制剂，其真正成分、浓度、含量都不确定、变化无常，因此滥用除导致成瘾外，还极易导致急性中毒，对滥用者的身心造成极大危害，产生恶劣的社会影响。

新型毒品 LSD"小邮票"，多从境外流入，是仅手指甲盖三分之一大小的小纸片，因其制作成五彩斑斓的邮票状而得名。2018 年 9 月，杭州警方破获的杭州市首例 LSD 新型毒品案中，杭州警方发现贩卖 LSD 的大多为青少年，其中还有相当一部分是 00 后，可见这种新型毒品荼毒青少年程度之深。

以冰毒、"摇头丸"、氯胺酮等新型毒品混合而成的"开心水"更是无色无味的液体状，放在矿泉水瓶中肉眼根本分辨不出来，毒贩很轻易就可以瞒天过海。由于包装精致、迷惑性强、能够"以假乱真"，故而贩毒人员更易携带此种毒品搭乘飞机、火车而不被发现。含有新精神活性物质的咔哇潮饮直接就定义为运动饮料，消费者只当成新型饮品，很难发现其成分中含有毒品。

在禁毒过程中，上述包装新奇或是样貌极具迷惑性的毒品大都属于新型毒品，其中混有少量的传统毒品和合成毒品，受众偏重于喜爱追求刺激和新鲜事物，又没有社会经验的青少年群体。表2-6将这几种包装新奇的、极具迷惑性的毒品呈现出来，并附其特点与实际图片。

表2-6　毒品新型包装分类表

名称	别名	主要成分及危害	外观	图例
曲奇饼干	大麻饼干	碎大麻叶与饼干掺杂在一起	夹杂绿色成分的曲奇饼干状。与抹茶味饼干相似	
"小树枝"	"雅典娜小树枝" "维也纳香薰" "派对小树枝"	合成大麻素MDMB-CHMICA，可致幻，也会令吸食者出现头晕、恶心等症状，严重的还会引起心脏骤停或失去意识	与"线香"、树枝相像，为深色细棍状	
"小邮票"	LSD	麦角酰二胺，使用后通常会心跳加速，血压升高，并出现急性精神分裂和强烈的幻觉	纸型，如"小邮票"或胶囊型，仅手指甲盖三分之一大小	
"开心水"	"HAPPY水"	甲基苯丙胺、苯丙胺以及盐酸氯胺酮	无色无味，与普通饮料无异，该类毒品通常被包装成"蛇胆川贝液""速溶咖啡"等	
咔哇潮饮	咔哇汜	γ-羟基丁酸，暂时性记忆丧失、恶心、头痛，甚至失去意识、昏迷及死亡	装在玻璃瓶、塑料饮料瓶之中	
浴盐	丧尸剂、喵喵、象牙、光环、香草的天空	甲卡西酮、亚甲基双氧吡咯戊酮等。体温升高，表现出很强的攻击性和自残现象	白色粉末、颗粒、晶体状	

　　以上几种只是最具代表性的新型包装毒品，除此之外在缉毒执法实践中查获的还有"跳跳糖""奶茶粉""毒蘑菇"等。这些包装样式新奇的毒品往往不是社会

固有印象中白色粉末、白色晶体的毒品形象，反而是一些生活中很常见的形象，如奶茶粉、矿泉水、运动饮料、香烟、邮票、食用菌类等，极具迷惑性。再者，毒贩往往将这些新奇的毒品受众确定为涉世未深的青少年群体，利用青少年戒备心低、对新鲜事物更好奇、更敢于尝试的个性，使不法分子更容易得手。这些新型毒品的传播场所通常是在酒吧、夜店等嘈杂人多、青少年众多的场所，伴随着嘈杂的氛围、昏暗的灯光，隐蔽地进行毒品的买卖、吸食，不法分子也常会利用这种有利的环境给青少年"下药"，使其在无意中吸食毒品，从而一步步走上成瘾的道路。

（四）"软毒品"——大麻

大麻，是大麻科大麻属一年生草本植物，最早被归入荨麻科，后归入桑科。现代大麻更多指的是大麻植物的提取物，成分复杂，主要包括类植物、黄酮类化合物、萜烯、碳氢化合物、非环形大苯酚、生物碱、柠檬酸银和环形大麻酚等。由于大麻高产且种子营养丰富，花序和叶片能分泌气味浓郁的树脂，韧皮部经过简单的处理即可获取高质量纤维，大麻成为早期人类主动栽培的物种之一。

我国传统的大麻分类依据 THC（四氢大麻酚）含量和用途，将大麻分为工业大麻和医用大麻两类。工业大麻，即要求 THC<0.3%，一般 CBD（大麻二酚）含量偏低，纤秆长分枝少，主要关注其纤维质量的一类大麻品种。主要用途为纺织品、肥料、饲料、工业原料等。医用大麻为 THC>0.3%，植株形态上一般较矮小，花叶产量大，一般是看作毒品大麻或麻醉品，在我国严禁私自生产和使用。

大麻虽被称为"软毒品"，但其毒品的属性是确定的，且对成长阶段的青少年的认知行为影响尤为严重：除烦躁不安、焦虑、恐慌、偏执等症状外，还会造成短期记忆和注意力、判断力、运动协调能力异常，有些还会诱发精神疾病的阳性症状，如幻听、被害妄想等。18 岁之前若长期吸食大麻，会导致不可逆转的智力、注意力和记忆力障碍，即使以后停止吸食也不会有所改善。

在许多国家和地区，大麻的长期使用者往往也伴有其他物质的滥用情况，如烟草、酒精等，这也常常使大麻的使用者陷入一个恶性循环当中——吸食大麻的种种影响干扰了正常生活，而生活的不如意又会诱导再次吸食。长期接触大麻的人甚至可能会吸食海洛因和可卡因。因此，大麻也被称为诱导性毒品。

20 世纪 60 年代，由于世界范围内的大麻滥用问题，《1961 年麻醉品单一公约》将大麻列入了管制名单，禁止大麻的种植及产销等活动，大麻成为国际社会普遍严禁的毒品对象。

目前世界各国对于大麻的态度分为合法、非罪刑、非法三种模式。但对于大麻非法的态度依旧是主流，被绝大多数国家认定为毒品，并被严厉打击。但是目前一些西方国家逐步放开对大麻的管制，截至 2022 年，美国 50 个州中有 38 个州和哥伦比亚特区批准人们使用医用大麻，38 个州中有 19 个州已经将医用大麻扩展到娱乐用途。[①] 大麻也成为年轻人最常用的毒品之一。美国大约有 23.1% 的学生在八、十和十二年级曾吸过大麻，而 17.9% 和 11.0% 的学生表示他们在过去的 12 个月和过去的 30 天里吸过大麻（The National Institute on Drug Abuse，2021）[②] 根据 2018 年的挪威青少年数据调查，2% 的初中一年级男孩（12~13 岁）曾尝试过大麻，而高中一年级男孩（18~19 岁）的同等比例为 25%。[③] 国外青少年对于大麻的使用原因，有学者认为它与社会、文化和象征意义有密切关联，甚至这些吸引力远远超过大麻本身带给他们的快感。[④] 在后工业社会，人们的身份标记越来越需要通过不同的消费模式来构建，在这种模式下，年轻人用毒品来进行交流和身份的认同。吸毒已经成为年轻人休闲方式的重要组成部分，并从青年亚文化的"边缘"进入了青少年生活方式和身份的主流。[⑤][⑥] 随着国际交流的密切发展，西方的生活方式和价值观也不可避免地影响中国当代的年轻人。例如，四川省高级人民法院发布全省法院惩治毒品犯罪典型案例中有这样一个案例：苏某在境外留学期间开始吸食大麻，回国后从 2018 年下半年开始从境外购买大麻，并租用成都市青羊区一房屋，多次容留他人吸食大麻。同时，苏某与傅某明向他人出售大麻，并购买设备在租住房内种植大麻。2019 年 1 月 24 日，成都海关驻邮局办事处在对进境邮包进行检查时，发现一邮包疑似藏有大麻。同日 17 时许，苏某前来签收邮包被现场抓获。经称量，邮包中藏有大麻物品 460.45 克。经搜查，在苏某租住房内查获大麻物品 5.7 克、大麻原植物 6 株。2019 年 2 月 1 日，公安机关将傅某明抓获。因此，青少年吸食大麻的趋势要尤其警觉。

综上所述，毒品并非"毒性药品"的简称。它是指出于非医疗目的而反复连续使用能够产生依赖性（成瘾性）的药品。从自然属性来讲，这类物质在严格管理条

---

① Yang Eunbyeor Sophie, Oh Su - Kyung, Kim Seohyun, Chung Ick - Joong. The influence of parent and peer disapproval on youth marijuana use mediated by youth risk perception：Focusing on the state comparison. Drug and Alcohol Dependence, 2022：240.

② The National Institute on Drug Abuse, 2021. Monitoring the Future：National Results on Adolescent Drug Use：Overview of Key Findings 2021. Accessed on January 25, 2022.

③ Bakken, A. 2019. Ungdata. Nasjonale resultater 2019. Vol. 9/19. Oslo：NOVA, OsloMet.

④ Hammersley, R., R. Jenkins, and M. Reid. 2001. Cannabis Use and Social Identity. Addiction Research & Theory 9（2）：133–150.

⑤ Parker, H., J. Aldridge, and F. Measham. 1998. Illegal Leisure：The Normalization of Adolescent Recreational Drug Use. London：Routledge.

⑥ Bilgrei Ola Røed, Buvik Kristin, Tokle Rikke, Scheffels Janne. Cannabis, youth and social identity：the evolving meaning of cannabis use in adolescence. Journal of Youth Studies, 2022, 25（9）.

件下合理使用具有临床治疗价值，也就是说，在正常使用下，它并非毒品，而是药品。不过，从社会属性来讲，如果为非正常需要而强迫性觅求，从而使这类物质失去药品的本性，这时的药品就成为毒品。因此毒品是一个相对的概念。当然也有些物质成瘾性大，早已淘汰出药品范围，只视为毒品，如海洛因。

毒品指出于非医疗目的，因滥用产生生理和心理依赖性（即成瘾性）的药品。但是，近些年兴起的新型毒品不但具备传统毒品的一般特征，还包括了许多区别于传统毒品的特征：一是传统毒品主要是通过毒品原植物加工制造的半合成品，而新型毒品大多是人工化学合成品。二是传统毒品一般对人体有"镇痛"或者"镇静"的作用，而新型毒品吸食者在心理与生理上会表现出兴奋、抑郁、幻觉以及急性心脑血管疾病等症状。三是传统毒品吸食者一般都是在吸食前，犯罪分子为获取毒资而实施违法犯罪行为，而新型毒品犯罪分子通常是由于吸食新型毒品成瘾后行为失控，而实施违法犯罪，或者是"以贩养吸"类的恶性循环。四是传统毒品吸食者大多采用注射、吸烟式等方法吸食滥用，新型毒品吸食者多采用口服、鼻吸式等方法吸食滥用。五是传统毒品吸食通常喜欢安静、隐蔽的环境，而吸食新型毒品大多是受人鼓动，或为了活跃氛围，所以新型毒品吸食者大多聚集在公共娱乐场所。

调研发现，吸食新型毒品的人群年龄基本是 17~28 岁的青少年，其中还有一些未成年人和从国外回来的留学生，他们虽然来自不同阶层，从事不同行业，但都年轻、有固定的交友圈子。在这些圈子中，很多都是追求独特、前卫新潮的人，只要一个人沾染上毒品，很快整个圈子便会跟风沦陷。

毒品滥用是全世界范围内的公共卫生与社会安全问题，吸毒贩毒导致的后果毒害深重。从公安禁毒部门调研数据表明，当前我国青少年涉毒趋势明显，青少年涉毒问题态势严峻，呈现出团伙性吸毒犯罪倾向明显、以贩养吸行为突出、吸毒场所隐蔽性增强以及国内吸毒人群低龄化等特点。当前毒品包装新潮、国内制毒频发、网络贩毒活跃、藏毒手法多变，青少年因涉毒问题而引发的案（事）件损害自身、伤害家庭、威胁人民安全，给新时代禁毒工作带来挑战。

第三章
青少年毒品滥用群体分析

一、青少年毒品滥用群体的人口学分析

人口学当下一般定义为研究人口发展，人口与社会、经济、生态环境、人文环境等相互关系的规律和数量关系及其相关领域的应用科学总称。它在诸多不同专业领域的交叉研究中尤其是社会科学的大领域中发挥着极其重要的作用。这和我国治国理政也有一定的关联，比如说十年一次的全国人口普查，以及逐渐放开的计划生育政策等。同样，在犯罪学以及社会调查学还有人群特征分析中，人口学都起到了相对重要的作用。

（一）性别特征

以 S 省为例，每年各地查处吸毒人员数量由于前期毒品源头打击力度不同、情报研判能力有限等原因存在着一定的波动，但其比例仍有着较高的借鉴价值。2018年 S 省各市查处吸毒人员中男性比例在 76%~83.2%，女性比例在 16.8%~24%。而2019 年各市查处吸毒人员中男性比例在 73.5%~90%，女性比例在 10%~26.5%。

J 市的比例也符合上述结论，青少年吸毒者在吸毒人群中本身就占到了相当大的比例，J 市的已知吸毒青少年人群中，男性为 86.7%，女性为 13.3%。从本质上说，青少年中男性吸毒者比女性吸毒者更容易接触到毒品或者是涉毒场所。曾经的小镇溜冰室、游戏歌舞厅以及现在的夜店俱乐部和夜总会，消费者往往以男性居多。青少年容易在心智不成熟的情况下，或者男性本身的那种好胜感和群体归属感的作用下被他人诱导吸毒甚至是贩毒、卖毒、制毒。从数据上看，虽然青年男性吸毒人群占比仍然较大，但是不可忽视的是，随着基数的不断增长，女性吸毒人数也在不断增长，尤其是合成毒品的吸食，女性在快速增长，有研究表明，男女吸毒比例甚至已达 5：5。

（二）年龄特征

2019 年的《中国毒品形势报告》指出，截至 2019 年年底，全国现有的 214.8 万名的吸毒人员中，35 岁以上的有 109.5 万名，占 51%；18 岁到 35 岁的有 104.5 万名，占 48.7%；18 岁以下的有 7151 名，占 0.3%。2019 年新发现的吸毒人员较上年减少 3 万名。[①]

而新型毒品被滥用的情况在青少年群体中尤为严重。在传统毒品吸食者中，这部分人群所占的比例是 51.9%，而在新型毒品吸食者中，这一比例为 58.7%。

以 J 市为例，在年龄上的分布（见图 3-1），17 岁以下的有 4 人，18~25 岁的有 7992 人，26~35 岁的有 8876 人，36~45 岁的有 8588 人，46~59 岁的有 7868 人，而 60 岁以上的只有 777 人。从图中可以明显看出，吸毒人群年龄的分布类似于一个梯形。青少年吸毒者在吸毒人群总数中几乎占 49.5%。18~25 周岁吸毒的人数与 26~35 周岁吸毒的人数相差不大甚至保持持平。吸毒低龄化的趋势即吸毒人群偏向青少年人群增长的形势显而易见。

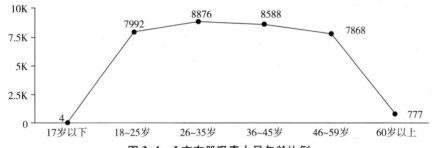

图 3-1　J 市在册吸毒人员年龄比例

早在 2016 年，中国国家禁毒委员会办公室就在北京发布了《2015 年中国毒品形势报告》。报告显示，吸毒低龄化特征突出。在 234.5 万的吸毒人员中，不满 18 岁的有 4.3 万人，占 1.8%，18 岁到 35 岁的吸毒人员有 142.2 万名，占 60.6%。[②] 可以说吸毒人员中 35 岁以下的青少年几乎占据了半壁江山，成为毒品市场的主要购买力。

这种现象的发生，也与禁毒教育有着一定的关系。禁毒教育和宣传并没有完全落实到各个相关部门，没有形成政府机关的全备之责，社会关于禁毒和毒品危害的

———————

① 2019 年中国毒品形势报告．[2020-06-24]．http：//www.nncc626.com/2020-06/24/c_121 0675813.htm.

② 国家禁毒委员会办公室．2015 年中国毒品形势报告．[2016-02-18]．http：//www.nncc 626.com/2016-02/18/c_128731173.htm.

教育宣传手段并没有完全形成合力。在目前的禁毒工作中,破解吸毒人群低龄化的趋势已成为首当其冲的事务,因此不仅仅要在校园内加大教育力度,更要在整个社会上倡导积极向上的社会新风,遏制住吸毒低龄化的苗头。

(三)受教育程度

读书使人文明,使人开化,教育的本意也在于善诱一代代的人成为思想心理健康、明辨是非和具备正确价值观的优秀人才。2005 年,宁波市禁毒委员会办公室对部分吸毒者进行了一次问卷调查,结果显示:吸毒群体呈年轻化趋势,女性吸毒者比例逐渐增多,低学历者更容易沾染毒品。其中初中学历者为 175 人,占 43.8%,其次小学学历者有 109 人,占 14.8%;高中学历者有 40 人,占 10%;中专学历者有 15 人,占 3.8%;大专以上学历者仅有 2 人。① 2005 年的数据相对于如今而言已过时,2021 年,以 J 市为例(见图 3-2),全市在册吸毒人员 26912 人,其中研究生有 352 人,本科生 1088 人,专科生 2585 人,普通高中学历 4752 人,初中以下学历 15997 人,总体上,吸毒人员的文化水平程度还是相对较低,这和 2005 年宁波市统计的结论相差不多。

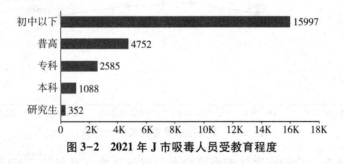

图 3-2 2021 年 J 市吸毒人员受教育程度

禁毒教育普遍只停留在学校阶段尤其是义务教育阶段,因此连初中都没有毕业的人能接受到的相关教育更是少之又少。教育的意义在于让人有着正确的普世价值观,形成明辨是非的能力,教育的不到位容易让本身心智不成熟的青少年难以抵制毒品的诱惑,无法辨别自己行为,由此可能带来心理、生理甚至是法理上的危害。

尽管吸毒者低学历趋势一直未变,但是同时也要注意到高学历吸毒人群也在不断壮大,这与近年来青少年学业与事业压力逐渐增大,以及留学生人群不断扩大有着密切联系。越来越多的青少年选择去欧、美、加拿大等国家留学,让他们或多或少接触到当地的吸毒风气,甚至沾染上吸毒习惯,毕竟在欧美的部分国家中,吸食大麻之类的毒品并不违反相关法律,不构成违法犯罪,这也降低了在当地吸毒的法

---

① 吸毒群体发生新变化. 宁波日报,2005-6-27.

律风险和社会道德风险。在现代社会，尤其是在如今这种快节奏、高压力的社会风气下，年轻人的压力日益增大，除了抽烟喝酒这种传统发泄压力的方式，有些人选择了吸食毒品来逃避现实。这也从侧面说明，高学历者对毒品的抗拒力有着相对性。高学历吸毒人群虽然不断壮大，但与吸毒人群总数量和低学历者吸毒的人数相比，终究不是主力军。

（四）婚姻状态

2021 年，J 市在册吸毒人员中未婚的有 11223 人，已婚的有 10213 人，丧偶的有 135 人，离婚的有 15997 人。华中师范大学陈晨的调查报告结论显示：在总体受诱惑程度以及消极情绪、刺激因子暴露中，未婚的吸毒人员比例显著高于已婚的。但是本研究的统计结果无法得出类似结论，不过可以肯定的是未婚状态的吸毒者数量已明显低于离婚状态的。

人的感情往往是脆弱的，容易受到冲击，并且会影响到人的其他生理行为。婚姻状态是一个人生活的状态，未婚的人因为没有家庭和婚姻，往往不会过多地考虑家庭因素和他人的影响，而已婚家庭的吸毒者往往是群体性聚集，彼此相互影响，夫妻都吸毒的家庭将孩子也带入吸毒道路的案件并不少见。离婚的人最容易因为感情和家庭的破裂，陷入一种人为制造的脆弱和绝望中，在生理心理都陷入迷茫时，毒品可能会成为他们眼中的慰藉。

（五）职业分布以及收入水平

吸毒人员中职业分布和收入水平也有着显著的差别。J 市吸毒人员数据显示，国家专业技术人员也就是我们平常所说的体制内的公务员和有编制的人，这一类人中只有 30 人吸毒，其他吸毒人员分布：独立资本公司的职员 830 人，企业管理员 128 人，工人 758 人，农民 183 人，自由职业者 489 人，个体经营户 767 人，无业游民 14191 人。无业游民、没有稳定收入来源的人群占吸毒人群的大部分，有稳定职业和相对较高收入的企业管理者和国家公职人员吸毒者较少。

二、青少年毒品滥用群体的群体差异

（一）吸食毒品类型区分吸毒人群

在漫长的人类历史中，毒品几乎贯穿整个人类发展史，早在新石器时代，人们就已经开始种植罂粟花并且提取其中的成分，而在公元前 3000 年，著名的两河文明（底格里斯河和幼发拉底河），也就是今天的伊朗等地，主要在小亚细亚地区，人们将罂粟称之为快乐植物。毒品的发展层出不穷，第一代毒品以鸦片、海洛因、吗啡、大麻为代表，第二代毒品以冰毒、"摇头丸"、K 粉为代表，而第三代毒品则以迷幻药、奶盐等为代表。毒品分为许多类型，吸食毒品的人群也因为吸食毒品类型的不同，自动划分形成不同人群。例如，欧美地区的人偏向于吸食大麻、迷幻药一类毒品，而我国吸毒人群偏向于吸食以冰毒为主的合成新型毒品，以及海洛因、鸦片等传统毒品。

1. 传统毒品吸食群体

通常来说，农村青少年受经济能力和所在地区经济发展的局限，接触更多的是价格相对较便宜的鸦片、海洛因，这些毒品流行于小镇黑暗的歌舞厅、溜冰室内，甚至是黑网吧里。而吸食流行于欧美的大麻、迷幻药的青少年人群中，有相当一部分拥有北美、欧洲的留学经历。

此外，吸食毒品种类和我国毒品的来源有着密切的关系，比如在内陆地区尤其是西南地区，吸毒人群普遍接触到的是以海洛因、鸦片为主的毒品，这主要是因为云南、四川、广西警方对毒品生产的排查有相对成熟的手段和体系，而三省紧邻缅甸"金三角"制毒区。"金三角"制毒区的制造毒品工艺相对来说较为粗糙，因为常受到帮派互相斗争以及政府军时不时袭击围剿，生产高昂的毒品容易在袭击和斗争中有损失，生产成本较低的鸦片、海洛因反而更符合他们所需要的利益。再加上西南地区边界线十分漫长广阔，且山区、林区较多，这给贩毒组织带来便利，更容易偷运此类价格低廉的毒品，即使被警方、军方查获，损失也不大。因此，为此类毒品的吸食提供便利。

2. 新型毒品吸食群体

在东部沿海地区，由于诸多复杂原因，更多人选择吸食以冰毒、迷幻药为代表的合成毒品。青少年吸食以冰毒为主材料的合成毒品，以及作用于大脑和中枢神经的精神类毒品，占比甚至过半。第二代和第三代毒品在青少年人群中更受欢迎。

经济学理论强调的是，需求决定市场，本书在前面也说明西南地区的地缘环境和东部沿海地区有天壤之别。东部沿海地区的青少年吸毒人群多吸食冰毒类新型毒品，这也和沿海地区制造、销售、吸食毒品的种类有着莫大的联系。比如，电视剧《破冰行动》中提到的"塔寨村"，在现实生活中就是 2012 年被广东警方围剿的最大贩毒组织——博社村。这个位于广东的小村庄，每家每户都以制造毒品、销售毒品为生，并且在当地拥有保护伞，多年来风雨不透。他们制造的主要就是以冰毒为主的合成毒品。这些毒品除了外销香港等地区，大部分都流向了沿海一带的各大城市。

目前，对于新型毒品吸食者需要关注的一类群体是同性恋群体，这类群体吸毒数量在不断上升。首先，在同性恋群体的组成结构上，青少年占据大多数。其次，年轻的同性恋群体比较喜欢在酒吧、夜总会、迪厅、歌舞厅等娱乐场所进行活动，这就使其相对于其他年龄阶段的同性恋群体而言，更容易接触到毒品，沾染毒品的概率更大。再次，青少年对新鲜事物具有较强的好奇心，并且自我控制能力弱，社会经验以及对毒品方面的知识又比较匮乏，缺乏抵御毒品诱惑的能力。尤其是在"摇头丸"、冰毒等合成毒品以及"神仙水"等新型混合毒品面前，青少年更是缺乏对其辨别的基本常识。最后，青少年同性恋群体正处于生命机体的活跃期，在原始本能的基础上更喜欢刺激性的消遣方式，所以该群体吸毒的比例明显要大一些。[1]

（二）戒毒自主性区分吸毒人群

戒毒和戒烟，本质上都非常困难，也都有主动和被动的区分，同时也有成功和失败两种不同的结果。

1. 社区戒毒人员

按主动和被动来区分的话，往往检方和警方趋向于对青少年吸毒人群用社区戒毒手段。这和青少年犯轻罪时，检察官会选择使用附条件不起诉有异曲同工之处。一般来说，青少年吸食毒品的时间和对毒品的依赖程度各有不同，但总体上吸食成瘾变成老毒鬼的概率不是很大，所以对青少年吸毒人群主要采取保守治疗和教育感化的措施。社区戒毒可以让青少年吸毒者在参加志愿活动中，提升社会参与感，改善自我价值观，从而走出吸毒的误区。青少年吸毒人群中一些人是因为感觉不到自我价值，觉得被社会孤立才走上了吸毒的不归路。社区戒毒人员对于戒毒还是有一定主动性的。

2. 强制戒毒人员

被采取强制戒毒手段送到戒毒所的青少年也不在少数。他们有些是在社区戒毒期间再次吸食毒品而被强制戒毒的。过去这些人多吸食的是鸦片、海洛因这些难戒的传统毒品，但如今吸食冰毒等合成毒品的在强制戒毒人群中的比例也越来越高。这类青少年会被送去集中管理和戒毒（在过去可能会伴随劳动改造，但是随着司法和监管场所的改革，劳动教养早些年便被废除）。W市数据显示，登记在册的吸毒人群中，强制戒毒的人数几乎是社区戒毒的两倍，在基数较大的西南边境省份以及毒品形势严峻的南方沿海城市更多。

---

① 高元兵. 同性恋人群吸毒问题研究. 湖北警官学院学报，2015（12）.

3. 自愿戒毒人员

自愿戒毒是吸毒者意识到吸毒行为给自己、家庭、社区带来的影响与伤害，主动脱离毒瘾的过程。自愿戒毒动机性强，主观意愿明显，戒毒效果更好；自愿戒毒者大多经济条件尚可，同时承担不同的家庭角色，迫于家庭压力，复发的可能性降低。[①]

自愿戒毒以云南边境地区重生园为例，不同于我们一般认为戒毒是一种"治疗"，"重生园"则将其称作"转变"，更像是疗愈（healing）的过程。这其实是两套认知观念下不同的话语表述，在"治疗"的视角下，我们将毒瘾视为一种疾病，无论是身体上的也好、社会性的也罢，所关注的是其得以好转的可能；而"重生园"中的工作人员以及学员，却不谈"治疗"而只说"改变"，他们认为如果当初只是抱着戒除毒瘾的目的前来，必然只能失败，必须得有更进一步的目标——寻求生命的改变才能成功，而戒除毒瘾只是改变过程中的附带效果。所谓生命的转变，其实是建立一种新的秩序。从疗愈的角度说，发生的事情已经发生，他们不可能完全回到吸毒前的生活，而是需要寻找并接受一种新的秩序。[②]

综合来看，在国内现有的已查证的青少年吸毒人群中，被予以强制戒毒的占大部分，社区戒毒的其次，自愿戒毒的最少。

三、青少年毒品滥用群体的社会交往

古希腊伟大的哲学家、科学家和教育家亚里士多德在其著作《政治学》中提到一句话："从本质上讲，人是一种社会性动物；那些生来离群索居的个体，要么不值得我们关注，要么不是人类。社会从本质上看是先于个体而存在的。那些不能过公共生活，或者可以自给自足不需要过公共生活，因而不参与社会的，要么是兽类，要么是上帝。"任何人在社会中都不可避免地会有自己的社交圈子和社会交往，对于吸毒人员的人际关系、社会关系的研究分析对于研究青少年毒品滥用群体非常有意义。

（一）群体人际交往存在障碍

1. 理论基础

心理学大辞典中解释，人在交往过程中阻碍人际关系建立的各种因素叫人际交

---

① 顾悦，张锐敏，张从斌，等. 对广西、福建、海南三省439例海洛因成瘾者强制和自愿戒毒复发率的比较分析. 中国药物依赖性杂志，2018，27（4）.

② 姚雨萌，黄剑波. 与"痒"共存——滇边地区自愿戒毒者的身体、欲望与生活. 原生态民族文化学刊，2021（1）.

往障碍，又称人际关系障碍（interpersonal relation disturbance）。主要有以下三个方面：

（1）文化因素障碍：①交流过程中的语言、句子和有意义的符号等语言障碍导致的误解、曲解、偏见、歧视等；民族或群体在情感和意识上的倾向问题。②学历差异障碍。

（2）社会因素障碍：①地位角色障碍，如所处社会地位、角色、职务、年龄、经济、政治等方面的条件差距。②空间距离障碍，双方在宇宙距离上的距离太大。中间媒体联系不可避免地会造成障碍，阻碍人际关系的建立。③沟通网络障碍，在群体结构中人们交往形成的不同沟通网络，因各种因素会造成对人际交往的影响。

（3）个体因素障碍：①个性结构障碍，人们的需求、动机、习惯、态度、价值观、人生观等方面的差异。②个性品质特征的障碍，如虚伪、冷漠、孤僻、猜疑心大等。①

人际交往障碍是指社交、文化和心理因素对人在交往过程中产生的不利影响，导致的交往困难。人际交往障碍会干扰正常的心理情绪和行为。本书人际交往障碍的概念依赖于心理学词典的含义，但更侧重于对交谈方面、交际方面、待人接物方面和与异性朋友交往方面进行人际交往障碍的研究，主要针对吸毒青少年发生的在人际交往方面存在障碍的相关问题，不包括邻里之间、工作中的不良人际关系。

2. 测试工具

本次主要采用问卷调查法进行分析，采用的是北京师范大学郑日昌教授的《人际关系综合诊断量表》，在 J 市强制戒毒所内发放 220 份调查问卷，回收 218 份，剔除异样数据样本后有效样本为 183 份。4 个因子，28 道题目，每题 1 分，分别从交谈方面、交际与交友方面、待人接物方面、同异性朋友交往这四个方面的困扰程度综合诊断受测吸毒人员的人际关系。

分数为 0~8 分说明受测吸毒人员与朋友相处时问题较少，分数为 9~14 分说明受测吸毒人员与朋友相处有一定的困扰，人缘一般，与朋友的关系时好时坏，经常处于起伏变动之中。分数为 15~28 分说明受测者在与朋友相处时存在严重困扰。得分超过 20 分，则表明人际关系行为困扰程度很严重，而且在心理上出现较为明显的障碍，例如，受测者可能不善于交谈，也可能是个性格孤僻的人，不开朗，或者有明显的自高自大、讨人嫌的行为。

3. 问卷结果与分析

吸毒人员受人际关系行为困扰的比例较普通人群明显偏高并且困扰程度更严重。

---

① 刘美丽．人际交往障碍初中生自我调试的干预研究．曲阜师范大学，2015.

本次问卷调查结果显示受困扰的吸毒人员总占比为56.3%，其中有一定困扰的人数频率为48，占26.2%；存在严重困扰的人数频率为55，占30.1%；困扰程度很严重的人数频率为20，占10.9%。

其中受交谈方面困扰的情况最为严重，57.9%的受测吸毒人员在与人交谈时存在困扰，无法条理清晰地表达自己的想法。该因子共7道题目，其中37名吸毒人员的得分在6分以上，只有在极需要的情况下与人交谈，无论是愉快还是烦恼，总是难以表述自己的感觉。往往也无法专心听别人说话或只对单独的话题感兴趣。

其次是在交际与交友方面，51.9%的受测吸毒人员在社交与交友方面存在一定或严重的困扰，不善于创造条件并积极主动地寻找知心朋友。在该因子7道题目中得分为6分以上的有21人，他们在正常的集体活动与社交场合，比其他人更为拘谨，尤其是有陌生人在场的情况下往往会更紧张，因为过多考虑自己的形象而使自己处于越来越被动和孤立的境地。

在待人接物方面，30.1%的受测吸毒人员是多侧面的人，对不同的人有不同的态度，他们的朋友关系有些是和谐、良好的，有些却是紧张、恶劣的，因此他们的情绪是很不稳定的，由于内心无法保持平衡而时常处于矛盾之中。18名受测吸毒人员得分在6分以上，在实际的交往过程中可能有意无意地伤害过别人，或者过分羡慕别人以致在内心嫉妒别人，因此受到别人的冷漠、排斥甚至愚弄。

在同异性交往方面，38.3%的受测吸毒人员存在一定或严重的困扰。具体表现在有时会觉得与异性交往是一种负担，不知道如何与异性交往最为适宜。其中28名受测者得分在5分以上，在异性交往的过程中存在严重的困扰，甚至对异性存有偏激性的看法，无法把握与异性交往的分寸。

4. 总结

人是一种社会动物，人与人的关系是生命的基础，关系到他们的幸福、愤怒、悲伤和个人成长。良好的人际关系和人际沟通是确保个人心理健康并保持内在快乐的必要基础。因此，正常的人际沟通和良好的人际关系对每个人都很重要。

（二）吸毒后的人际关系

吸毒人群的社会交往，在主观上出现一种自我封闭的趋势。这种趋势的出现，也是客观存在的社会排斥、被标签化的结果。也许这种主观上的自我封闭化是应对社会排斥、歧视与标签化的无奈之举，但在生活方式上确实表现出封闭化的特点。这些吸毒人群的空虚和慵懒，是一种人格化生活方式上的懈怠。他们基本的生活样态，是一种极度懒散、极度空虚的生活状态，他们因为毒品带来的生理上的改变而变得安静而不愿与人交往。他们在吸毒以后，已经失去了大量不吸毒的正常朋友，社会交往变得越来越窄，最后就被封闭在吸毒人群这个亚文化圈子里。他们疏于与正常人群交往，加速了他们被边缘化的窘境。这种主观的边缘化是一种主动远离正常人群并被孤立于吸毒圈子的过程。再加上社会排斥与歧视、社会救助的缺失，他们的社会交往最终被封闭在吸毒人群的小圈子中间，恶性循环，难以自拔。[①]

一般来说，吸毒人员社会关系较为复杂且紊乱。与社会三教九流的人都或多或少有些接触，容易与有吸毒背景前科的人产生联系和交集。吸毒人员在吸毒后，圈子里的大部分人也逐渐变成了吸毒者，寻求所谓的"志同道合"的人。65%的受测戒毒人员在问卷中选择了在吸毒后会和原来的朋友疏远这一选项，4%的受测戒毒人员选择了因吸毒结识的朋友大多没有稳定工作。

与吸食海洛因相比，新型毒品吸食者的朋友圈更容易出现三大特征，即人数更多、闲散人员比例更高和吸毒氛围稍淡。不过吸食海洛因的吸毒者在吸食海洛因之前，社交朋友圈中有稳定工作的人相对更多且也不乏高学历者，但是在吸食海洛因后，社交圈子的无业游民更多，这也是为什么戒毒容易失败和复吸，因为群体行为影响个人行为，而这种现象在新型毒品吸食者中更为普遍。

（三）戒毒后的人际关系

戒毒后的人际关系相对吸毒前更加复杂，因为戒毒后的社交人群中，既混合着吸毒时认识的瘾君子，也包括吸毒后回归正常生活所结交以及吸毒前认识的部分好友。人在面对复杂社会关系时，只有16%的受测戒毒人员选择在戒毒后与吸毒认识的朋友疏远，复吸的人大部分还是和圈子中过去在吸毒过程中结交的好友有着联系，甚至可以说是几乎没有改变吸毒时的圈子。但是彻底戒断的人群，几乎和有吸毒背景的或者是无正当行业、无稳定收入来源的人群没有了联系。

社会标签理论的代表人物贝克尔曾指出社会团体经由指定规范同时创造越轨，因为奉行规范的反面即是越轨……越轨者便是被他人成功贴上越轨标签的人，越轨行为也是指被冠以类似标签的行为，这些被称为"越轨者"的人往往被社会打上了耻辱烙印，整个人往往只能得到否定评价，而越是受到外界的否定与排斥，他们越容易再次做出越轨行为，演变为默顿所言"自我实现的预言"。显而易见，由于延续性网络中多是与吸毒人员相识多年的人，他们对其吸毒、戒毒的经历较为清楚，吸毒人员在这样的环境中更易陷入"被贴标签"的逆境。他们也清楚地认识到，自己身上背负着"不可能变好""人品很差""会把别人带坏"等标签。吸毒者会遭受道德污名，在社会上失去道德优势。在社交融入中还体现为泛化型道德污名。不

---

① 韩丹，耿柳娜．生活方式：吸毒成瘾的社会学解释视阈．社会科学论坛，2009（2）．

论戒毒人员是和普通社会成员来往还是和被污名化的社会成员来往，污名化现象始终会出现，并未出现"近朱者赤"的论调，而全是"近墨者黑"。如果戒毒人员与普通社会成员来往，会被认为普通成员堕落的表现，戒毒人员恶意诱导的结果，而戒毒人员放弃与普通成员来往，转而与同样被污名化的成员来往时，就会被认为物以类聚，蛇鼠一窝。[①]

而在家人之外，关系十分亲密的朋友是吸毒人员与外界建立健康联结的重要突破口。这里，"关系亲密的朋友"主要指在"毒友圈"之外、对吸毒人员知根知底，并且始终愿意与其保持联络的朋友。吸毒人员拥有这样的朋友，虽然几乎都只有一两个，但也对吸毒人员起到了重要的支持作用。相比较而言，关系亲密的朋友对吸毒人员的物质支持大于精神支持。这是因为这些朋友"毕竟没有过类似的经历"，不能真正从内心理解吸毒人员的感受。即使是这样，朋友几句鼓励的话语也常常令吸毒人员十分感动。在物质上，可以总结出这些朋友所提供的帮助主要集中在吸毒人员刚回归社会时，具体涉及两个方面：一是进行外界信息传递；二是提供就业支持。其中，外界信息包括两年内的各种新闻事件，大到国家新出的政策文件，小到某个昔日同学的隐私八卦。通过朋友的诉说，吸毒人员有了"重新过日子"的感觉，在掌握这些信息的同时，似乎也一点点弥补起了过去两年的"缺席"。[②]

综上，吸毒群体作为特殊的社会群体，也需要在社会中生活。在与吸毒人员的交谈中，我们发现极少部分吸毒人员不介意"吸毒者"的社会标签，通过调研发现这一群体对于社会活动的态度普遍不积极，58%的吸毒受测者选择从不参加团体如党团组织、宗教组织、工会、学生会等组织的社会活动。对社会活动的参与度明显低于普通大众，吸毒群体普遍社会责任感较低，对于权利和义务没有明确概念，对于吸食毒品这样的违法行为从心理上就没有普通大众的抵抗力。

四、青少年吸毒人群的心理健康水平

（一）青少年吸毒人群的消极情感

吸毒行为在人群中发生和流行的原因是十分复杂的，它受到政治、文化、经济和某一个社会环境中生活个体的心理、行为等诸多因素的影响，[③] 其中包括消极情

① 张鹏飞. 基于叙事治疗视角的戒毒人员社会融入服务研究. 广州大学，2022.
② 闫紫菱. 吸毒人员社区康复过程中的社会融入研究. 华东理工大学，2021.
③ 谭莉，方玉桂. 广州市社区吸毒人群健康情况调查. 中国临床康复，2003（13）.

绪和激情情绪的影响。情绪是影响个人心理和生理健康的决定性因素。吸毒作为一种特定行为，也受吸毒者情绪的影响。而吸毒又会给吸毒者带来许多负面情绪，从而使吸毒者在吸毒幻觉中清醒时更容易感到不快，从而更依赖吸毒，这是一种恶性循环。

郑琦萱、徐凯杨等的研究表明：与人口常模比较，强戒人员抑郁症状、焦虑症状均高于全国常模正常水平，且抑郁症状更明显；吸食毒品年限与吸食频率呈正相关，血压、脉搏、握力、平衡、肺活量等体质指数也越低（p<0.05）。但是其中也发现，入所前，运动锻炼频率越高的强戒人员使用毒品的频率也越低（p<0.05），且焦虑和抑郁的分数水平也更低（p<0.05），为运动促进强戒人员康复提供理论支持。通过问卷调查与访谈观察的结合，发现吸毒群体深受抑郁、自卑、焦虑等不良情绪影响。

1. 抑郁

抑郁情绪是一种复杂且致命的情绪，抑郁症的治疗也是当代医学的一大难题。原发性的生理抑郁和后天的心理抑郁的治疗都需要服用精神药物，而我们知道毒品不仅仅是毒品，而是脱身于精神药物，吗啡、大麻等很多物质在医学上也具有相当价值。抑郁情绪的人往往比其他人更容易对毒品产生依赖，这类人往往在现实生活中不满且悲沉。抽离于现实，独立活在自己臆想的精神世界，迷幻药这类的毒品似乎给了抑郁情绪较多的人一个很好的出口，殊不知自己走向了另一个更黑的深渊。这些人因为抑郁而造成心理调适能力失衡，又因此走上吸毒的道路，造成生理上的损伤和心理上的恶化。

吸毒只会带来抑郁，并不能治疗抑郁症。参演《加州杀手》《好莱坞往事》的好莱坞当红影星布拉德·皮特，自曝自己曾因为吸毒患上抑郁症。他说，在20世纪90年代，他曾试图躲起来，避开名人圈的一切，而今回头看，那段经历仍然是个很好的教训。毒品只可以带来身体上或心理上短暂的愉悦与放松，但是当这种感受慢慢地减弱和消失后，随之而来就是焦虑、沮丧、烦躁等情绪，更进一步加重抑郁症。患者为了继续享受这种舒爽、放松、快感和减少焦虑、沮丧、烦躁等情绪，他们又会主动去寻觅和吸食毒品，在这种恶性循环下，人体就对毒品产生严重的依赖，旧病未去又添毒瘾。长期溜冰毒的人，受伤后的大脑使其无法和人正常沟通，很明显会让周围的亲友感觉他眼神迷离，没有精神。等到开始戒毒后，一部分人会持续这些症状，难以恢复到从前健康的身心状态。

殷某大学毕业后从云南老家来沪打工，几经辗转后在某网游公司从事游戏开发工作。繁重的生活、工作压力导致他患上抑郁症。自行服用精神药物无效之后，殷某某开始吸食大麻。原本是出于治疗的目的，但在长期吸食后，他沉溺其中不可自

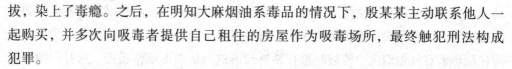

拔，染上了毒瘾。之后，在明知大麻烟油系毒品的情况下，殷某某主动联系他人一起购买，并多次向吸毒者提供自己租住的房屋作为吸毒场所，最终触犯刑法构成犯罪。

2. 自卑

自卑也是青少年吸毒群体的一大特征，青少年由于涉世未深很难认清自我。失败者会在自己的精神世界寻找高大的自我，尽管这一切是虚无缥缈的。自卑的人由于长期处于拒绝和外界交流，甚至是不敢承认自己成就的状态，过分看低自己，也易沾染上毒品。一旦有人诱导，自卑者轻易接受毒品，将一发不可收拾。自卑的情绪，从犯罪心理学的角度上看，是一种危险且极端的情绪，因为长时间的自卑压抑，如果出现了引爆点，可以宣泄自己的情绪，那将一发不可收拾，犯罪也是，吸毒更是如此。

3. 焦虑

焦虑作为现代社会的一种普遍存在的情绪，多由外界和自己内心的心理压力造成。据统计，近五年来焦虑症患者和抑郁症患者的数量急剧增多，这无外乎是功利性社会和快节奏社会带来的精神压力所造成的。本书也曾谈到高学历者吸毒的人数在逐渐增多，从成功学的角度出发，高学历者本身就获得了学业上的成功，他们在步入社会开始发展自己的事业时，遭遇挫折时所产生的挫败感和羞耻感也会大于其他人，求学之路上的一帆风顺，并没有给他们带来很好的心理抗压能力。在现代社会，很多青年人产生焦虑情绪。有的人选择运动、看书、玩游戏等方式排解压力，而有的人误打误撞接触到毒品，从而沾染上毒品。有压力有焦虑选择吸毒，慢慢地成为瘾君子。

综上所述，人们在第一次吸食毒品时所持有的心理状态各有不同，有的因为好奇，有的因为过于抑郁和焦虑，也有的因从众心理而产生冲动，希望借此满足自己的好奇心、成就感，甚至是自己内心的慰藉。

（二）青少年吸毒人群人格分析

1. 精神分析人格认定警务运用的理论基础

在现代警务和犯罪学的研究中，人格分析的意义是通过观察客体总结出被观察客体做出某行为的原因，或者做出该行为的人的数量和被观察的特定客体是否有相似价值观、思想、经历和性格。人格分析理论的优势在于分析总结特定人群的群体特征。但是在心理学的发展历史中，有着诸多的人格理论模型体系。诸如弗洛伊德的早期人格发展理论、艾格斯的十六大人格类型理论甚至是平时人们最喜欢的趣味测试的来源即 MBTI 人格理论。本书选择弗洛伊德的早期人格理论和荣格的十二大

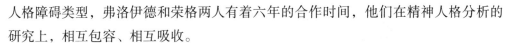

人格障碍类型，弗洛伊德和荣格两人有着六年的合作时间，他们在精神人格分析的研究上，相互包容、相互吸收。

2. 人格结构理论在青少年吸毒行为分析的作用

（1）人格结构理论的内涵。弗洛伊德认为人格由本我、超我和自我构成。科学源于生活却高于生活，心理科学同样具有这样的特点，从字面意义解答这三个名词，符合部分的科学定义，但是却不能完全概括。人类有着漫长的进化历史，本我就是人们最原始的本色和思想，从出生之际就拥有，甚至可以说是"原始的兽性"，婴儿饿了吃奶、困了就睡觉，得不到满足就会哭闹甚至咬母亲的乳头，无论此刻母亲是否有困难。自我是现实世界环境中本我发展和进化的结果。如果没有实现本我的需求，就必须解决障碍或适应现实，这是在本我和超我之间的。它对本我的冲动和超我的抑制具有缓冲和协调的作用。超我是人格结构中最受管制的部分，它由接受生活中的社会、文化和道德标准的个人逐渐形成。超我有两个重要元素。一种是自我理想的限制，即需要根据自己的价值观和理想采取行动，即阳明心学所强调的"知行合一"。而另一个是良知，也可以理解为"致良知"，是规定自己免于犯错的限制。二者都是中国古典心学的重要成分。本我、自我、超我三者相互交织、相互联系，形成一个有机统一的整体，共同作用于人的行为。一般来说，一个遵纪守法、恪守社会公序良俗的公民是本我、自我、超我处于和谐平衡的状态。但是如果三者失衡，乃至产生一种因素压制另外一种或两种因素，此时就会造成人格缺陷、心理障碍，甚至做出违法乱纪、违反社会道德的行为。

（2）青少年吸毒人群中的人格状态。在调研中发现相当一部分吸毒青少年有过辍学或者在校被处分的经历，这些人认为我行我素、自我独立是非常潇洒的生活理念，秉持着"我做我的，关别人什么事"的观念，缺乏正确的是非观和价值观，有些人觉得吸毒是一种非常酷的行为，是成熟的表现，是自己区分于其他青少年的标志。调研中有部分吸毒青少年家庭中，父母也有吸毒经历或家族成员有吸毒史，自小家庭的言传身教和正确家庭教育的缺失促使本我的膨胀，抑制自我的完善和超我的成长。在调研中有一位男性青年，父亲原本做金融投资，母亲是全职太太，对孩子颇为溺爱，而父亲因为事业繁忙，对孩子缺少管教和关爱，总是给孩子经济弥补。后来欧债危机引爆了世界的债券生意危机和货币理财风险，父亲随即破产在家，靠酒精和毒品麻痹自己，孩子也被迫从收费高昂的私立贵族学校转学到一般中学，因为自己家庭的变故，后来他也在父亲和周围人的影响下走上吸毒道路，没有钱就问家里要或出去借甚至以贩养吸，最后走上违法犯罪的道路，受到了法律的惩罚。总的来说，超我没有得到应有的发展，从而没有很好地形成自我的原则，本我的思想几乎压制超我应该有的规范，完全忽视自我调节和缓冲作用。在青少年吸毒人群中，大部分人的人格中自我没有达到应有的调节阀高度,超我没有形成正确的方面,本我却被压制其他两个因素。仅有少部分人是因为后天的超我,产生偏激和畸形发展,认为吸毒就是达到自我实现的必要手段,但是这部分人十分少见。

3. 荣格十二人格障碍分析青少年吸毒人群特征

(1)人格障碍的定义和产生。在现代医学体系中,严重的人格障碍已成为精神病学专业方面的疑难杂症,也是研究的重要课题。人格障碍(personality disorder)在定义上可理解为个性性格(personality)的不协调紊乱(disorder),也就是明显偏离了正常的性格心理秩序,具有适应不良的特质。发生人格障碍的客体在生理和心理上都存在病态的改变,也遭受着折磨和痛苦,量变引起质变,在经过一段时间的恶化发展后,会给个人与社会造成不良影响。人格障碍往往发生在童年、青少年时期,此时人的心智、心理尚不成熟,容易受到外界的影响,在不成熟想法作用下,产生有害的神经质,从而形成不同类型的人格障碍。但是人格障碍和人格改变从本质上并不是一回事,人格改变是获得性的,主要是生理作用疾病后遗症和神经感知器官的物理学损伤造成的。

一般来说,童年和青春期的经历对个人人格的形成起关键作用,重大挫折、家庭变故等都有可能会造成人格障碍。不良的生活环境和混乱的社交圈,也是青少年形成人格障碍的原因之一,在本我、超我、自我人格未完全形成的时期,青少年的自控力和判断力更是不足以应对外界的影响。常见的人格障碍有十种类型:偏执型人格障碍、焦虑型人格障碍、表演型人格障碍、分裂型人格障碍、冲动型人格障碍、依赖型人格障碍、强迫型人格障碍、自恋型人格障碍、回避型人格障碍、反社会人格障碍等。

(2)人格障碍作用于青少年吸毒人群的方式。通过访谈和问卷调查发现,吸毒青少年的人格障碍类型普遍集中于"依赖型人格障碍""分裂型人格障碍""冲动型人格障碍"和"回避型人格障碍"。

①依赖型人格障碍。依赖型人格障碍一般指主体感觉自己无能无助,缺乏独立性,需要借助别人的力量以及物质的作用才可以正常生活,对他人有着本能的服从意志。这类人往往容易被好友和亲人带上吸毒之路,更容易陷入自己的恐惧和彷徨之中,精神较为羸弱。依赖型人格障碍和回避型人格障碍有相似之处,只不过回避型人格障碍倾向于社交恐怖症状,不愿意社交,也害怕被排斥。

②分裂型人格障碍。分裂型人格总是妄自尊大,极易产生羞愧感和耻辱感,自负过了头,就成了自卑,这类人长期处于社会关系糟糕,情绪不稳定,个人生活、事业、感情混乱,思维不清晰的状态下,这类人接触毒品的本意是希望用毒品获得快感,逃避生活中的挫折。这类人性冲动较为冷淡,更容易对其他刺激荷尔蒙和精

神的物质产生悸动和依赖。这也同时解释了为什么吸毒人群往往在性方面不具有正常人的冲动，卖淫养吸成为吸毒人群司空见惯的现象。通过与卖淫女 A 的访谈，可以看到她是典型的分裂型人格，在访谈中出现语言前后颠倒混乱、前言不接后语、情绪反复等情况。

③冲动型人格障碍。冲动型人格最趋向于癫痫、羊角风，即平常人们所说的抽风症状。这类人在犯罪心理学上也是重要研究对象，这是变态人格的一种。情绪不稳定、易冲动、不能控制自己的行为、内心充满敌意和攻击性。他们吸食毒品前有强烈的紧张感，吸食后体验到愉快、满足或放松感，并无真正的悔恨或罪恶感。此类人群通常表现为自尊心易受挫，容易因为自己身体状况、家庭出身、生活条件、工作性质等产生自卑心理，有自卑心的人常寻求自卑的补偿方式。当以冲动、好斗来作为补偿方式时，其行为就表现出较强的攻击性。这类人为了吸毒而走上违法犯罪道路，涉毒人员同时犯寻衅滋事、殴打他人等暴力案件的比例并不低。调研中男子 B 称，"那个时候就是比较冲动，比较喜欢玩，跳舞、唱歌、喝酒、溜冰、泡妞，后来在上海打架，酒后闹事，当时酒喝多了，就打人"。

④回避型人格障碍。回避型人格形成多数起源于童年或受父母影响，否认自己的情感甚至物质需要，事实上他不是没有亲密的需要，而是在幼年时期把这种需要放弃了。他们的性格通常是冷漠甚至冷酷的，缺乏对生活的兴趣和追求。此类群体往往拥有不幸的童年经历比如遭遇亲属的家暴、猥亵或家庭变故，这些经历对他们的人格形成造成不可磨灭的影响。他们的交友圈狭窄，选择将内心封闭，通过吸食毒品来逃避现实，置于飘飘欲仙的幻境中忘记一切。此类群体一旦接触到毒品就容易沦陷于毒品圈内，人际关系网络彻底沦陷为"毒友圈"，加剧戒断毒瘾的难度，增加复吸率。

吸毒人群迈入吸食毒品的深渊，是接触不良的文化环境和不良群体后，在吸毒群体的诱导下通过毒品来调整社会情感。吸毒人群在年龄、性别、职业等人口学特征上存在一定的规律性和共性，同时对吸毒人群的个体人格心理结构的探索也十分重要。吸毒者面临的社会排斥会比普通人大，往往心理承受能力弱的吸毒者在强制戒毒所成功戒毒后回归社会，仍出现复吸行为。吸毒人群作为社会中的特定群体，社会观念游离主流价值观、社会交往上的封闭化都会将其牢牢禁锢在吸毒圈内。分析吸毒人群的特性和共性，是为了更好地指导禁毒预防工作的深入开展，由身到心为创新戒毒方式提供思路，为禁毒事业添砖加瓦。

第四章
青少年毒品滥用的原因

一、从身心环境探索青少年吸毒的个人原因

（一）心理不成熟，毒品诱惑大

1. 好奇驱使，误染毒品

（1）好奇心的心理学定义。从学科归属看，好奇心属于心理学研究范畴。关于好奇心的概念和本质，很多学者都有不同的解释，形成了不同的理论观点。本能论者把好奇心视为一种原始的本能，普遍强调好奇心的先天生物适应性；驱力论者认为好奇心是一种内驱力，是个体重要的内部动机之一；认知论者把好奇心视为内部认知动机，认知不协调、信息差距引起好奇心，认为好奇心是个体渴望弥补知识差距的反映。好奇心是人遇到新奇的事物和现象不由自主表现出惊异和探究的心理倾向。好奇心的强弱程度与外界刺激的新颖性和复杂性密切相关，刺激越新奇、越复杂，越容易产生好奇心。

（2）毒品滥用的好奇心分析。第一，生活平淡，缺乏刺激。好奇心是人的驱动力，医学上研究好奇与大脑中的一个重要部位有关。当这个部位得到非常多的满足时，会让人感到快乐。Litman 提出了好奇产生的"兴趣—剥夺模型"，他从喜好和需要两个维度来解释好奇的产生。当个体对某件事喜好的水平高，需要的水平低，好奇是由兴趣所引发的，当喜好和需要的水平都很低时，好奇是由无聊引发的。[①]用这个观点来分析吸毒者就会发现：吸毒人员在第一次吸毒之前对于毒品没有任何兴趣，但是由于生活的无聊，并且对于自己这种安于现状、毫无波澜的生活方式感到不满，在无聊枯燥的生活中会产生一种空虚和怅然，进而激发出对于事物的探究

---

① 赵雪莲，何丹. 论明星吸毒的原因及负面效应——从社会心理学的视角分析. 湖北警官学院学报，2015（6）.

和挖掘。人们经常会对从没有体验过的东西有十足的兴趣。对大部分人来说，他们都会有改变当前状态、体验新的生活方式的本能冲动。调研中发现，35%的青少年表示自己吸毒是源于好奇。

2020年，干窑派出所在侦办一起贩毒案时，查获了多名涉嫌吸毒的人员。审讯中，民警惊讶地发现，这些涉嫌吸毒人员竟然全都是00后，最大的才刚满20岁，最小的才17岁，基本都很早就辍学踏上了社会。

据了解，这十多名被查获吸毒人员中，有一名是嘉善本地人，当时只有17岁，名字叫小丽（化名），也是其中年纪最小的一位。平时没事的时候，她会和一些社会上年龄相仿的人一起玩，这次被抓的人里很多都只有一面之缘。"那天我本来是去喝酒的，他们给我，我也不知道是什么东西，就吸了一口，没有什么感觉。"小丽（化名）说，这次吸食的大麻，是其中一个20岁的小伙子，因为好奇，通过微信朋友圈购买的，随后带到了聚会上。虽然他知道购买的是大麻，但并没有意识到毒品的危害性和严重性，反而想要跟朋友一起分享。

民警调查后发现，这些青年男女大多是因为好奇吸过一两次，考虑到他们都是初犯并且都有悔意，对他们各自的违法行为依法做出了相关处理，并进行了毒品预防知识教育。[①]

第二，过多宣传，反向作用。社会上很多人对毒品知识的学习了解，大多来自政府和社会组织通过广泛的禁毒宣传，向大众介绍吸食毒品的危害，而那些对毒品危害不是很了解，或者不是很重视的人就会经受不住好奇心的驱使，对毒品抱有尝一尝、试一试的欲望。一些不谙世事的青少年看到身边的朋友、家人等吸毒，总渴望体会未尝试过的感觉，看看自己会不会上瘾。大部分青少年就是在这种心理的诱发下，最终染上了毒瘾。高中生小S在上学期间，家长和老师都多次强调吸毒的危害性，但是作为高中生的他反而在这种高压严禁的态势下对毒品产生了兴趣，最终好奇心驱使其尝试了吸毒。从案例中可以发现，当人们遇到未知的事物后，潜意识中的好奇心会激发他们对于此物质的探索，最终以好奇心为导火索，触发不可收拾的结果。好奇心的强弱程度与事物的新鲜度、未知性有关，毒品是学校和家长再三强调不能碰的东西，个别青少年却对毒品产生了浓厚好奇心，并且最终付诸实践。

2. 无知轻信，毒为药用

目前关于禁毒的教育普及仍然不够，许多青少年甚至其家长对于毒品的危害认识不到位，有的甚至因为无知或者轻信一些商家的宣传，把毒品当作药品来提神、减肥、醒酒、提高孩子学习成绩等，最终造成无法挽回的后果。

---

① 只因好奇心，十多名青少年聚众吸毒！年龄最小仅17岁！．[2020-08-14]．https：//www. jsxww.cn/xinwen/minsheng/202008/t20200814_2370520.html.

（1）误打误撞，快速醒酒。当今社会，酒文化已经成为餐桌上绕不开的话题，①有些年轻人为了获得晋升或者相应的机会，会在饭局上拼命喝酒，喝酒必有醒酒，就有人因为轻信毒品的醒酒价值，而最终沉迷于此，殊不知这只是冰毒的兴奋作用而已。调研中发现有16%的男性吸毒者是因为用毒品解酒而最终落入毒品深渊的。冰毒，作为一种强烈的中枢神经兴奋剂，吸食之后，大脑会出现异常兴奋的状态，达到看似醒酒的作用，但是这样的醒酒方式，非但不会对身体产生任何的好处，还会染上毒品，一发不可收拾。调研中马某在第一次吸毒之前，是处于醉酒状态，然后朋友以醒酒为名，在其饮料中加入了粉末状的高纯度冰毒，并声称这个东西可以解酒，马某在喝下饮料之后，顿时感觉思路清晰，精神亢奋，特别喜欢聊天，并且当天晚上也没有睡得着，一直到第二天早上才缓慢入睡。在本案例中，冰毒起到了刺激大脑中枢神经使其兴奋的作用，但是实际上吸食冰毒并没有将体内的酒精分解，酒精仍然通过肝脏缓慢代谢，增加身体的额外负担，并且由于兴奋带来的心脏血管压力不断增加，吸食毒品对人体的损害比单纯的醉酒要严重得多。

（2）为了成绩，提高精神。许多家长望子成龙、望女成凤，而高考作为改变人生命运的一道关卡，无论是家长还是孩子，都非常重视，由于高三课业任务繁重，熬夜使得大部分孩子在白天上课的时候精神不佳，效率不高，导致恶性循环。于是许多提神醒脑的保健品便应运而生，而有些保健品中就夹杂着一些精神类毒品，一些家长急功近利，为了保证孩子白天上课的精力，想法给孩子填塞保健品，而有些保健品实际上是精神类毒品，最终导致孩子走上了吸毒的道路。曾经的一部法制节目中，就着重介绍过这样的案例。小丽在上高三，课业压力比较重，白天上课经常打瞌睡，他的母亲就在淘宝上找了一款聪明药，聪明药的药效是提高精神，防止疲劳，母亲就强制小丽服用聪明药，数天之后，小丽的精神状态确实有所回升，但却出现了失眠、兴奋、用药上瘾的情况，后来前往医院检查，发现该保健品其实是一种精神类毒品，而小丽已沉迷于此，无法自拔。从本案例中可以看出，聪明药其实是一种新型兴奋剂，利他林能够使脑部中枢神经兴奋，但是由于作用比较温和，不太容易发现这是毒品，多次使用就会上瘾，个别家长在面对孩子效率不高的情况下，病急乱投医，轻信一些保健产品，最终导致孩子坠入泥沼。非常可惜又让人感到遗憾的是，调研中发现有5%的青少年是因为家长轻信聪明药之类的保健品，导致最终落入吸毒的深渊。

（3）追求苗条，用药减肥。目前，随着生活的不断发展，社会大众对于美的追

---

① 警惕新型毒品"小树枝"1克相当于5.5克海洛因．［2019-11-19］．http：//www.xin-huanet.com/legal/2019-11/19/c_1125249996.htm.

求越来越丰富，减肥已成为困扰青年男女的重要问题，许多青年人为了达到快速减肥的效果，听信了朋友所谓的毒品可以减肥的谣言，食用冰毒、可卡因、"摇头丸"等极容易上瘾的毒品来实现身材的保持和体重的下降。吸毒会产生厌食效果，这只是毒品的一些不良反应，过多吸食毒品甚至会导致厌食症，最终危害生命。1988年出生的胡某因为自身身材经他人介绍用吸白粉减肥，在一开始确实达到非常明显的效果，体重下降很快，但是胡某很快就产生了严重的厌食症状，肠胃功能损伤极为严重。减肥吸毒的人群以女性为主，她们对于减肥急功近利，导致在不法分子的引诱下，采用不正确的方式减肥，最终沉迷于毒品，无法自拔。

2017年12月13日上午10点左右，衡阳市公安局雁峰分局环城南路派出所接到报警称，一名女子死在了中山南路一间民房内。死者邓某娥是一名已婚女子，时年32岁。死者邓某娥身上也没有外伤，经查，该女子是因吸毒导致颅内出血猝死。

事发前一天晚上，何某兰叫上邓某娥等四人，来到陈某位于中山南路的出租屋，找陈某还钱。据何某兰等人描述，她们当时来找陈某还钱时，陈某便拿出了毒品供她们吸食，并称吸毒可以减肥，信以为真的四人便跟陈某一起吸食了毒品。但人一旦吸食了毒品，很容易产生兴奋。而过度的兴奋，极易诱发颅内出血。

这个案例告诉我们，吸毒只会对人体产生危害，所谓的吸毒可以减肥，那也是对人体极度有害的减肥，会摧残人的身体，破坏人的神经躯干，不会达到一种健康的减肥目的。

有一些毒品确实抑制人的食欲，让人不吃不喝，还可以透支人的潜能，但从生理上来讲，这叫做"生理性的干枯"。

毒品对人体各个系统，比如呼吸系统、免疫系统、泌尿生殖等都会带来很多异常的改变和功能的衰退；长期吸食海洛因的女孩子会月经失调或闭经，丧失生育能力；男孩子没有任何性欲的要求，全身处于极度的衰竭状态，全身消瘦。毒品破坏人体正常的生理机能和免疫系统，对于人体的神经、呼吸、心脑血管、胃肠道以及支气管等组织和器官都有明显的破坏作用。

合成毒品通过作用于大脑起到减肥或者是抑制食欲的作用，如反复使用，大脑会发生适应性的改变，减肥的作用就会慢慢减弱，必须通过不断使用才能够维持所谓的减肥效果，而不断长期使用毒品会使脑部发生病理性改变，从而导致大脑组织损伤及诸多人体功能的损坏。[①]

3. 心存侥幸，盲目从众

（1）侥幸心理导致盲目吸毒。侥幸心理，就是无视事物本身的性质，违背事物

---

① 为什么总有人信这样的谣言！看看它怎么害死人．［2020-06-12］．https：//www.bj148.org/ztk/2020zt/gjjdr/zhpf/202006/t20200612_1574353.html.

发展的本质规律，违反那些为了维护事物发展而制定的规则，想根据自己的需要或者好恶来行事使事物按着自己的愿望发展，直至取得自己希望的结果。吸毒人员大多怀有一种侥幸心理，认为吸毒不会上瘾，或者认为自己的意志足以戒除毒品，但最终陷入吸毒的深渊之中。调查发现，一些人就是对于自己过于自信，轻信自己不会上瘾，加上情感冲动，自视甚高，不听别人的劝阻，法治观念淡薄、独断专行、听不进意见，这种侥幸心理会让吸毒人员在面对毒品时，过于自负，轻信自己的身体、心理能够承受毒品的摧残，最终被毒瘾完全吞噬，无法自拔。对于吸毒人员来说，从吸毒的过程来分析，吸毒前认为自己只是尝试一下新鲜事物，就算上瘾了，也能凭着自己的意志克服，从而产生侥幸心理，最终导致吸毒。第一次吸毒之后，又怀有一种"看别人吸毒，似乎没有什么问题，我吸了应该也不会上瘾吧"的思想，最终一次又一次地沾染毒品。由此可以看出，梁启超先生将侥幸心理作为"第一大恶"是很有道理的。有的时候逞一时之快，心存侥幸，只会沉溺于毒品的深渊。

康某是一名中医医生，出身医药世家，一路顺风顺水，一次出差偶然染上冰毒，自信能掌控毒品，吸毒也不影响工作生活，却被欲望的网牢牢束缚往下坠落。

我是学中医的多少对毒品有了解，但总觉得毒品成瘾离我很远，一直错误地认为就算吸了也不会耽误工作和生活。2014年出差，在KTV玩儿，朋友就说来点，我不知道那是冰毒，以为是水烟，碰了一次。

回来后，有段时间为了搞清楚这是一种什么东西，就开始上网检索论文，查着查着发现自己惦记上这东西了。

买一次（毒品）特别麻烦，我得开车跑出去好几百公里，一次性买四五千块钱的量，也被他们忽悠过，回来一试纯度不够，当时生气想着自己做吧，但最终没成。

吸了毒我一般不敢在单位多说话，害怕被人知道，也基本不接诊，能下周来做治疗的，我就让病人下周再来，方子一般也不改，上次怎么开这次照旧，也不耽误。

我和老婆是闪婚，婚后她说没想到我是这种人，2015年我俩就分居了，后来就离婚了。

其实我大学就发现了自己的性取向，"溜冰"就进圈子了，玩儿的时候就叫个money boy，2015年单位体检，同事发现我染上艾滋了，他跑着来科室告诉我，我之前觉得艾滋离我很遥远。当时得知消息后挺慌也特别失落，想着赶紧保存标本，就想着怎么办。再后来吸毒被抓就被送进来了。

现在想来，我要是为自己负责，不进这个圈子就没这个病，家人也不用跟着担心。

（2）从众心理导致跟风吸毒。从众心理是一个人在群体中，为了获得认同感和归属感所呈现的一种心理状态。当人们受到他们所在群体的影响之后，会不由自主地靠近对方、模仿对方，最终达到与别人趋同的效果，融入别人的圈层。那么从众效应形成的原因有哪些呢？首先，在一切都未知的情况下，别人的行为可以为我们提供一种参照。当面对未知的时候，人们往往更容易迷茫与不知所措，在无法判断情景的时候，人们往往会跟随第一个情景反应者，并侥幸地认为第一个情景反应者或许做出了正确判断与行为，只要跟随他就不会出错。其次，是害怕偏离群体。人具有社会性，我们天生就应该在群体中生活，在群体中获得安全感与归属感。很多时候群体共同做出的决定会被认为是正确的，因此，一旦与群体意识上有所偏差，便会产生自我怀疑与被孤立的恐惧。再次，通过与群体成员在思想上和行为上的一致，使人更好地与群体融合。每个人都渴望融入群体，被群体成员认可，与群体成员保持一致往往是最佳办法。最后，群体的凝聚力使个体对于群体有一种认同感。

　　就从众心理对于青少年沾染吸毒的消极意义来看，首先，从众容易使个性消失，导致个人天性受到压抑。正如上述提到的从众心理的原因中，害怕偏离群体，与群体成员保持一致可以使人更容易被成员接受等，导致青少年会为了跟随大众而隐藏自身的特点，湮灭自身的天性，很有可能导致跟风吸毒。其次，从众心理使青少年盲目跟随，做事情往往无所顾忌，缺少责任感。青少年在吸毒的时候，未意识到自己将付出巨大的代价，缺少前瞻意识。最后，就社会层面来说，大量从众行为会给青少年造成巨大的淹没感，促使他们更加沉溺于毒品，如果一味地追求从众，形成一种风气，会让青年逐渐丧失抵御诱惑的能力。

　　由于青少年尚处于不成熟、不定型的阶段，他们需要正确的引导和教育，这种需求让他们自然而然地依靠并模仿周围群体。青少年的认知水平相对有限，较为疏松的家庭关系和松散的学校教育让他们难以感受到群体归属感，这让他们辨别是非的能力较弱，容易被瘾君子朋友所诱惑。俗话说，"近朱者赤，近墨者黑"，面对周围人的吸毒行为，面对身边吸食毒品的风气，虽然他们会对此感到陌生、好奇，但为了让自己尽快融入这个神秘灰色地带，与周围的伙伴们拥有共同话题和兴趣，即使不是心甘情愿的，他们也愿意尝试建立这个友谊的"桥梁"，用以解决自己与群体大多数人之间的冲突，以此来获得精神上的慰藉，最终落入吸毒"深渊"。调研中发现有46%吸毒青少年承认自己是跟风吸毒，盲目从众导致走上这条不归路。下面是一个22岁吸毒青年的真实经历。

　　大概在我五年级的时候吧，当时成绩不好，也不愿结交新的朋友，就过得很不开心也没什么乐趣。

　　我的一个表哥就跟我说有个东西可以让我放松，让我开心，就是大麻。

　　我当时还小，对新的东西感觉到稀奇，就想尝试一下。

我哥还告诉我，这个东西在其他国家是合法的，因为年少无知，我也没有过多去了解，就想着国外那些人过得酷酷的、潇潇洒洒的，其实我并不知道他们背后的生活是什么样的。

刚接触时的感觉就是很兴奋、很有代入感。那个时候可能几个星期碰一次，一次量也不多。

初中的时候有两年没有接触，因为表哥被抓起来了，那两年我过得很不开心，经常被同学欺负，也没有人帮我、安慰我、关心我。

直到上了职高，发现班里一些同学也抽大麻，感觉好像遇到了同类人，就想融入他们。

我主动去跟他们讲话，跟他们一起玩，出去玩的时候就会一起抽。

结交他们之后我感觉自己像一个社会人，不会被其他同学欺负了，后来玩着玩着又认识了他们的朋友，就开始接触到了一些新型的东西。

我开始不想只抽大麻了，想接触其他类型的（毒品）。其实这是很错误的想法。

那时候接触到了化学大麻（碾碎的香料喷了化学致幻物质制作出来，也叫香料和 k2），效果比以前的浓很多，又便宜，我就开始用，但没有感觉到太大差异。

再后来就开始接触一些更新鲜的东西，如 LSD，就是致幻剂，我当时有去查一些信息，但只是了解它带给人的感觉，而没有了解它的不良反应，于是对它产生了很大的兴趣。

我觉得它不会上瘾，又充满了好奇，都说"好奇害死猫"是真的。

第一次用的时候看到了一些骷髅之类的，并且思维是极其混乱的。

到第二次用的时候，我就很害怕，会跑去跟妈妈一起睡，但是又不敢跟妈妈说自己出了什么情况。

当时还是年轻不懂事，感觉新鲜，也觉得自己跟别人不一样，觉得自己可以控制，不会有依赖性，也不会做出恐怖的事情。

只是想体验一下，得到放松，希望自己想什么场景就到什么场景中去，但其实并不会这样。

我只感觉到自己的思维受到了严重的影响，出现了各种各样的幻觉，还有被迫害妄想，思维混乱，甚至记不住自己刚刚做过的事情。

有一次差点要去跳楼，感受到严重的不良反应之后我非常害怕，觉得这个东西不能再碰了。

从觉得"不会上瘾"到"想要戒掉"。

后来认识的朋友带我接触了麻黄素，又是一种全新的体验，从之前的恐惧变成了一种很兴奋的状态。

我感觉自己精力充沛，在社交上都变得很自信，觉得自己变成了一个什么都能做得很好的人。

但是在那个效果之后，整个人就全身无力，极其不安和烦躁，让人非常恼火。

可我当时依然认为，自己是不会成瘾，是可以控制自己的。

然而，随着使用剂量的加大，不良反应出现了：除了不抽的时候，整个人没精打采外，我的脸开始不断出现脓包，非常严重，整个脸像烂了一样。

那时，家人开始怀疑我，但是他们也不知道我具体是什么情况。

之后有一段时间我戒了，但是后来我哥给我带了提纯的那种大麻，我重新接触之后的感觉跟以前又不一样了，一旦不抽就浑身没力气，大汗如雨，心痒，脾气大。

那时，知道自己上瘾了，但是觉得上瘾就上瘾吧，因为它已经麻痹了我的心智了，脑子已经不清楚了。

到了工作的时候，我在工作中的表现还是不错的，得到了同事和领导的肯定，这给了我一些自信心。

但是回到家，我爸酗酒后会冲我发脾气，我又感觉很烦躁，很想得到放松，所以一直都没有戒掉。

我把我的收入全都买了毒品，没有给自己买过好看的衣服，没有谈过恋爱。

工作中认识的人，在知道我接触毒品之后就会跟我疏远，我工作也做不下去了。

现在来到这里（戒毒所），我希望自己能够戒掉，可以重新开始。

因为之前的工作中，我的能力也是受到过肯定的，我也希望自己可以成为一个很强大的人，能找到一份固定的工作，成家立业，并且希望自己在工作中有很好的表现。①

从众心理的养成中就伴随着侥幸心理的变化，主要有以下两个阶段：

依从。依从是态度形成的开始。人们为了能够更好地被接受、被肯定、被认可，会在对外行为中表现出他人所希望的样子，这个时候，我们所做的行为是受到外部行为的影响，这种依从是表象的，不及时的，是缓兵之计，这时的从众是权宜之计。

认同。认同是人们在心理上非常主动地接受了别人的想法、信息和群体意识，或者强迫他人和自己达成一致。在认同阶段，人们会受到相应对象的吸引，已经超过了来自外界惩罚机制，并且主动做到与对象相同一。这一阶段的情感因素起明显作用。对于吸毒同样如此，认同依赖于吸毒者对于毒品的依赖。

---

① 一个 22 岁吸毒青年的真实经历：大汗如雨，想要自杀，产生幻觉……吸食了毒品以后的我面目全非．[2019-04-10]．http：//www.nncc626.com/2019-04/10/c_1210104799.htm? from=groupmessage&isappinstalled=0.

4. 逃避生活，自我麻醉

负性生活事件，就是生活中的不愉快事件最容易使青少年为逃避现实生活矛盾，求得心理解脱而投向毒魔的怀抱。负性事件包括情场失意、感情不和、家庭不和、经营失败、事业受挫、自尊心挫伤、工作无着落、寄人篱下等。总之，因生活不如意造成情绪低落、意志消沉、感情无处寄托而沉迷于吸毒，以求自我麻醉、忘却尘世的烦恼与忧愁者，都属此种情况。他们当中工人、农民、待业青年、学生等各行各业都有，但仍以青少年为主。社会学将上述现象归于社会角色紧张度，认为社会角色的紧张度是导致青少年吸毒行为的重要心理基础，它主要包括社会角色期望的不均衡性、实现社会角色的目的与手段之间的矛盾程度、社会角色实践中的受挫等内容。如今社会正处于转型期，失落、受挫、压抑感、无助、无力、无效的消极心理气氛弥漫在一部分青少年中，社会角色的紧张显得尤为突出。青年人以自己生命的全部为人生而苦恼。有调查表明15~19岁的青少年有90%的人都有种种烦恼。有相当大一部分人因升学和就业问题而烦恼，有为朋友、伙伴而烦恼，有为自己的性格、长相而烦恼，甚至有的还因为异性问题、金钱问题烦恼。青少年的心理特征是感情较脆弱，遇到突发性的压力与冲突，受到外界伤害，精神极易被摧垮。精神痛苦无计排解便借毒消愁，将死亡的枷锁毫不留情地套在自己的脖颈上。据统计，借毒消愁以求心理解脱的人，占吸毒者20%左右。

吸毒行为受到社会的严厉控制与惩戒，客观上造成对青少年的双重心理影响。一方面，因为知道吸毒是违法行为，在吸食时就会背负巨大的精神压力。从青少年个体的吸食沾染过程看，最初的行为选择往往是背着人进行的，特别是父母、老师、亲友，与这种隐秘性相关的就是躲避和欺骗。这实际上就是最初的人际关系的"疏离"，它表明青少年吸毒者开始脱离正常的人际交往轨道，对一些人际关系的基本准则也开始违背。逃避和欺骗一旦开始就会受到吸毒团伙内部规范的强化，使疏离行为越来越严重和难以控制。吸毒青少年若不是深受毒害的影响而变得神志不清，就是在故意回避正常的人际交往。这其中有吸毒者的自卑感所致，更有那种难以更改的回避社会规范的习惯所致。从行为层面看，"疏离"行为往往呈恶性循环，一旦疏离倾向出现，就会受到吸毒享受的强化，从而表现出更严重的疏离倾向。久而久之，成为一种恶习。另一方面，它经常成为青少年借以与现行社会规范对抗、显示自己的不屈从态度的途径。这是因为疏离逃避现实的感觉在吸毒青少年那里发展到一定阶段就会由被动变为主动，在团伙的支持下，逐渐摆脱那种"负疚感""罪恶感"。

这意味着，因吸毒而引起的青少年的斥责对象由自己转向了社会规范以及周围的不吸毒人群。陷入如此泥潭的青少年会形成强烈的攻击倾向。或是以公开炫耀自己的行为与社会规范作对抗，或是直接卷入一系列犯罪活动中践踏法律。一般来说，卷入吸毒团伙越深的青少年，完成上述转变就越快，他们完全抛弃了现实社会的基本准则和道德规范。因此有许多染上毒瘾的青少年其生理、心理都会发生巨大的变化，人变得越来越懒、越来越孤僻，以前的所有爱好和兴趣都会丧失，更不思进取，成天只想用毒品来缓解毒瘾。他们会主动回避老师，把自己与班上表现好的同学隔离开来，只和老师不喜欢的"差生"交往，社会地位尚不稳固的青少年因此更丧失进取心以及对自己未来发展的信心。从这个意义上说，青少年才是吸毒最严重的受害者。①

（二）毒品知识少，禁毒意识弱

1. 禁毒知识缺失

城市青少年在学校会受到相对较好的禁毒教育，学校都会举办各种形式的宣传活动和知识竞赛，但是由于在校学生把主要精力都投入主业学习中，有些家长、老师和学生觉得禁毒教育可有可无，在思想上不重视也导致一些青少年对毒品知识了解受限。乡镇、农村等的禁毒教育更是不容乐观，禁毒教育人员力量薄弱且禁毒宣传教育的内容单一，方式上也缺乏创新性和多样性。法制安全教育、毒品教育缺少调动全员参与禁毒积极性的方式方法和激励机制。很多农村学校尚未尽到教导学生远离毒品的责任，一些农村青少年不知毒品，不识毒品，缺乏自觉抵制毒品的意识，在禁毒所调研过程中发现有54%的吸戒毒人员表示自己并不知道毒品的相关知识，这充分说明了知识误区对于吸毒的影响。

阿兵是澄海外砂人，因年幼时其母病亡，其父忙于生计无暇照管他，自7岁起，阿兵就模仿大人们抽烟，并以之为荣。他说，每天放学后燃起一根香烟吞云吐雾，走在同学们中间感觉特有面子。14岁那年，勉勉强强读至初一的阿兵辍学了，终日跟在乡里几位"大哥"身前身后当起了小弟。去年初，他结识了乡里一做餐饮生意的"大哥"，几番来往后，阿兵很得大哥喜欢。慢慢地，阿兵也发现了大哥原来是"白药仔"，但他也不以为忤，相反还认为这是"酷"的表现。2021年年中，趁大哥不在家，阿兵偷了一点"白粉"终于"开禁"尝了鲜，并从此成了一名"小道友"。吸上白药后，因无钱买药，阿兵便在一"道友""教授"下当起了"鱼虾蟹"庄家，以赌钱为营生。据称，那些"鱼虾蟹"的骰子都是用磁铁做了手脚，因此聚赌时基本都是赢钱，赚了"工资"后便买"药"过瘾。2022年2月19日，阿兵被警方抓获，在审讯时因药瘾发作口吐白沫，后被送强制戒毒。②

① 彭彦琴. 青少年吸毒心态分析. 青年研究，2000（11）.
② 盘点：中学生触目惊心的吸毒案例.［2015-06-18］. https://www.gyjcy.gov.cn/jg/article. html？id=7867.

2. 法律意识薄弱

青少年由于处在青春期，相对来说较为叛逆，对于规则缺乏敬畏感，对于法律法规不够重视。甚至有的青少年认为法律法规限制了自己的行为，压抑了天性，他们为了彰显自己的特立独行，不惜触犯法律和道德的底线，走上了违法犯罪的不归路。当前非常值得关注的问题是：青少年普遍对禁毒方面的法律法规了解较少，严重的对于吸贩毒法律规定一问三不知，他们不知道犯罪行为会为他们带来怎样严重的后果。此外，由于青少年自身的历练较少，阅历不够丰富，对形形色色的诱惑不能够很好地认清和抵御，最终滑入吸毒的深渊。吸毒青少年还会不断地放大社会的阴暗面，并将自己遇到的所有不顺全部强加于在他们眼中"满目疮痍"的世界，他们对于吸毒的认知是扭曲的，在他们的观念里，由于社会的种种不如意的地方，让他们失去了对生活的希望，最终只能寄希望毒品来慰藉自己，最终越陷越深，他们甚至辩解说，吸毒是这个社会逼的。对毒品的片面且错误的认知使得青少年任性不服管教，根据某媒体报道，女学生李某在自己的 18 岁生日 PARTY 上，举行了一场特殊的活动，集体"溜冰"，被人举报以后，公安机关将其抓获，但是女孩自始至终都不知道已经成年的自己触犯了《刑法》中的"容留吸毒罪"，更不知道等待她的将是牢狱之灾。

（三）同辈影响大，吸毒群体化

同辈群体在青少年的成长中发挥了重要的作用，同辈群体逐渐成为影响青少年的心理、生理、行为习惯的重要因素，甚至在很多方面超过了家庭和学校对于青少年的影响。[①] 同辈群体对青少年的影响有两个方面：一是积极作用。同辈群体可以帮助青少年形成对于社会的认知，并且熟悉一些非常具有普适性的社会技能；二是消极作用。青少年由于从众心理、攀比心理的作祟，群体成员会在相互攀比的过程中，不断模仿并超越他人行为，这样盲目的比较是十分危险的，会使得一些青少年在不知不觉中走上团伙犯罪的不归路，所以加强同伴监管，树立正确的同伴意识非常重要。当前，公安机关在禁毒打处的时候总会发现贩毒团伙中有青少年的存在，甚至不在少数。在调查中有 46% 的吸毒人员承认是在朋友的影响下吸食毒品。

标签理论认为，若青少年经常与不良行为朋友交往，久而久之会被贴上"不良行为青少年"的标签，这些标签会使青少年将自己归类于偏差行为团体的一员，并开始以偏差行为作为对惩罚的防卫、攻击和适应的手段；而外界会对出现偏差行为的青少年给予更严厉的否定和惩罚。如此恶性循环，青少年出现偏差行为也会越来

---

① Kann L, Mcmanus T, Harris W A, et al. Youth Risk Behavior Surveillance-United States, 2015. Morbidity & Mortality Weekly Report Surveillance Summaries, 2016（SS-12）.

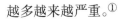

越多越来越严重。①

另外，青少年同辈群体对青少年吸毒的影响体现在吸毒犯罪实施前、犯罪实施过程中两个方面。

1. 犯罪实施前

青少年同辈群体有自己的一种标准和群体所谓的规章制度，即群体规范。一旦群体中有人提出了异议，或者不愿意遵照执行，那么群体里的其他成员就会群起而攻之，对其进行非常严厉的打压和处罚，强迫他们就范。青少年吸毒群体中群体规范对青少年造成很大的群体压力。

2. 犯罪实施过程中

青少年吸毒同辈群体影响力很大，归结起来有以下三点：

（1）群体感染。青少年在吸毒的过程中，同辈群体的情绪感染作用，加上毒品效用，会让整个群体都陷入无意识的忘我之中，并且群体中的成员很难控制自己的言行及情绪的蔓延，青少年自身仅存的理智也会被冲刷殆尽。

（2）暗示模仿。从众与模仿是青少年的本性，在吸毒中会起到非常重要的作用。在一个群体中，吸毒成员之间彼此效仿，共同追求吸毒的快感，这也解释了吸毒者喜欢聚集的原因。

（3）责任扩散。在青少年的认知中，"法不责众"这种想法非常普遍，他们会认为吸毒不是一个人的事，若要受法律的审判，也不仅仅是他自己一个人，所以在这种想法下，会做出他们自己一个人想做但是不敢做的事情，最终使得毒品犯罪变得更加为所欲为，不知收敛。

（四）成长有隔阂，角色定位难

通过深入实地调查走访发现，农民工子女吸毒的概率不容小觑。S省公安厅禁毒总队对外公开的数据中，农民工子女吸毒占比已经由2010年的14%上升到了2021年的43%，这是一个触目惊心的数字，究其原因，还是与他们和城市生活的格格不入有很大的关系。地域性、隔离性、封闭性居住环境的存在，农民工子女的基本生存状态已经确定，但由于存在一个基于乡籍、血缘关系集合在一起的特点，这种居住社区并不会轻易地出现社会解体现象。社区形成过程中主导性因素是乡籍、血缘关系的聚集性，所以社区内部仍然是一个熟人社会，或者说社区人口大多来自一个相同的省份乃至市县，所以在社区内部，来源人口所认同的"风土人情"大体一致，能够形成较为统一的行为规则（主要是农民工来源地区文化的移植），因此，

---

① 孙元，谢秀钿.朋辈群体对青少年偏差行为的影响.教育评论，2009（4）.

生活在这样环境中的农民工子女会面临物质环境恶劣、治安环境恶劣，身边相关的人员鱼龙混杂，城乡接合部的日租房、群租房乱象频出，管理出现十分严重的中空的情况。吸毒人员借助这个漏洞，进行违法渗透，通过结交农民工子女来诱导他们吸毒。

事实环境的存在，加剧了"两个世界"的隔阂，造成了农民工子女角色定位的困难。一方面，现实中存在的诸多困难使他们难以融入理想的城市生活，同时，他们作为农民工的"第二代"，对现实的感触和满足感的需求，使他们很难安守过渡性的社区，因此他们往往难以确定自身的归属，难以给自己的角色一个相对准确的定位；另一方面，处于青春期的农民工子女，在性格方面易塑性强和自控力不足等特点，事实上加剧了农民工子女角色定位的困难。但实际上，正如前文分析的一样，农民工子女对城市生活的向往和对回归农村的排斥明显高于他们的父母，所以他们有更强烈融入城市生活的愿望，因此具有自觉及不自觉地接受城市文化规则的倾向，而他们就在这样的矛盾中不断挣扎，压力增大，有的便会误入歧途。

二、从成长背景探索青少年吸毒的家庭原因

（一）父母教育方法不当，多重原因诱发吸毒

1. 父母纵容溺爱，孩子娇生惯养

在特定的家庭环境中，如果父母对于孩子放纵溺爱，会导致这些孩子规则意识差，喜欢根据自己的好恶来解决问题。根据调研发现，父母的溺爱是青少年吸毒的一个重要因素，有一部分吸毒青少年由于从小生活在条件优渥的家庭环境中，家人会给他们足够的物质财富，却忽略了孩子需要的是诸如"陪伴、交流"之类的精神满足，一些青少年感觉到内心空虚无聊，往往喜欢找刺激，吸毒也成为这些孩子找刺激的途径之一。有些家庭即便认识到吸毒带来的后果，但有的父母家长仍然选择继续放纵，只要孩子"开心"就好。2020年4月，某县派出所民警锁定辖区居民赵某有吸毒及容留他人吸毒的嫌疑。因为是老年得子，赵氏夫妻对儿子赵某特别溺爱，从小任他予取予求，自儿子染上吸毒的恶习之后，夫妻俩还多次出钱给儿子买毒品。令人不解的是，直到办案民警上门，赵某的七旬老母亲还妄图帮儿子毁灭证据，看到儿子要接受法律的严厉处罚，才开始悔不当初，而此时确然为时已晚。赵某被带至公安机关后，很快招认了其吸食毒品及容留他人吸毒的犯罪行为。同时，赵某的母亲向民警讲述了赵某变成现在这样的详细过程。通过警方后来对于案件和供词的

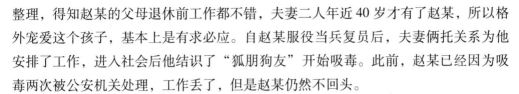

整理，得知赵某的父母退休前工作都不错，夫妻二人年近40岁才有了赵某，所以格外宠爱这个孩子，基本上是有求必应。自赵某服役当兵复员后，夫妻俩托关系为他安排了工作，进入社会后他结识了"狐朋狗友"开始吸毒。此前，赵某已经因为吸毒两次被公安机关处理，工作丢了，但是赵某仍然不回头。

2. 父母粗暴严苛，孩子无所适从

父母粗暴严苛的教育方法很容易使青少年从小就萌发逆反心理。现在很多父母仍然按照"棍棒底下出孝子"的传统观念教育子女，一旦这些"虎爸虎妈"发现孩子犯了错误，便不分青红皂白地对孩子进行不同程度的言语、肢体攻击。这是子女与父母关系恶劣的根源所在，也是孩子与父母感情破裂、立场对立的重要诱因。

青少年时期是孩子与父母关系培养发展的最关键时期，一旦在这期间出现情感关系上的裂痕，往后便难以修复和缓解。也就是说，青少年时期是孩子思想观念发展成型的重要时期，他们渴望父母与自己的交流，期盼父母能够站在自己的角度思考。但是错误的棍棒教育使得他们将父母当成敌人。这种无形的"敌视压力"，促使这些极度缺乏安全感的青少年"流落"到社会上去找陌生人给的所谓同情、温暖和家的感觉。而伴随着的是青少年的性格变化，"粗暴、易怒，具有攻击性"成为他们性格的典型特征，同时也易沾染如吸毒等的恶习。

3. 分数即是王道，孩子身心俱疲

在"分分分学生的命根，考考考学校的法宝"的教育环境中，父母和老师都过分关注孩子的成绩，但是对孩子的身心成长却有所忽视。在家庭环境中，父母与孩子的交流永远都是学习，孩子也会感到身心俱疲。家庭压力过大也是导致孩子成瘾行为的重要诱因，为了减轻或消除家庭带来的压力，他们会过早通过抽烟、酗酒等方式来缓解压力，当这种方式已经无法缓解自己的压力时，有一些孩子就会选择毒品来逃避，当压力来临或者增加时，吸食毒品的次数和数量也会随之增加，对毒品的依赖度不断上升，如此往复，最后导致恶性循环，无法摆脱。

（二）家庭监管严重缺失，孩子染毒让人唏嘘

1. 父母婚姻破裂，孩子受创吸毒

家庭环境在青少年的成长过程中起着至关重要的作用，对于青少年的个性特征、个人发展等都产生潜移默化的影响。目前因为父母离异导致青少年吸毒的情况较为常见。第一，父母离异，对于青少年的关怀就大打折扣，或不闻不问，或过于严苛，严重影响了青少年的发展。第二，父母离异，或多或少会将对婚姻不幸的仇恨，转嫁到孩子身上，这样对孩子心理上造成阴影，家庭对于青少年的疏远甚至是抛弃，使得本就处于弱势地位的青少年只能向家庭以外寻求心理的安慰和满足。

离异家庭中的很多父母得知孩子有接触毒品的可能性，或者是已经染上毒品，会选择正确引导远离毒品。但是，不排除仍有对孩子不负责任，知晓孩子吸毒后不闻不问的父母，这让原本可以戒掉轻微毒瘾的下一代越发难以回头。无人管教，任其发展，青少年才会在毒品的泥沼里越陷越深。

有一位胡姓男子，22岁，吸毒史达6年，其间戒毒两次。他的父母在他很小时就离婚了，一直跟外婆住。2014年，胡某跟女朋友分手了，当时心情很不好。虽然胡某也听说过毒品，身边也有人在吸，不过他觉得这事跟自己没什么关系。后来在一个兄弟家里，看见很多人围着吸毒，便主动加入了吸毒的圈子。其实胡某吸毒的原因，归根结底，还是源自不完整的家庭环境。父母离异，外婆抚养，在很多情况下，家中老人无法跟上新一代青少年的生活方式、行为习惯、学习交友等。老人们大多只会在生活方面进行照顾，真正思想道德上的教育就非常欠缺。在人生观、世界观、价值观逐渐成形的时期，缺乏父母的教育，生活在不完整的家庭环境内，青少年的思想教育难以得到保障。

2. 父母外出务工，孩子留守吸毒

留守儿童是指父母双方外出务工或一方外出务工另一方无监护能力、不满16周岁的未成年人。截至2022年10月底，全国共有农村留守儿童902万人。近年来对毒品违法犯罪所进行的打击中，发现了不少涉毒人员属于留守儿童或留守青少年。留守问题是我国工业化、城市化中出现的特殊问题。有些留守儿童以及有过留守经历的青少年因缺乏父母的陪伴，可能会导致行为和性格上的某些缺失，其学习表现、心理健康和行为规范低于非留守青少年，这些孩子也更容易涉及毒品违法犯罪。与非留守青少年相比，留守青少年一般对毒品的认知情况更差。曾有学者指出，留守青少年对海洛因、冰毒、"摇头丸"、K粉、麻古等毒品的认知明显低于非留守青少年。

目前"留守"的问题正在逐步得到解决，但是另一个现象也不容忽视，即"空巢"现象。常常因为工作繁忙，父母很难给孩子一个真正"家"的感觉。尤其是初高中时期，若是父母长期因为工作的缘故忽略对孩子的照顾，很容易造成"整个家只有我一个人"的错觉。大城市的工作竞争压力相比于普通城市要高上许多，因此青少年与父母也会因为出门上学时父母未起，放学回家时父母未归这类时空交错而和"家人"的交流越来越少，关系越来越疏远。作为父母，他们有义务对孩子的成长负责，若是为了个人事业而放弃监管，很少与孩子交流，在孩子尚未走入吸毒犯罪的不归路时未做到及时制止，这也是监管不力。及时发现，及时制止，履行监管义务，才是对子女负责任的父母。

随着时代的发展，青少年逐渐成为贩毒集团重点的下手对象，尤其是上述人群，由于父母很少陪在身边，原本应有的告诫与监管缺失，情感需求得不到满足，遇到心理问题得不到正常疏导，极大地影响了其身心健康，进而有人格扭曲的隐患，这会导致一部分儿童行为习惯较差，并且极易产生心理失衡、道德失范、行为失控甚至有吸毒犯罪的倾向。

众所周知家庭是每个人的"第一课堂"，父母更是青少年人生中的"第一位老师"。家庭作为青少年与社会的连接与过渡，父母的监管陪伴尤为重要。

有些家长误以为教育孩子是学校的事，家长只要给钱给物当好"后勤部长"就可以了，至于读书是学校和老师及学生自己的事情，家长是没有什么责任的，他们一般认为学生学习成绩的好坏是由学生个人的素质决定的。家长应该改变这些不正确的思想，树立"子不教，父之过"的教育责任观，明确教育子女是自己的应尽之责，家长自身文化水平的高低并不影响对子女的教育。即使在外地务工，也要把教育孩子的那份责任承担起来，与学校、社会形成合力，把教育孩子的工作做好。应主动与子女的任课老师、学校联系，加强沟通。向老师说明自己的情况，了解子女的发展变化，共同商讨教育孩子的策略和方法，这样才不至于使"留守儿童"的家庭教育出现盲区。家长还应加强与"陪护人"联系及亲子间的沟通，及时掌握孩子的学业、品行及身体健康状况，并通过各种方式对孩子的学习和生活进行指导，要求"陪护人"一定要保证孩子充分的学习时间，一定要嘱咐其对孩子的严格要求，加强生活和学业的监护。

另外，应采取多种方式，注意与孩子的沟通交流。沟通的时间间隔越短越好，保证熟悉孩子的生活、教育情况以及孩子的心理变化；沟通内容力求全面、细致，沟通中父母要明示他们对孩子的爱与厚望，希望孩子能理解他们的家境与现状，通过沟通以了解孩子的生活、学习、情感变化；沟通方式可以多样化，除电话外，可采用视频等进行交流。每一个孩子都是一块无瑕的"翡翠"，只要心里装有父母和亲人的爱，他们就有积极向上的原动力，就会学得更棒，做得更好。[①]

（三）家庭吸毒危害严重，孩子身心饱受摧残

家庭成员的吸毒行为对青少年会造成潜移默化的影响，在这样家庭成长起来的青少年吸毒的可能性较大。调查数据显示，13%吸毒青少年的父母有吸毒行为，15.1%吸毒青少年的兄弟姐妹有吸毒行为。本身有违法犯罪行为的父母常常成为子女的不良榜样，成为子女走上违法犯罪歧途的引路人。不良的家庭气氛往往会使孩子产生对家庭的离心力，失望度不断上升，也容易导致其沾染上一些不良嗜好。

---

① 李克强与留守儿童父亲通话：农民工是国家功臣．［2014-01-27］．http：//politics. people. com. cn/n/2014/0127/c70731-24246435. html.

1. 家长"示范"吸毒，显性毒瘾产生

青少年若长期生活在家人吸食、贩卖毒品的环境下，很有可能会染上毒瘾。吸毒者的家庭通常是支离破碎的家庭，生长在这样家庭中的孩子是缺少家庭关怀和爱护的孩子。有一首催人泪下的歌曲唱到"没妈的孩子像根草"，而在吸毒的家庭，即使父母都在，孩子也得不到应有的关爱和呵护。他们轻者得不到父母的关心和爱护，重者甚至会遭受残酷的虐待，更有甚者被父母出卖换取毒品。吸毒家庭会导致孩子心理早熟、性格扭曲，行为具有攻击性和反抗性，极易在特定的条件下违法犯罪。

在陕西渭南华州区，有一位年近六旬的郝某，他一家 5 口人中竟有 4 人涉毒，有的在戒毒中心，有的因贩毒被刑拘。郝某自己曾因涉毒两次被抓，但他仍不知悔改。此次，警方在郝某家中将其抓获时，他竟在刚满 16 周岁的孙子面前吸毒。

很多吸毒家长公然在家中、在孩子面前吸食毒品，他们早已泯灭人性，完全不在乎下一代对自己的看法，也未曾认识到自己的行为是否对孩子产生了不良影响。调查显示，24%的吸毒人员原生家庭中有人吸毒，有的家庭甚至有多人吸毒。

很多青少年生活的家庭原本圆满幸福，就是因为家中有人吸毒，才导致家破人亡，这些年轻人也会带着报复心理吸食。他们往往单纯地以为能够凭借自认为可以的意志力戒掉毒瘾，以此来证明自己可以"征服毒品"。根据一项对 100 位青年女性的吸毒原因的调查分析，大约 6.6%的吸毒者是由于逆反报复心理染上毒瘾的。还有一些青年女性因为感情原因，选择采用吸毒来进行报复，却不知道搭进去的是自己的一生。这种没有意义的报复心理，代价是自身的身心健康。报复心理是指一个人的行为对另一个人在利益上产生一定量的损害，后者会想办法打击损害自己利益的人。它是一种应对、反抗外部不利因素的自我防御保护结构心理成分，而对于毒品的报复心理，其外部不利因素仅仅是遭遇了家庭变故，这么草率地将自己的人生搭进去的行为显然是不理智不成熟的。

2. 母亲孕期吸毒，隐形毒瘾传播

毒品对于人性的伤害可见一斑，它能够使得动物最本能的母性毁灭殆尽。如果一个家庭中出现了一到两位吸毒者，那么这个家也会随之毁于一旦，尤其是母亲，在家庭中可以说是生命的起源。一旦怀孕女子染上毒瘾，对于后代的影响相当巨大。

调查显示，如果母亲在怀孕期间吸毒，毒品可以通过胎盘进入胎儿体内，使胎儿中毒从而发生畸形、发育障碍、流产、早产或死胎。[①] 吸食海洛因的母亲其胎儿会在出生后出现戒断症状，包括烦躁不安、惊厥、时常尖叫、呼吸急促、反胃、呕

---

① 朱京虎. 滥用毒品对机体的危害. 中国药事，2000（5）.

吐，而往往只要伏在母亲怀里吃口奶或嗅几口烟，马上就好，仿佛孩子天生就要吸毒似的。其实是母亲在怀孕期间吞云吐雾时，孩子已在毫无知觉的情况下成了一位"成瘾者"。在医学角度也有一种说法，人类遗传是具有延续性的，人体内有一对基因是专门控制这个的，如果说父母喜欢喝酒、抽烟甚至是毒品，那么孩子对这些东西的吸引程度是远远大于其他人的，他们的身体对这些东西具有天然的适应性，这也极大地加剧了后代吸毒的可能性。不仅如此，怀孕的吸毒者所生的孩子，从降生之时起，便出现"隐形毒瘾"。在广东某县区，警方在进行入户走访时，发现了一间十分异常的出租屋，当民警进入屋内发现，杨某和孙某昏昏沉沉地躺在床上，一看就是吸了毒的样子，民警立刻对出租屋进行搜查，并对二人实施了尿检，结果都是冰毒阳性，警察随即在屋内发现了冰壶和冰毒。让人难以接受的是，在二人的旁边躺着一个正在睡觉的孩子，而孙某竟然还是一位怀孕七个月的准妈妈，毒品的危害极大，作为一个妈妈，在孕晚期仍然吸毒，这是置孩子的生命于不顾，这样不计后果的吸食毒品，是对下一代的极不负责任。即便这位母亲的孩子不是"瘾君子"，他（她）在健康方面也会受到影响。

　　吸毒从来不是一个人的事，其背后是家庭和亲情的毁灭，幸福生活的破碎。成长于吸毒家庭的孩子，多数对未来充满绝望，不敢恋爱、不敢与人交往，没有安全感，甚至将自己完全封闭起来。虽然在《戒毒条例》中明文规定戒毒人员在入学、就业、享受社会保障等方面不受歧视，对戒毒人员的个人信息应当依法予以保护，其子女也不会受到歧视，但是现实往往并非如此。很多吸毒家庭的孩子在上学期间仍然会受到来自周围人的歧视，这对于他们身心的发展非常不利。更让人痛心的是，在"家庭中有人吸毒"和"自己受到歧视"的双重影响下，他们今后相较于普通人更易沾染毒品。

三、从教育环境方面探索青少年吸毒的学校原因

　　总结来说，学校教育方面的缺陷主要表现在：第一，有些学校过于重视应试教育，素质教育过少，导致学生对学习提不起兴趣。学校不能因材施教，不能从兴趣入手，很容易导致教学教育功能的萎缩和退化，从而引起教育质效的低下。第二，有些学校只重视成绩，忽视思想品德教育，过分强调学生成绩，对于成绩不好的孩子不予以关注和帮扶，成绩不好的同学犯错，对他们的处理方式简单粗暴，导致一些孩子过早地进入社会，而这些孩子由于知识缺乏，自控力、自制力不强，法治意识薄弱，防范意识落后，很容易成为贩毒者瞄准的对象。第三，一些中小学法治教

育比较薄弱。即便教育部有明文规定，一些学校也只是把此类课程当作一种形式化的教学，专门的禁毒法治教育并没有重视。一些学校对于这种课关注度不够，甚至不给这种课任何时间，即使有这种课，也是隔靴搔痒。第四，有些学校漠视学生的心理发展，导致学生在面对困难时，或家庭突遭变故时，压力倍增，怨天尤人，无处发泄，有的因此误入歧途。

（一）对青少年毒品预防教育的认识不到位

对毒品预防教育的认识作为开展青少年毒品预防教育的先导，直接关系到毒品预防教育开展的深度，也直接影响毒品预防教育的效果。政府相关部门、学校及家庭都要承担起青少年毒品预防教育的重任。但是政府相关部门因业务工作繁杂，多在世界禁毒日、重要节假日前夕等关键时间节点开展尚未常态化的青少年毒品预防教育工作，此类短期性的毒品预防教育质量不高。学校作为青少年培养工作的承担者，因校园吸毒现象较少，对于毒品预防教育工作也未给予足够重视。良好的家庭教育能帮助青少年了解毒品的危害，提高青少年对毒品的防范意识，同时为青少年营造健康成长环境，减少他们吸毒的可能性。但实际生活中，部分家长认为毒品离孩子很遥远，从而忽略了对孩子的毒品预防教育。

（二）青少年毒品预防教育内容陈旧

毒品教育内容缺乏广度和深度，与实际需求脱节。目前社会面更多的宣传内容是"珍爱生命，远离毒品""禁绝毒品、功在当代、利在千秋""禁毒人人有责"等，标语式的内容缺乏深度和广度，过于粗浅；不论是课堂上的宣传还是街头集中式的宣传，都只是基于宣传者的想象，例如对吸毒人员吸毒原因的推测和对大众心理的推测来设计宣传内容，宣传的内容不是以实际需求为导向，而是以管理层及宣传者的意愿为导向；内容滞后于新型合成毒品更新换代的速度。[①]

（三）青少年毒品预防教育方式不科学

通常而言，青少年毒品预防教育包括向青少年讲解毒品形势、毒品知识、相关法律、识毒拒毒技巧及相应的生活常识等，加深青少年对毒品危害的认知，提高青少年辨识、抵制各类毒品的能力。实践中，多数地方主要利用横幅、宣传单、橱窗、黑板报、手抄报、开展知识竞赛、主题班会、禁毒日活动、观看警示教育宣传片，以及邀请禁毒民警开展禁毒知识讲座等方式对青少年开展毒品预防教育。上述方式

---

① 蒋凌月．优化云南省毒品预防教育工作的对策研究．云南警官学院学报，2022（04）．

虽然能在一定程度上达到向青少年宣传毒品危害的效果，但方式过于单一，内容相对陈旧，对知识传播的深度不强，警示功能大于教育功能，青少年对其感受和体会不够深刻，甚至容易出现宣传接受疲劳。此外，毒品预防教育以宣传传统类型毒品为主，通过列举吸食毒品对身体、家庭造成危害的例子达到毒品预防效果，很少提及更具隐蔽性和迷惑性的毒品以及各种新型的精神活性物质，这在一定程度上使青少年群体对毒品仅限于表面性、浅层次的认知，尚未真正认识到毒品本质及其成瘾性，对更具迷惑性和隐蔽性的新型毒品没有足够的防范意识，难以筑牢防毒拒毒安全防线。

（四）青少年毒品预防教育效果欠佳

目前，仍有一些青少年对毒品危害和防范等知识知之甚少，甚至一些青少年从来没有接受过专业系统的毒品预防教育。很多毒品预防教育活动还停留在完成基本宣传任务层面，虽然有研究报告指出云南、北京、广东等地区禁毒宣传教育已全面铺开，甚至达到100%普及率，但缺乏相关的毒品预防教育资源，专业师资不到位也会影响青少年对毒品危害的认知。有研究表明，各学龄段的学生对吸毒带来的身心危害的认识总体比较肤浅，大部分停留在宣传图片上直观可见的危害症状，对涉毒行为的违法性还存在片面的认识。传统毒品预防教育通常在国际禁毒日前后集中开展宣教活动，使参与毒品预防教育者在一定程度上认识到毒品的危害，但这种认识和作用不会持久。在宣教过程中，青少年的参与度不高，主动获取的知识较少。另外，青少年对毒品的概念大多来源于影视文学作品、新闻报道等的描述，这些作品并没有科学传递毒品吸食后对个体身心带来的损伤和危害，反而更多呈现出毒品使用与娱乐性的关联，激发了部分青少年对毒品的好奇和渴望。正是由于青少年对毒品危害的认知不足，才会导致部分青少年尝试吸毒继而染上毒瘾。[①]

（五）青少年毒品预防教育师资力量不足

《禁毒法》明确了针对不同教育场景、实施预防毒品教育的机构和人员包括政府、群团组织、教育部门、社区居民委员会以及家长等。《全国青少年毒品预防教育规划（2016-2018）》明确要求，省级禁毒委员会办公室专门从事毒品预防教育工作的在编人员不得低于本部门在编总人数的15%。然而目前能够开展专业化毒品预防教育的组织和团队相对较少，毒品预防教育专家、兼职从业者数量远不能满足社会的需求。雄厚的基层禁毒教育师资力量是学校深入毒品预防教育的重要前提与

---

① 张灏，王高喜．新时代青少年毒品预防教育体系的构建．中国司法，2022（8）．

基础，直接决定毒品预防教育的效果。青少年毒品预防教育的师资主要源于两方面，一方面是以禁毒民警为主要代表的禁毒部门通过进校园开展禁毒知识宣传、普及等，但基于时间、岗位职责及民警人数等因素的限制，禁毒宣传频率较低①，毒品预防教育效果欠佳；另一方面则是由学校教师对青少年进行毒品预防教育工作。受传统教育体制的影响，一些学校及教师更多注重如何提升学生成绩，对于毒品预防教育认识不足，并未掌握最新的毒品知识和禁毒知识，讲解内容比较肤浅，难以帮助学生提高识毒拒毒的能力，阻碍毒品预防教育工作的长期、有序开展。

（六）青少年毒品预防教育评估机制缺失

要确保青少年毒品预防教育工作落到实处，评估机制是不可缺少的。目前，我国部分区域尚未建立起青少年毒品预防教育评估机制，难以从宏观层面对青少年涉毒情况准确把握，甚至还出现片面追求形式化的量化指标而忽略教育实际效果的现象。例如，开展禁毒教育师范学校评选过程中，部分学校在自评报告中仅注重自身发放多少份宣传资料、开展多少次宣讲活动、设置了多少版面禁毒知识等数据的罗列，忽略了青少年作为主体参与评估的过程，对青少年是否真正接受禁毒教育预防知识及其能否实际运用知识并未予以过多关注，②导致因缺乏毒品预防教育的反馈而影响青少年毒品预防教育质量的提升。同时，青少年毒品预防教育工作是一项长期的动态性工作，但该项工作在评选完毕青少年毒品预防教育示范学校之后，多处于静止状态，影响了学校及教师参与禁毒预防教育工作的积极性。③

四、从时代背景方面探索青少年吸毒的社会原因

（一）毒品亚文化持续泛滥

亚文化作为非主流意识形态游离在主流文化之外，吸引着部分群体盲目追从，直接作用或影响人们生存的社会心理环境，有些影响力甚至比主流文化更大，它能赋予人一种可以辨别的身份和属于某一群体或集体的特殊精神风貌和气质。据载明，毒品亚文化与60年代的西方摇滚精神密不可分，相当一部分摇滚精神是叛逆的，部

① 罗思洁．昆明市未成年人毒品预防教育探究．云南警官学院学报，2021（03）.
② 蒋凌月．优化云南省毒品预防教育工作的对策研究．云南警官学院学报，2022（04）.
③ 张凤翠，周巍．中国青少年毒品预防教育面临的问题及对策，阜阳职业技术学院学报，2023（09）.

分年轻人蔑视所谓的传统与主流的精神文化，在与主流三观相悖的路上寻觅感官及精神的极致体验。

1. 毒品亚文化的内涵

（1）亚文化的内涵。亚文化（Subculture）又称集体文化或副文化，指与主文化相对应的那些非主流的、局部的文化现象，一种亚文化不仅包含着与主文化相通的价值与观念，也有属于自己独特的价值与观念。

在犯罪学研究中，美国社会学家、犯罪学家艾伯特·科恩在1955年出版的《少年犯罪人：帮伙亚文化》一书中使用了"亚文化"一词，之后得到理查德·克罗沃德和劳埃德·奥林等人的进一步论证。它通常是指一个社会的某些群体中存在的不同于主文化的价值观念和行为模式。亚文化一词的使用通常有两种意义：第一，在一个社会的某些群体中存在的不同于主流文化的一套价值观念和行为模式，这是亚文化一词的本来含义。第二，由奉行这些不同主流文化的价值观念和行为模式的人组成的社会群体，这是亚文化的派生含义。一方面，亚文化受主流文化的影响和制约，起到丰富和补充主流文化的作用；另一方面，亚文化又具有"反文化"性质，即对主流文化的脱离、疏远，甚至消解、反抗和破坏，这些也被称为"不良亚文化"。①

（2）毒品亚文化的内涵。毒品亚文化或称吸毒亚文化，属于不良亚文化，涵盖了毒品问题在文化领域所有的表现形态。毒品亚文化的要素包括海洛因、冰毒、K粉、"摇头丸"等具体的毒品，特定的吸食工具、吸食场所、吸食情景，以及与吸食毒品相关的特定语言、动作和行为表现。

调查显示，青少年使用新型毒品，在他们看来是"前卫时尚"的象征，且这些行为大多发生在酒吧、歌舞厅、夜总会等特殊文化场景中，这一场景显然构成了以新型毒品为重要基础的亚文化氛围，并且形塑了一个所谓的"新型毒品亚文化群"。当青少年进入这种亚文化群，无论在态度、观念还是行为上，均可能以他人为参照体系，来认识、判断和选择事物，并有意或无意地效仿同伴行为。如果长期沉浸在这种亚文化群之中，个体会被嵌入诸如群体所共享的价值、观念和行为，并且会主观地感到有一种"文化压力"在无形之中规制着自己，即如果不愿意尝试或者反对尝试新型毒品，那么就会被视作"异类"，最终受到其他成员的疏远或者其他方式的排斥与惩罚。

2. 亚文化导致青少年吸毒的原因分析

毒品亚文化作为一种不良亚文化，会与社会主流文化相对抗，一旦在青少年意识形态中占据主导地位，会使得这些青少年迷失正确的方向，进而导致犯罪行为的

---

① 贾东明，郭崧. 试论戒毒人员心理及行为与青少年毒品亚文化的关系. 健康教育与健康促进，2018（4）.

发生。

（1）以毒为友，价值扭曲。随着新型毒品文化不断发展，不少青少年的价值观发生了扭曲的变化。他们觉得，海洛因的毒性要远远大于冰毒、"摇头丸"，吸食这些二代，甚至三代毒品则不会有太大的不良反应，他们不再惧怕毒品的成瘾性，轻信自己能够轻松戒断，最终在染上毒瘾之后才明白自己错了，但悔之晚矣，最终断送了自己的大好前程。毒品亚文化给青少年带来了极为严重的影响，让他们产生了"碰一下，没关系，不会上瘾"的错误想法，最终超越了道德和法律的底线，一旦上瘾，那么他们可能面临的就是一辈子的与毒品无休无止的抗争，陷入泥沼无法自拔，最终危害一生。

（2）明星吸毒，贻害无穷。最近几年，越来越多的低龄青少年开始吸毒。他们选择吸食合成毒品，且数量惊人，让人震惊。在当今流行文化盛行的今天，流量明星凭借着自己靓丽的外形、收获了一大波粉丝的喜爱，也获得了粉丝的追捧与心理上的崇拜。然而，娱乐圈近年来吸毒事件频发，观众喜爱的歌手、演员纷纷因吸毒锒铛入狱，这样的行为不仅仅是断送自己的前途，对于粉丝，尤其是青少年粉丝的影响极大。在这些明星的粉丝后援团中，青少年是最大的群体，他们由于自身的年龄和阅历的限制，对于世界和事物的认识并未完全成熟，对于自己偶像的爱已经到了非理性狂热的地步，无限的迷恋，他们将明星奉若神明，明星的一言一行、一举一动，粉丝都乐意效仿和追随。

第一，偶像效应，跟风模仿。明星作为具有一定社会影响力的人物，所作所为都会被社会热议，他们自身所起的榜样作用也非常关键，他们的每一个举动都会对青少年产生极大的影响。青少年在成长中，对于任何事物都抱有强烈的好奇心，如果他们接触到的是积极的、正向的事物，他们的价值观、世界观的培养也会相应地变得相对积极，如果他们接触的是糟粕的、消极的、负面的事物，那么他们以后的发展可能就会有相应的问题。明星的行为是具有带动性的，而作为粉丝的青少年由于认同感的原因会做出与明星一致的行为来标榜、模仿他们，以达到一种追求榜样的作用。如果他们喜欢的明星吸毒，他们也许就会模仿他们的偶像，也开始吸毒。这些青少年认为如果不追随他们的偶像，就会被淘汰，就会失去他们的偶像。他们甚至还会模仿偶像的吸毒方式，包括聚众吸毒、容留吸毒甚至贩毒，最终走向万劫不复的道路。然而，在公安机关抓捕这些青少年的时候，他们竟然不以为意，不认为这是一种犯罪，这是极为可怕的。

第二，榜样崩塌，妨碍成长。青少年在成长的过程中，需要一个有如精神支柱的榜样来引领他们走向正确方向。当身边缺乏这样的人时，他们就会寄希望于一个远在天边的明星来提升自己，并且青少年在青春期发育时，情感原本就是多变、敏感的。当他们知悉自己非常崇拜的人因为吸毒而失去所有的时候，他们是震撼的，继而对于自己的人生产生怀疑，对于前路失去希望。

第三，明星吸毒，诱使犯罪。明星吸毒，让一些大学生发现了生财的道路，一些具有"商业思维"的大学生就把自己的聪明用在了歧途上。这种误入歧途在禁种铲毒中非常常见。某大学生张某花高价从"金三角"买来大量的罂粟种子进行种植。在这些种子开花结果后，他利用自己的化学知识，将罂粟中的毒品元素提取出来，提纯出高纯度的海洛因，并拿到暗网市场上贩卖。由于其纯度高，提取手艺精良，获得了大批买家的青睐，价格一度炒到1克5000元的高价，而这个同学也因此赚了一笔巨额财产。后来被公安机关抓获时，发现这个团伙大多是高学历的学霸，实在令人惋惜。

2014年，国家新闻出版广电总局通知明确要求，不得邀请有吸毒、嫖娼等违法犯罪行为者参与制作广播电视节目、网络视听节目。此通知被媒体解读为针对"劣迹艺人"的"封杀令"。

从先前电话口头通知各大卫视"慎重考虑"播放"劣迹艺人"参与制作的电视剧和娱乐广告节目，到以红头文件的形式明令封杀，不仅制裁力度升级，制裁手段也更加正式，显示出相关管理部门猛药去疴、重典治乱的决心。而且，封杀令不仅涵盖电影、电视等传统媒体，还包括视频网站这个艺人出镜频率最高的平台，范围更广，这意味着，此次封杀并不仅限于警告，而是以釜底抽薪的举措，彻底纠治娱乐行业潜藏的不正之风。

北京演艺界发起禁毒倡议，42家演艺公司签署禁毒承诺书，承诺不录用、不组织涉毒艺人演出。上海市演艺界人士也发表声明，呼吁艺人拒绝涉毒吸毒。演艺界自觉发倡议、清门户引来各方点赞和效仿。然而，仅有行业自律远远不能彻底疗治演艺界"黄赌毒"的顽疾，更难以让媒体戒掉靠"劣迹者"搏噱头的恶习。正因为这样，用行政命令的方式规范各媒体对待"劣迹者"的态度，才能掐断一切炒作的念想，继而倒逼各类媒体和制作公司慎重选择演员和导演，从根本上毁灭艺德扭曲的种子。[1]

吸毒行为触犯了法律法规、败坏了社会风气。尤其是演艺界人士，因其作为广受瞩目的公众人物，具有较强的影响力和传播范围，艺人吸毒违法，会误导大量难辨是非的青少年粉丝，会诱使人生观尚未成熟的孩子们错误认为这种违法行为很酷、很时尚，造成恶劣的社会影响，对广大青少年健康成长尤为不利，增加了治安隐患与社会不安定因素。因此，以艺人为代表的公众人物吸毒，对社会的公序良俗、法

① 李斌．人民网评：对吸毒嫖娼的艺人"亮红牌"肃风正气．[2014-10-10]．http：//opinion．people．com．cn/n/2014/1010/c1003-25806235．html．

治建设的危害性，远大于那些私下吞云吐雾的瘾君子。

（二）法制体系和信息监管仍有漏洞

1. 部分药品未纳入列管名单

经过长期的禁毒工作，国际社会已经形成了对传统毒品的严密管控体系，在高压打击下涉毒犯罪转向寻找新型毒品替代品以钻法律的空隙，从而引发了新精神活性物质的滥用问题。然而究其本质，其滥用原因可以从该物质的"合法"的成瘾替代性来考量。首先，新精神活性物质的精神成瘾性，强烈的致幻作用和精神刺激，使滥用人员对其产生依赖，产生自动寻药的行为。正是这种类似毒品甚至强于毒品的成瘾性，才使得该物质有一定的受众人群。其次，是新精神活性物质的"合法"替代性。世界范围内大多数国家对该物质的认识尚处在初级阶段，多数国家也未认识到其滥用的危害性，没有对新精神活性物质进行全面管控，抑或只对几种滥用情况较严重的进行了管控。然而，正是由于这种立法列管的缺失，某些新精神活性物质尚未被纳入法律的列管范围，使得滥用者可以"合法"地吸食，毒品犯罪分子"合法"地从事生产、销售、贩运该物质的犯罪活动。

因为法律更新不及时、范围不明确，人们在面对新型毒品时，就会误以为其不是毒品，或是对人体不会造成损害的"软性毒品"，甚至认为新型毒品是有效的减肥药，吸食新型毒品是一种时尚追求，是身份和地位的象征，从而更容易被他人诱骗和自我放纵，导致吸毒的人数越来越多。立法的不完善恰恰让新型毒品犯罪分子钻了法律空子。制贩毒分子为了逃避法律的制裁，以及迎合或者迷惑消费群体，总是想方设法地研发新种类毒品，使新型毒品家族不断添"新丁"。随着境内外制贩毒活动的相互渗透，以及制毒技术与高科技手段的完美结合，新型毒品的非法研制水平不断提高，其种类和样式也越来越多。新型毒品种类的推陈出新，样式的日新月异，在一段时间内将形成一定的法律真空。

近年来，全国禁毒部门在国家禁毒委员会的统一部署下，通力协作，保持对毒品犯罪的打压势态，取得了阶段性的成果，在一定程度上遏制了毒品滥用的势头。然而对于在管控范围之外的新精神活性物质，禁毒一线人员往往显得束手无策。执法实践中，公安机关缴获的有些新精神活性物质无法被认定为法律意义上的"毒品"，致使犯罪嫌疑人得不到应有的法律制裁。尽管我国立法工作不断推进新精神活性物质的列管，并已将456种麻醉品和精神物质纳入法律管控范围，然而面对日益增加的新精神活性物质数量，仍然有大量的空白区。

如上所述，新精神活性物质和传统毒品最本质的区别就是某些新精神活性物质并非法律意义上的"毒品"，只有纳入法律规制范围内的新精神活性物质才称之为

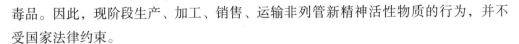

毒品。因此，现阶段生产、加工、销售、运输非列管新精神活性物质的行为，并不受国家法律约束。

2. 网络贩毒监管查处难度大

随着互联网技术的高速发展，世界范围内网民基数不断扩大，毒品犯罪分子利用网络渠道将毒品犯罪异化，依托互联网平台进行线上的毒品交易买卖，从毒品犯罪分子所在地可以辐射全国乃至世界，且交易便捷，难于发现和查证人、物、信息之间的对应关系，非常具有隐蔽性，网络销售迅速成为新型毒品的主要交易形式，互联网平台已成为新精神活性物质的重要传播渠道。毒品犯罪分子利用暗网或其他购物平台发售毒品信息，不仅销售不同类型的新精神活性物质，甚至提供制毒原材料、传授制毒方法。对于新精神活性物质的贩售，已经形成一定规模的网络体系。首先，毒品交易人员通过网络社交软件进行沟通，商讨交易价格、毒品运输方式及运送地点等详细信息，双方无须见面即可通过网络聊天工具达成买卖新精神活性物质的合意。随后，利用第三方支付平台进行收付款。在新精神活性物质类毒品跨国交易案件中，通过外资银行、西联汇款或比特币等虚拟货币交易的方式也在逐渐增加，大大增加了公安机关查处非法资金往来的工作难度。最后在运输阶段，通过快递等物流手段即可完成运送，交易双方通常利用伪造的身份信息进行交易，并对新精神活性物质加以伪装，将其添加到巧克力、棒棒糖、果冻等食品中，非常具有迷惑性，不通过一定的检验技术手段难以分辨，快递员在完全不知情的情况下将带有毒品的货物交至买家手上，"充当"了毒品交易中最后一环的重要角色。

在自媒体时代，人人都是信息传播源。由于网络前端的匿名性以及网络平台监管的难度大，自媒体监控难度大大增加，网络平台上的非主流意识形态、不健康视频、网络黄、赌、毒等越轨信息频频出现，屡禁不止，严重影响网络生态文明。因此，国家互联网信息办公室及网络立法部门要加快完善网络立法，因时而进，因势而新。第一，及时修改、完善网络平台及直播平台管理的机制体制，对网络信息进行分级、分类、分层管理。第二，严肃处理涉及党和国家意识形态安全、政治安全的网络企业及个人，杜绝网络违法信息对青少年的骚扰和恣意传播，有效遏制网络违法信息在青少年群体中蔓延。第三，对网络违法信息的产生地、传播技术与聚集地要进行严格监管，明确规定研发网络技术、运行网络平台的互联网企业承担相应的社会责任与法律义务。例如，2018年1月，微信公众号平台发布公告："规范涉党史国史等信息发布行为，微信平台将对发布虚假标题党信息、捏造歪曲历史信息的公众号进行严肃处理，对恶意传播、对抗行为的即进行永久封号。"可见，为青少年打造清朗的网络空间，互联网企业要担负起应有的社会责任，扼制违法不良信息在互联网平台上的传播。

飞速革新的互联网技术使每个网民都从简单的信息获取者转变为集信息制造者、信息传播者和信息接收者为一体的网络平台主体。公民的权利在互联网的世界中不断延伸和扩大，但与此同时，充斥着不良信息的网络生活也会随之而来。因此，加强对网络信息传播的监管势在必行。《中华人民共和国网络安全法》于 2016 年 11 月 7 日发布，这是我国第一部全面规范互联网安全领域问题的基础性法律，但这部法律仍属框架性法律，法律的内容并没有对网络不良信息的治理提出细致明确的条文，只能在"总则"部分找到个人和组织在使用互联网时应遵守的基本义务，以及个人和组织在使用网络时所禁止从事的活动等。通过现有法律条文可以发现目前我国网络不良信息的判别存在问题。其一，在日常的网络生活中被发现或被举报的不良信息多数与政治有关。但是就现有的法律条文而言，对此类不良信息的判定还不够明确，因而对法律解释的随意性便会增加；其二，目前针对网络不良信息的法律仅有《网络安全法》一部基础性法律，除此之外均为法规、规章及政策性文件，约束力明显不足。所以，就具体的网络不良信息的判定与治理而言仍需要在法律体系上不断完善。

（三）经济收入差距较大

1. 经济收入压力对于涉毒的影响

第一，经济收入差距较大。由于受教育程度不同，有的人能够成为社会精英，是社会稀有的劳动力资源，而教育程度不高的人在现有的经济利益关系体系中处于劣势地位，他们普遍收入偏低，较容易沦为城市的新贫困群体和弱势群体，这也会对涉毒犯罪产生一定的影响。第二，对合法的劳动收入感到失望，希望获得补偿型犯罪收入。经济劣势的人工资过低，通过正常途径获取收益较少，他们中的一些人对合法的劳动获取收入感到失望后，便可能通过非法途径获取较大的利益。而那些收入低的涉毒犯罪分子也会以此作为借口，说服他们来参与涉毒，诱惑其走上毒品犯罪的道路。第三，巨大的消费市场和高额的利润使涉毒犯罪屡禁不止。对于收入较低的人来讲，贩毒所支付的劳动成本少，又能带来暴利。以贩毒为例，涉毒者大多是利用身体带毒，吃住和往返的费用由贩毒分子支付，贩毒成功就可能是几个月、几年甚至十几年的经济收入总和。这对于经济不宽裕，妄想一夜暴富的人来说，是具有一定诱惑力的。

2. 就业经济成本对涉毒的影响

第一，新常态下的经济形势加大就业经济成本。当前，随着我国经济发展进入新常态，东南沿海的一些经济发达地区许多领域已被深度开发，发展空间变窄成为必然趋势，另外受出口形势低迷的影响，一些以外向型经济为主导的传统用工大省用工需求也有所减弱。一些人员缺乏就业的竞争优势，随着就业经济成本上升，部分人在城市很难找到工作，或者只能从事低收入高强度的劳动。没有稳定的就业，也会导致他们在社会上游走。第二，城市就业歧视使一些人员难以进入正常的就业渠道。这种人群一般是通过市场进入非公有制企业或成为公有制单位的非正式编制人员，或者自谋生路，在城市进行小额投资，从事小成本经营。这些行业不需要劳动者有很高的文化水平和劳动技能，也不需要他们投入很大的成本就可以就业。但是打工或小本经营不仅艰辛，而且回报率低，难以获得高收入，城市房价及物价的上涨使他们的生活成本、经济压力较大，扎根城市的梦想驱使个别人渴望较短时间甚至一夜暴富而走上涉毒犯罪的道路。第三，无力承担职业技术培训费用。文化素质比较低、劳动技能欠缺的人在城市的谋生异常艰难。为了适应城市的用工需求，他们需要投入资金和时间参加就业服务和职业技能的学习和培训。一些城市公共就业服务机构虽然提供免费服务，但岗位类型、服务模式又往往不适应这类人群，职业中介机构、从事职业介绍活动的信息咨询公司和培训机构收取的费用又偏高。如此种种也使得个别从业人员想通过一些"特殊"途径完成自己的资本积累。

（四）社区监管力度薄弱

1. 社区禁毒教育作用较弱

社区对于青少年的禁毒应起重要的作用，但是大部分社区没有为青少年提供更多参与禁毒实践教育的机会。一些社区管理不规范，社区管理人员管理知识不够，自身管理水平不高，对社区青少年文体活动场所的科学管理不到位，社区的禁毒教育功能未能充分发挥出来，社区青少年不了解毒品知识的不在少数。社区管理者并没有确保社区教育阵地利用效率最大化，造成了现有的禁毒宣传资源的浪费。加强社区禁毒队伍建设势在必行。社区应该聘请相关专业的教师参与社区教育活动，以良好的师德引导青少年，使其具备良好的品行。但是部分社区对于青少年思想道德建设情况关注度不够，志愿者服务站建立较少，没有形成相对稳定的志愿者队伍，开展青少年禁毒宣传教育工作力度不到位。社区服务人员也没有做好法制宣传工作，对学校周边和社区文化场所监督不严，不文明行为甚至犯罪行为偶有发生，对青少年学习和生活产生了不良的影响。

2. 社区道德教育渠道较少

在新时代，思政课是青少年成长成才的必修课。应越来越重视思政教育，我们需要充分利用社区内的教育渠道和手段来切实加强青少年的道德思想。有些社工没有从青少年感兴趣的方向下手，社区青少年教育活动缺乏多样性和灵活性。大部分社区尚未建立社区青少年心理咨询平台，青少年吐露心声的机会不多，也没有安排专业的心理辅导员对其进行心理疏导，对于社区青少年的身心健康成长问题关注度不够，使社区思想道德教育工作无法有的放矢。要想提高社区青少年的综合素质，必须完善社区思想道德教育机制。根据社区青少年成长情况建立社区团队组织，并对团队活动制度进行完善，从根本上提高教育的效果。此外，还要实现学校、家庭和社区的相互协调。

3. 社区戒毒工作机制不完善

我国目前的社区戒毒康复工作机制，是按照《禁毒法》《戒毒条例》《吸毒成瘾人员认定办法》以及各地区的社区戒毒康复工作办法的规定来运行的。从制度设计上看，总体上没有对社区戒毒与社区康复具体要求进行细节性规定，将更多的空间留给了下位法律，这种立法上的留白，是鼓励与倡导各地自主开展社区戒毒康复工作，进行制度性的实践与探索，但是，立法上的空缺也会导致一些权利与义务的纠葛。我国社区戒毒康复工作主要是制度层面与落实层面的问题，在落实层面，同样的一个政策由于实施主体、实施环境与实施方法的不同，会产生迥然不同的结果。因此，出于推动我国社区戒毒康复工作的考量，应将制度层面存在的问题作为主要研究对象。

（1）社区戒毒权责交叉导致权责不清。根据《戒毒条例》的有关规定，社区戒毒康复的过程是在公安机关出具责令社区戒毒决定书之后，乡（镇）人民政府和城市街道办事处接收吸毒成瘾人员并与之签订社区戒毒协议，根据工作需要成立社区戒毒领导小组，落实社区戒毒工作。同时，由社区戒毒专职工作人员、社区民警、社区医务人员、社区戒毒人员的家庭成员以及禁毒志愿者共同组成社区戒毒工作小组具体实施社区戒毒。可见，社区戒毒康复工作的实施主体还是政府主导的工作组，虽然吸毒人员人在社区，但主管部门依旧是政府机关。因此，社区戒毒康复具有更多行政措施成分。而我国社区则属于群众自治的政治单元，最主要的社区治理就是以居民住宅小区为单位进行民主选举产生业主委员会，对社区进行自我管理、自我监督与自我服务。吸毒成瘾人员在这样的社区进行戒毒康复，社区内的群众自治管理与吸毒人员的行政管理产生了交叉，使得两个管理体系对于吸毒人员均负有相应的责任和义务。可见，我国的社区戒毒康复工作制度目前还是政府进行统一管理的、落脚在社区内的一项戒毒措施。因此，如何将吸毒人员管控与社区居民自治有效结合，仍是一个值得探索研究的重要问题。《禁毒法》和《戒毒条例》所规定的负责部门是乡（镇）人民政府、城市街道办，同时要求社区戒毒康复工作按照需求形成帮扶小组，由政府部门选派专职干部领导工作。目前我国社区治理工作处于起步阶段，吸毒人员集行政违法人员、病人、毒品受害者三重身份于一身，在社区内参与社区治理的政治权利并未消失，平衡社区居民诉求与国家基层治理的双重要求均落脚在社区这个社会治理单元。政府机构与社区群众自治管理机构的权责不明晰，吸毒人员与社区其他居民的诉求反映机制冗余等问题，阻碍着社区戒毒康复工作的效能发挥。社区戒毒康复工作若无法在社区内完整有效的开展，导致戒毒人员脱离管控机制，游散于社区之中，在社区中传播毒品等，就会对该社区的建设与发展产生负面效应。

（2）社区戒毒康复工作人员构成单一。根据《禁毒法》和《戒毒条例》，社区戒毒康复工作人员包括社区戒毒专职工作人员、社区民警、社区医务人员、社区戒毒人员的家庭成员以及禁毒志愿者。他们负责落实社区戒毒康复工作的具体措施，与戒毒康复人员直接接触，其工作关系到社区戒毒康复工作的效果。在实际工作中，社区戒毒专职人员是主力，除医务人员和社区民警的专业工作外，其他工作均需社区戒毒专职人员进行落实。各地对社区戒毒康复专职工作人员的招录要求是持有社会工作者职业水平证书即可（有禁毒工作经验的优先），再无其他特殊要求，这与社区戒毒力量多样性的要求不符。帮助吸毒人员在社区内矫治本身就是一个系统工程，涉及医学、心理学、社会学等多方面的知识和技能，需要多元化的专职工作人员，以聚合多种社会资源，共同助力社区康复工作。

（3）区域联合工作机制缺乏健全体系。我国社区戒毒康复工作大多是"孤立"进行，每个乡（镇）政府和街道办各自为政。鉴于社区戒毒康复工作处于起步阶段，各负责社区戒毒康复部门对吸毒人员管控能力存在差异，一些管控能力差的社区会出现一些戒毒人员脱离管控机关，在社会上违规流动的情况。对此，《戒毒条例》第十九条规定，离开社区戒毒执行地所在县（市、区）3日以上的，须书面报告。第二十条、第二十一条又规定了戒毒人员如果未按规定擅自离开社区戒毒执行地的后果，即最终需要上报到公安机关进行处理。前述规定对于戒毒人员违规离开戒毒场所的行为仅作了被动式回应，如要对戒毒人员进行更加系统与完整的管控，需要有预防性的规定对其违规流动进行管控，在制度方面对吸毒人员的管理实现一定范围内的合作。以社区之间、相邻县（市、区）之间的联合为基础，对于吸毒人员形成管理网络。目前，对于戒毒人员违规流动行为还没有出台预防性的法律法规和政策文件。因此，完善社区戒毒康复人员的跨区域违规流动需要从制度方面进一步完善，加强区域合作，完善联合工作机制。

第五章
青少年毒品滥用的危害

在近代史上，中国人民对毒品有切肤之痛。中国是受毒品危害最深、涉及人口最广、影响最为深远的国家之一，泛滥的毒品曾严重破坏中国的政治经济安全，导致国力衰微、民族羸弱。新中国成立后，气势磅礴、规模宏大的群众性禁毒斗争终于使我国从一个毒品的重灾区逐渐蜕变成令世人尊重、令国人自豪的"无毒国"。

但是从 20 世纪 80 年代以来，涉毒贩毒分子利用中国"无毒国"的良好声誉，开辟将"金三角""金新月""银三角"地区的毒品转运到我国香港、澳门等地的新通道，从而销往国际毒品市场。随着毒品过境量的增加，国内的众多不法分子与境外毒品集团相互勾结。本土毒贩既运输、贩卖境外毒品，又在国内种植、制造毒品，形成双向通道。贩毒以及由贩毒引发的吸毒现象重新在中国死灰复燃，使中国再次面临遭受毒品的危害。① 吸毒不仅严重地损害了人体健康，而且会导致一系列的家庭问题和社会问题，甚至国家与国际关系问题。

一、毒品滥用对个人人生的摧毁

毒品滥用是一种自我伤害或自我毁灭的个人行为。对个体而言，毒品滥用的危害涉及多个群体，表现在众多方面，不仅具有医学性诊断的中毒症状，而且在心理、生理方面都有严重危害度。青少年如果吸毒致瘾，不仅会萎靡不振，而且身体承受着不可估量的负面影响，甚至造成许多无法逆转的危害，贻害终身。

（一）扭曲人格，心瘾难抑

毒品滥用会给吸毒者的心理、精神造成严重的伤害，主要表现为吸毒人出现智

---

① 叶舟．试论我国毒品犯罪的现状、成因与对策．辽宁警专学报，2001（4）.

力衰退、精神颓废、人格变异等倾向。由于药物的抑制或兴奋作用，人的正常思维、情绪和行为会受到严重的干扰，在记忆力、注意力、耐受力和意志力水平等方面出现明显的降低。正常人吸毒后，会丧失工作或学习的效率和兴趣，对他人和社会失去责任感，甚至丧失羞耻感以及基本人格和尊严。

心理渴求俗称心瘾，是一种主要与药物使用记忆有关的、想再次体验成瘾物质带来的欣快感的强烈欲望，是对药物心理依赖的一种主要表现。对于药物依赖者来说，曾使用过的成瘾性物质所导致的心瘾是一种难以抗拒的力量。吸毒伴侣、吸毒用具以及特定的环境和场所等因素都可以引起强烈的心理渴求感。心理渴求状态可以分为两种情况：第一种的戒断反应会在戒毒者摆脱身体对毒品的依赖之前，产生强烈的心理欲望；第二种是在摆脱生理依赖之后，没有出现戒断症状的情况下，药物依赖者在以往用药相关的线索因素的诱发作用下产生的心理渴求，也被称为相关证据引起的心理欲望。相关线索研究范式常用李克特量表①测量心理渴求的程度，被试者在 0 到 10 之间的数字中选出最能反映此刻心理渴求状态的数字，其中 0 表示一点都不想，10 表示极其渴望，研究者通常会分析主观的心理渴求评价与相关线索条件下脑区激活水平的相关性。

从心理上看，吸毒会导致青少年神经系统受损，从而让青少年对毒品有较强的渴望，导致青少年精神意志被摧毁，出现道德沦丧、自甘堕落的情况，甚至使得青少年产生心理变态、人格分裂的情况。例如，部分吸毒成瘾的人由于毒瘾发作时无法获得毒品，就通过用烟头或火焰烤烫肌肤以致自杀等自残手段来达到解瘾的目的。

对 J 市戒毒所的 220 名强制隔离戒毒人员调查研究发现，在 218 份有效问卷中，有 29 人对戒毒后的人生并不充满希望，持悲观的态度，占总人数的 13.303%，有 33 人不相信自己能够戒毒成功，占总人数的 15.14%，由此可见，吸毒对这些人造成了极大的心理层面的危害，对人生彻底失望，自暴自弃（见表 5-1、表 5-2）。

---

① 李克特量表（Likert scale）是评分加总式量表最常用的一种，属同一构念的这些项目是用加总方式来计分的，单独或个别项目是无意义的。它是由美国社会心理学家李克特于 1932 年在原有的总加量表基础上改进而成的。该量表由一组陈述组成，每一陈述有"非常同意""同意""不一定""不同意""非常不同意"五种回答，分别记为 5、4、3、2、1 分，每个被调查者的态度总分就是他对各道题的回答所得分数的加总，这一总分可说明他的态度强弱或他在这一量表上的不同状态。

表 5-1 戒毒人员是否相信自己能戒毒成功

变量	频数	百分比	累计百分比
不相信自己能戒毒成功	33	15.14	15.14%
相信自己能戒毒成功	185	84.862	100%

表 5-2 戒毒人员是否对戒毒后的人生充满希望

变量	频数	百分比	累计百分比
对戒毒后的人生不抱有希望	29	13.30	13.30%
对戒毒后的人生充满希望	189	86.697	100%

吸毒者经过长期吸食毒品后，大脑和身体已适应并依赖药物，一旦失去这些药物的刺激，会产生焦虑、抑郁、易怒、冷漠等负面情绪，这就是在医学中所谓的"戒断反应"。其中，吸毒者的心理戒断症状对暴力犯罪起到一定的推动作用。当吸毒者产生戒断反应时，大脑开始混乱，会感到特别烦躁，很多人会变得狂躁，从而遭受强烈的心理痛苦和折磨。

吸毒人员中，对甲基苯丙胺等合成药物（冰毒）产生依赖的人群，会出现非常严重的心理、精神戒断反应，通常会有精神萎靡、焦虑、脾气暴躁，常伴有冷漠或愤怒。在戒断期间，强烈的戒断反应又会反过来刺激吸毒者对毒品的成瘾。在吸毒成瘾的影响下，原本正常的理性思维能力和道德价值观被完全抛弃，从而导致一系列问题。毒品作用于人的神经系统时，会产生心理效应，使吸毒人员精神失常，对毒品欲望日益强烈，危害其心理健康。而对海洛因产生依赖的人群与正常人相比，在其他因素和条件都相同的情况下，他们中的绝大多数人心理健康水平显著较低，存在严重的心理障碍。主要表现为孤独被动、对他人漠不关心、缺乏社会责任感。在日常生活中他们难以建立和谐稳定的人际关系，或冲动、急于刺激、敢于冒险、公信力极低。由于受到了毒品的影响，他们的心理防御能力和挫折承受能力很差，出现适应能力低、自卑感强等类似现象。①

青少年时期是一个人学习和人格成长的最宝贵时期。如若青少年在此期间吸毒，会导致他们的记忆力和注意力受到极大的损害，从而影响工作和学习。青少年长期吸毒与其他年龄段的吸毒人员相比，突出的危害是：由于吸食毒品产生的对神经系统强烈的刺激作用，大部分人会表现出情绪高涨的特征，经常产生幻觉和妄想，少部分人会表现出精神颓废、抑郁、意志力薄弱、道德沦丧、精神变态，甚至会由于

---

① 刘佳宁. 药物依赖戒断者心理健康模型建构及运动干预的实证研究. 上海体育学院，2021.

承受不了巨大的精神压力和痛苦产生强烈的自杀冲动。

吸毒人员滥用毒品的严重危害在于它对精神的破坏，尤其是心理方面的扭曲。一方面，由于吸毒人员长期吸毒成瘾，吸毒人员产生了抗药性，有的吸毒人员产生了严重的心理依赖，严重损害他们的思想、精神和心理。长期性的吸毒致使人自私，失去羞耻感和责任感，或者产生违背公序良俗等现象。而且，吸毒人员中的一部分特殊人员会出现各类障碍症状，如运动障碍、认知障碍等，除此之外，抑郁、颓废、丧失自我、道德沦丧等症状也普遍存在于吸毒人员中。

另一方面，吸毒人员在追求爱情、归属感和自尊等常人本该拥有的合理需求的同时，也希望自己能早日摆脱毒瘾，过上正常的生活，但往往事与愿违。他们的心理需求往往因为来自社会层面的歧视长期得不到满足，心理长期处于不平衡状态。在生理上则表现为神经衰弱，出现幻觉或妄想。吸毒成瘾者容易出现极端行为，为了摆脱这种状态，他们会通过药物来寻找快感，麻醉自己，从而导致复吸，恶性循环，越陷越深。在对 M 市部分吸毒人员的访谈中发现，在日常生活中恣意妄为，想做什么就做什么、想拥有什么就拥有什么是很多吸毒人员病态的、扭曲的心理图景。有公开资料显示，吸毒人员长期吸食毒品，最终导致自己心理扭曲的风险很大。[①]对 J 市戒毒所的调查研究中发现，有 40 人不后悔吸毒，占总人数的 18.35%，有 41人来戒毒所之前未打算戒毒，占总人数的 18.81%，由此可见，在吸毒群体中，心理扭曲现象所占比例不容小觑，其危害覆盖面具有一定的广度（见表5-3、表5-4）。

表5-3　戒毒人员有无后悔吸毒的想法

变量	频数	百分比	累计百分比
不后悔吸毒	40	18.35	18.35%
后悔吸毒	178	81.651	100%

表5-4　强制隔离人员戒毒前有无戒毒打算

变量	频数	百分比	累计百分比
来戒毒所前无戒毒打算	41	18.81	18.81%
来戒毒所前有戒毒打算	177	81.193	100%

（二）摧残人身，毒瘾难戒

在生理方面，长期吸食毒品会严重损害人体的正常生理功能和免疫系统，尤其

---

① 康蔚林. 云南农村吸毒人群毒品滥用行为调查. 科教导刊，2017（8）.

是人体最重要的组织、器官，比如神经系统、呼吸系统、胃肠道系统、心血管组织、支气管组织、平滑肌等一系列支撑人体正常生理功能的组织。吸毒成瘾人员常出现生理功能紊乱不堪、体质严重下降、免疫力弱化甚至缺失的现象。[①] 吸毒人员由于长期吸毒，神经系统、内分泌系统、呼吸系统、免疫系统受到强烈损害，容易生发胃病、肝病、败血症、肾脏并发症、脑脓肿、肺栓塞、性病、周围神经炎等疾病。[②] 随着现代医学的发展，相关研究表明毒品或类似物质甚至可能直接改变人类大脑中部分物质的结构，从而破坏和干扰人体正常的高级神经系统，最终导致脑部疾病。长期使用药物还会导致胃肠道平滑肌和括约肌张力增加，蠕动减慢，发生消化吸收功能障碍，食欲不振，营养严重缺乏。所以，又瘦又憔悴是吸毒者的共同相貌特征。由于药物对呼吸中枢有很强的抑制作用，长期吸食毒品会导致呼吸缓慢、浅呼吸，甚至出现不规则的潮式呼吸。长期用药还会抑制性腺功能，引起性欲低下等问题。有的海洛因滥用者为了省钱，使用小剂量但反应强烈的静脉注射吸毒，加重了药物滥用对人体的危害。在所有的吸毒方式中，通过静脉注射毒品是对人体危害最大的方式，其后果是严重且多方面的。不洁注射极易感染乙肝、丙肝等血清型病症，还会导致细菌性心内膜炎、破伤风、败血症等多种疾病。不洁注射也是传播艾滋病的主要途径。通过静脉注射吸食毒品最有可能因药物过量而导致死亡。

1. 青年涉毒，终生受苦

青少年时期是人一生中的黄金时期，如果染上毒瘾，不仅对自己身体发育造成极大的不良影响，导致精神萎靡不振、丧失进取心，而且有极大的概率危及自己的生命。现代科学检测证明，对于青少年而言，各种毒品都存在着特别的危害。因为青少年心智尚未健全，所以很容易损害他们的身心。生理上，吸毒导致记忆力下降、营养不足、抵抗力不足等问题，从而诱发一系列疾病；部分 18 岁以下吸毒人员，不仅记忆力衰退、身体营养不足、骨瘦如柴，而且都患有皮肤病、肝病、性病等多种疾病，会导致他们精神颓废、人格低下、心理变态。[③] 在毒瘾发作时，为了缓解毒瘾不择手段，甚至做出六亲不认、杀父害母的举动。

对吸毒者的辨认可以通过外表的体格特征来进行。一般来说，吸毒者尤其是长期吸毒的人员都具有面色憔悴、消瘦、两眼无神、黑眼圈、眼袋重等许多内分泌失调的特征。同样吸毒人员因为静脉注射和吸食毒品的工具交替使用而产生交叉感染传染性疾病的例子比比皆是。我国艾滋病感染患者中，因静脉注射毒品感染上艾滋

---

① 王刚. 个案工作增强社区戒毒人员维持操守信心的实务研究. 云南大学, 2020.
② 徐涛. 毒品代谢物荧光免疫层析试纸条及其多联检测方法的建立. 暨南大学, 2021.
③ 邓小刚. 整体性治理视角下南丰县青少年吸毒治理研究. 江西财经大学, 2020.

病的有 67.5%。^①青少年身体处于发育阶段，身体机体功能尚未完全成熟，容易受到更严重的损害。吸毒成瘾和耐受所导致的过度使用会产生毒性反应，并直接对身体产生生害。青少年因此抑郁、情绪低落、出现强烈的精神障碍。具体来说，青少年吸毒破坏身体机理平衡，危害青少年身体健康。药物进入人体后，会破坏人体原有的平衡，重新建立一种只有维持药物才能达到的新平衡，从而导致人体对药物的依赖，即成瘾。青少年一旦停止服药，其生理功能就会紊乱，并伴有焦虑、烦躁、寒热、流泪、出汗、恶心、呕吐、腹痛、腹泻等不适症状。久而久之，青少年严重营养不良和免疫力下降，伴生多种疾病。^②

2. 吸毒成瘾，慢性自杀

吸毒者由于长期用药以致成瘾，中枢神经系统、免疫系统、消化系统、心血管系统被极大程度地破坏。吸毒者常伴随思维紊乱、行为异常的现象。由于女性的免疫系统较男性弱，因而更容易受毒品的侵害，吸食毒品可能使女性内分泌失调，经期紊乱、痛经，妊娠功能下降，相当高比例的吸毒女性患宫颈糜烂、阴道炎等妇科疾病。

吸毒导致的中毒症状可分为以下两种情况：

一是急性中毒。急性中毒通常是由于过度用药引起的。一般认为服用 10~30 毫克可能会出现中毒症状。临床表现为中枢神经系统和交感神经系统的刺激症状，即兴奋症状、血管症状、痉挛和昏迷三大症状。轻度中毒症状包括瞳孔扩大、血压升高、脉搏加快、恶心出汗、呼吸困难、肌痛震颤、反射亢进、头痛烦躁、感觉异常。中度中毒主要表现为失眠、意识障碍、精神障碍、抑郁幻听、被害妄想等一系列精神症状，甚至精神重度中毒可引起心律高热综合征、猝死、假死的现象。

二是慢性中毒。慢性中毒比急性中毒在吸毒人群中更为常见。它通常以严重的神经异常和心理成瘾为特征，如恍惚、睡眠障碍、性格改变等症状，通常在摄入毒品 10~12 小时后出现。长期滥用毒品严重损害心、脑、肝、肾和中枢神经系统，引起多种重要器官功能损害和精神症状，以致出现肺动脉高压和肺损伤等严重后果，对肝、骨、肾系统有不同程度的毒性作用。^③

在调研中，J 市强制隔离戒毒所 218 例报告指出，在吸食毒品后，出现幻听的人群占 83.2%、被害妄想占 45.6%、嫉妒妄想占 31.4%、易发怒占 85.4%、兴奋的占 87.7%、有冲动行为的占 72.5%。另外，长期服用甚至可能出现持续多年的幻觉、妄想，还可能出现明显的暴力、伤人和杀人等犯罪倾向，集体滥用时极易诱发

---

① 韩沛琨. 艾滋病抗病毒治疗者神经认知损伤研究. 昆明医科大学，2020.
② 赵希，龚红卫，刘志松. 国际犯罪学前沿问题综述. 中国政法大学出版社，2020.
③ 尹述凡. 药物原理概论. 四川大学出版社，2018：280.

性冲动，会产生严重的社会和医学问题。

根据世界卫生组织的统计，近年来全世界每年因药物滥用而死亡的人数约为 20 万人，而因药物滥用损失劳动能力的人数达到 1000 万人。现有的医学研究表明，对于吸毒人员而言，无论服用药物的方式如何，都会对人体造成很大的伤害。药物滥用会损害人体的重要组织器官，滥用者的神经系统、呼吸系统、心血管系统、免疫系统、消化系统和生殖系统都无法维持个体的正常代谢，从而损害滥用者的健康。①当吸毒者被问及吸毒后的平时身体状况时，结果显示，在被调查的 6187 名农村吸毒人员中，有 173 人没有填写，其中认为自己可以从事繁重的体力劳动 2066 人，占总数的 33.4%；认为自己能做轻体力工作的有 3172 人，占总数的 52.7%；认为自己根本不能工作的有 835 人，占总数的 13.9%。同时，由于男女生理差异，吸毒后，男性吸毒者的身体损伤程度略低于女性吸毒者，但都在很大程度上降低了他们从事体力劳动的能力。

3. 对中枢神经系统的影响

吸毒者不同脑区的神经细胞和神经纤维被药物破坏，导致缺氧性脑损伤、急慢性中毒性脑病、海绵状白质脑病等脑损伤。药物对脑组织结构的损害，表现为弥漫性海绵状血管性脑水肿；在大脑皮质，海马等神经细胞出现坏死以及嗜神经的现象；有时可见病理性钙化和淀粉样体形成；脑基底节胶质细胞增生，出现胶质细胞增生，形成胶质结节，导致脑功能的损害。大脑白质内血管因毒品的损害出现管壁增厚，严重者可有陈旧性漏出性出血。电镜下，受损的神经细胞因毒品的作用出现胞质中线粒体肿胀，断裂；粗面内质网发生增生扩张。细胞核也出现核膜增厚，形态不整，核浓缩染色质减少的不良现象。这些病理改变直接造成大脑代谢功能出现紊乱，从而诱发并发症。②

长期毒品滥用可导致机体出现严重缺氧，脑细胞的损伤是最明显的，产生变化也是最敏感的。在长期处于缺氧状态下，大脑皮层、海马及边缘系统等出现缺血坏死等损伤，人类的高级活动如学习、记忆、情感、情绪受上述部位的调控，当调控的组织因毒品被不可逆地损害，吸毒者的机体功能减退，如情感表现缺失，学习能力下降，记忆功能受损等。

以"毒品之王"海洛因为例，海洛因（俗称"白粉"）是半合成的阿片类生物碱。它可以在大脑中转化为乙酰吗啡，并且与大脑不同部位的阿片受体结合。一方面可以刺激中枢神经系统，另一方面又可以抑制中枢神经系统。海洛因是一种极其容易致幻上瘾的毒品，滥用海洛因可引起多种神经系统并发症，如中风、脑血管

---

① 龚飞君. 青少年毒品犯罪的现状与防范对策分析——以上海为例. 复旦大学, 2009.
② 朱梅. 海洛因滥用导致神经系统损伤的机理研究. 昆明医科大学, 2019.

炎、高血压性脑病、周围神经病变、癫痫、横纹肌病、急性横纹肌溶解症等。最常见的病症是过量使用海洛因引起的急性海洛因中毒，引起脑功能低下，临床表现为昏厥，危重的病人甚至会死于呼吸循环衰竭。[1]

海洛因的吸入方式有注射（静脉、皮下、肌肉）、烫吸、抽烟吸入、鼻吸、口服等。随着烫吸海洛因的流行，一种与烫吸海洛因相关的选择性损害脑白质的疾病——海洛因海绵状白质脑病（HSLE）也随之出现，引起了人们的重视。在荷兰阿姆斯特丹市，科学家们首次发现 HSLE 并明确指出其与烫吸海洛因有密切的联系。[2]

4. 对呼吸系统的影响

一般认为，吸毒的传统方式有静脉注射和直接吸入两种。静脉注射容易造成传染性疾病的传播，但是这并不意味着直接吸食毒品就不会给生理健康带来重大的损害。吸食毒品的人一般采用吸管，或者是自制的吸食器甚至将医疗废物中的输氧管之类的器械用于吸毒。

在国内外的诸多报告中显示，吸毒猝死大部分是由于心梗或者心肌损伤造成的，但是仍然有部分吸毒者是因为呼吸骤停，在剧烈运动或者是睡梦中极其痛苦的死去。不可否认的是，呼吸系统作为人类较为脆弱，以及除了皮肤组织最容易和外部发生接触的系统，在吸毒者身上往往遭受了最为严重的损害。大部分的吸毒者都认为自己的呼吸系统已经遭受了不可逆的损伤，即使戒毒后也无法从事剧烈运动或者是对体力有高要求的工作。[3]

滥用毒品对呼吸中枢有明显的抑制作用，大量的吸毒人员患有并发呼吸系统疾病。在吸食毒品过程中产生的烟雾，主要是以神经毒素为主的混合物，在高温下分解产生有毒成分，作用于神经系统，产生成瘾性，并造成中枢系统的呼吸暂停。

另外，由于烟雾中混杂了有毒尘粒和一氧化碳的气体，可使机体出现各种并发症。烟雾刺激呼吸道黏膜是引发呼吸道损伤的首要部位，从而引发慢性咽炎、鼻炎、鼻窦炎等上呼吸道疾病。烟雾刺激扁桃体，致使其肿大，出现炎症反应，导致扁桃体发炎；大量粉尘随呼吸道进入肺组织中，造成对小气道的损害，并且进一步破坏肺泡，导致顺应性下降，进而出现肺水肿、肺气肿、肺血管扩张淤血等情况。药物滥用还会抑制纤毛和白细胞的功能，导致气道反应增强，从而出现严重的咳嗽、支

---

① 苗志斌. 阿片类吸毒人员戒毒的不同时段睡眠质量调查及影响因素分析. 昆明理工大学，2017.

② 周亮. 海洛因海绵状白质脑病的临床、病理、流行病学调查和 CYP4502D6 基因多态性关系的研究. 第一军医大学，2004.

③ 胡金野，齐磊. 中国禁毒史. 上海社会科学院出版社，2017：28.

气管炎。长期吸毒者支气管哮喘的发病率远高于常人，在药物刺激的呼吸道中发现慢性气道阻塞和支气管气道反应性，气道阻力增加。这些情况在毒瘾发作的时候或戒断的时候，症状会更严重。长期滥用毒品会造成呼吸系统病理变化，黏膜纤毛运动失常，黏液腺体增生、肥大和分泌增多，大量吞噬细胞出现在肺泡及间质中，形成肉芽肿性结节；肺泡间质和弹力纤维变性，断裂，肺泡孔扩大，肺泡上皮发生增生改变。在电子显微镜下能够观察到肺泡细胞中线粒体及粗面内质网发生变性增生，细胞膜出现皱褶脱水，细胞间界限不清并出现融合，最终导致肺功能减退，呼吸系统的疾病易感程度增加。[①]

5. 对消化系统的影响

消化系统作为消化食物过程的营养来源，毒品往往对黏膜组织造成直接的伤害，使人食欲下降，能量摄入减少造成吸毒者营养不良。吸毒者多有厌食、恶心、呕吐与腹痛等消化能力减弱的直接表现。肠梗阻胃溃疡等慢性疾病也常见于吸毒人群中。

人的消化系统主要由胃肠器官组成，同样也包括肝脏胆囊等器官。胃肠器官也具有相当的脆弱性，因为胃肠疾病往往是最明显也是最痛苦的，比如说便秘、便血、黑便、水泄等诸多症状。有调查显示，大部分的吸毒人员都有顽固性便秘，或者是长期腹泻等消化不良的现象，但是吸毒人群患有最常见的消化系统疾病还是乙型肝炎。一般认为乙型肝炎是烈性的传染疾病，并不凭借空气传播，而主要通过唾液、血液等体液传播。吸毒人员由于习惯性的集中吸毒，许多人共用一个呼吸器、一个注射针头，使得原本传染基数并不大的乙型肝炎在一个小群体内迅速扩散传播。

通过对血液样本的采样分析，同样得出结论：吸毒人员的缺铁性贫血和慢性肝功能损害的患病率高于一般人甚至是高于此类疾病高发地区的常住居民。

6. 对心血管系统的影响

心血管系统疾病往往是猝死的主要诱因。通常认为吸毒致死的原因有四种，分别是：因吸毒过量而死亡、因长期吸毒而死亡、因吸毒成瘾而导致的死亡、在吸毒的副作用影响下而导致的死亡。心肌炎、心肌梗死通常被纳入吸毒影响的自然疾病中，但是缺血性心脏病则被归类于和吸毒有直接关联的致死病，也就是上述四种死亡类型的第二种和第三种。[②]

长期吸毒的人员缺少合适的运动，当然也可能是因为吸毒成瘾而丧失了运动的能力。这往往会造成心血管硬化脆弱失去原本的弹性，静脉和心血管破裂大出血以及无法止血的内出血。心血管疾病作为中国人高发的疾病，很多人对其有或多或少

---

① 苗志斌. 阿片类吸毒人员戒毒的不同时段睡眠质量调查及影响因素分析. 昆明理工大学，2017.

② 陈谓. 吸毒预防论. 吉林大学，2004.

的了解。问卷调查显示，大概有 30% 的青少年吸毒人群有心血管疾病，包括慢性心肌炎、心肌纤维化以及心血管血管瘤等多种慢性疾病。这与静脉注射的吸毒方式有着不可分割的联系，静脉注射在医学上往往被视为效果快、直接且最大限度地保留药物的药性的医疗手段。与传统的经过人体内部消化吸收不同，静脉注射更有剧烈性，也无法通过洗胃清肠等方式来逼迫药物停止作用。而静脉注射的吸毒人员由于长期静脉注射，往复在同一部位注射毒品容易造成伤口感染甚至是血管发炎，更甚者由于注射力度的问题而造成慢性肌炎。法医的病理学解剖显示：5% 到 10% 的病例心肌非特异性地单个散在病灶周围或在病灶性单核细胞和心肌纤维化，可卡因中毒可能导致心内膜炎以及炎症。吸食可卡因会直接引起血压的增高和心率变快产生之间的交感性精神作用，这也是可卡因直接毒害心脏和心血管系统的作用。其后可能导致心律紊乱和心肌出血促进原本就有慢性疾病的人群快速发病从而死亡。[①]

7. 对生殖系统的影响

毒品对于生殖系统的危害现在还处于探索阶段。这起源于研究香烟对生殖系统生殖能力的影响，在中国香港和台湾地区的香烟包装盒上往往会有一行标语：吸烟导致阳痿。我们同样也关注毒品是否会造成一样的伤害，但值得注意的是，毒品对女性的影响是否也会和男性一样显著。

阿片类毒品对人体生殖系统的损害，近年来已引起国内外相关领域学者的关注。以解放军第四军医大学唐都医学院和西安公安局灞桥公安分局联合研究的课题为例：以探讨毒品对人体自由基、内分泌激素及细胞免疫功能的影响为目的。选取吸毒对照组的阿片类毒品依赖者 17 例，男性；对照组 30 例，均为健康男性学员。测定自由基相关指标、内分泌激素、红细胞免疫功能和细胞免疫功能，并进行戒断肾虚症状积分评定。结果：吸毒者外周血超氧化物歧化酶、丙二醛明显高于健康人；一氧化氮、一氧化氮合成酶、C3b 受体花环率 CD4+ 细胞百分率明显低于健康人；性腺及甲状腺激素亦明显低于健康人。戒断肾虚症状积分评定显示，17 例都有典型肾虚症状。结论：阿片类毒品对人体自由基、内分泌激素及细胞免疫有严重的影响，引起细胞免疫功能低下，垂体—性腺及垂体—甲状腺功能严重障碍，性激素水平明显低下，性功能障碍，肾虚明显。[②]

前文我们提到过毒品对人的神经系统尤其是中枢神经系统有着巨大的影响，而男性生殖系统受到中枢神经系统的影响，毒品在影响到中枢神经系统的同时也不可避免地对男性生殖系统造成了损伤。比如影响到精子的产生及其质量，对睾丸和附

---

① 阮惠风 . 新型合成毒品滥用实证调查与治理对策 . 上海社会科学院出版社，2016：127.
② 鲁春霞 . 运动激活免疫反应减缓甲基苯丙胺成瘾者稽延期负性情绪的作用及机制 . 湖南师范大学，2021.

睾造成损害从而可能引起二者的萎缩和失去能力作用，最终导致失去生育能力，无法诞生有生育力的精子甚至根本无法产生精子。而神经系统的损害更有可能造成性行为的无能也就是我们所说的阳痿，即无法勃起、无法射精、无法进行正常的性行为，那就更不要谈生育行为了。

毒品对女性的影响目前研究的少之甚少，已有结论无外乎是影响女性卵子的质量从而影响到胚胎的发育甚至可能出现畸形婴儿。在孕育胎儿过程中更容易造成流产和胚胎发育不良的结果继而造成小产，而多次的小产和流产同样也会给女性生殖系统带来不可逆的损伤从而导致不孕。

8. 药物成瘾与戒断途径

药物成瘾是物质依赖中的一种情况，专门指对精神活性物质的依赖，是一种伴随认知损伤、神经生理适应性改变的复杂行为。从神经生理层面看，药物成瘾是反复用药后，脑内相关神经递质系统对药物急性强化作用而发生适应性变化的过程；从行为层面看，药物成瘾是一种停药后以强迫性药物寻求行为、失去控制地大量服药、长期多次复吸为特征的异常行为；从认知层面看，药物成瘾是在冲动决策、抑制控制缺乏条件下做出的行为，成瘾者尽管知道持续用药有严重的不良后果，仍然持续强迫性地用药，最终导致其认知功能产生不可逆的损伤。

对于药物成瘾者来说，当使用药物带来的欣快感消失后，会表现出明显的戒断症状。这驱使他们继续寻找药物。药物多次重复使用之后，就形成了强烈的"心瘾"。即使在脱离生理依赖，戒断症状消失之后，他们仍会产生强烈的心理渴求。由此可见，药物依赖不一定成瘾，而药物成瘾一定存在药物依赖。在心理学研究中，药物成瘾和药物依赖是两个界限模糊的概念，人们经常把它们视为是等同的。

戒断症状也叫作戒断反应，其常在突然停止或减少使用成瘾物质，或在使用成瘾物质的拮抗剂（如在海洛因依赖中使用纳洛酮）后出现，表现为骨骼、关节、肌肉、背部和腹部广泛性疼痛；失眠、厌食、躁动不安、惊恐或自残；流泪、流涕、出汗、手脚震颤、血压升高、脉搏和呼吸加快，甚至虚脱、意志丧失等。另外，与成瘾物质使用相关的线索也能诱发戒断症状。一般来说，戒断症状与急性用药后出现的症状相反，药物依赖者为了减少戒断症状的痛苦，往往选择继续用药。因此，戒断症状是引起强迫性用药行为和复吸的原因之一。[1]

戒断状态是指药物依赖者摆脱毒品的生理依赖性，即使不再使用成瘾药物，也不会出现戒断症状。戒断症状是指药物依赖者没有摆脱药物的生理依赖，相关线索（是指与行为事件发生有关的各种因素。在药物依赖研究领域，相关线索是指与药

---

① 苏得权. 海洛因戒断者相关线索诱发作用下的镜像神经活动. 南京师范大学，2014.

物成瘾形成和药物依赖有关的各种因素，包括与以往用药有关的环境因素）诱发心理渴求神经机制的研究范式和现状戒断会引起急躁、焦虑、情绪低落、注意力难以集中、动作震颤、食欲不振、睡眠紊乱，以及血压和体温都会变得极不稳定，这些戒断时期的生理反应就称为戒断症状。戒断时间长短和戒断症状会影响相关线索引发的脑激活水平。药物心理渴求感也是由于药物戒断引起的。戒断时期的复吸在大多数情况是药物依赖者为了消除戒断症状导致的；并且，即使戒断症状消失，药物线索还是能够引起药物渴求感和药物寻求行为。因而，戒断状态和戒断症状会提高相关线索诱发的心理渴求感和相应的脑激活水平。[1] 使用药物之后，或者在没有戒断症状出现的情况下，相关线索诱发的心理渴求感较低，相应的脑激活水平降低。

二、毒品滥用对家庭伦理的损害

家庭是一个人成长和生活的最基本环境，是社会的最小组成部分。幸福和谐的家庭结构所具有的特点是相似的，成员之间能够做到相互尊重、相互包容。一个家庭一旦出现吸毒、涉毒者，家庭成员之间亲密稳定关系就会被破坏，造成一系列家庭问题。一方面，家庭会由于吸毒者的存在产生无法承受的经济负担；另一方面，吸毒者的心理易受毒品侵蚀，缺乏家庭责任感，引发一系列的家庭矛盾与纠纷。

毒品滥用并不仅仅是一种自我伤害或自我毁灭的个人行为，它更是一个造成秩序紊乱、危害经济安全的社会性行为。因此吸毒危害的也不仅限于吸毒者个体，它势必波及个体所生活的家庭，给家庭带来种种灾难。

（一）散尽家财，加重负担

吸毒使家产破败，正常家庭生活难以维持。曾经一位戒毒专家为吸毒者算了一笔账：如果吸毒者每天吸食 0.5 克海洛因，2022 年每克海洛因的价格为 1261.1 元，那么吸毒者一天花销为 630 元，一年要花费 23 万元；如果每天吸食海洛因 1 克，一年就要花费 46 万元；如果每天吸食 1.5 克，一年的开支就是 69 万元。而据云南省 H 市某区对登记在册的 1440 名显性吸毒人员的另一项调查表明，海洛因吸食者每日吸食 1 克以上基本属于初染毒品者的用药量，一般吸毒者每日要吸食海洛因 1~2 克，瘾大者则要 2 克以上。[2]

现如今，因为毒品的打击力度，使毒品价格飙升，每克海洛因的价格已在 2000

---

①　张宁．在毒品抑或药物背后．上海社会科学院出版社，2020.

②　郭蕾．青少年吸毒的家庭因素分析与家庭治疗研究．苏州大学，2014.

元以上，照此估算，瘾大者一年的开支将在百万元以上。因此，毒品依赖程度高的吸毒人员如果没有相当的毒资，就难以满足自己的需求和欲望。如此大的开销，对于一个普通收入的家庭来说，明显已超过其经济承受能力。即使有一定的经济基础，像吸毒这样"无底洞"式的消费也维持不了多久。在一些农村地区，人们把吸毒称作"吃囤"，也就是说吸毒者所"吸食"的不仅仅是自己的血汗钱，而且包括子孙后代赖以生存的家业。在 J 市调研中发现较早吸食海洛因的一批人是拆迁户或早期暴富起来的一批人，他们在短期内拥有大量财富，但是内心却极度空虚和迷茫，这些人为了弥补早期生活的困苦和打发"空闲"的时间，开始挥霍生活，一部分开始赌博和吸毒，短短时间内财富如泡沫般消散。

吸毒所需的高额毒资，一般家庭是根本负担不起的。吸毒者一天需要 500~1000 元不等甚至更多的毒资。一个人吸毒，意味着全家的积蓄都会因此耗尽，但成瘾者对毒品的需求是永远不可能得到满足的。没有稳定收入的吸毒者毒瘾发作时，在没有足够金钱通过非法渠道购买毒品的情况下，就会不顾一切以致偷拿家中财产来变卖，这样家庭必然走向一贫如洗的地步。家庭经济基础崩溃，家庭成员出现不和，由此出现家庭破裂、亲人反目，甚至妻离子散的情况。因此，一个家庭一旦出现吸毒者，从此就永无宁日。即使是一个原本较为富裕的家庭，只要家庭中有人员吸毒成瘾，不久后整个家庭也会陷入濒临崩溃的境地。并且吸毒人员往往患有严重疾病，给家庭也带来沉重的医疗经济负担。无论是家庭经济状况的恶化还是家庭关系的崩溃，都必然会对孩子造成伤害。因此，吸毒人员在消耗家庭财富的同时，又无法承担赡养父母和抚养子女的义务，更无法创造社会财富，承担应有的社会责任，吸毒人员子女普遍会出现很强的逆反心理，残缺的家庭往往导致了吸毒者的子女行为偏执、性格孤僻、封闭自卑，渐渐地演变为逃学、偷窃甚至重蹈吸毒覆辙等一系列的不良行为。事实证明，毒品正在并已经吞噬着许多原本幸福美满的家庭。

（二）击垮家庭，妻离子散

吸毒往往导致家庭暴力和犯罪，这必然会破坏家庭和谐，甚至导致家庭破裂。有些吸毒者会把毒瘾"传染"给家人。大量的案例表明，许多吸毒者通过丈夫、兄弟等亲属接触或者获取毒品，进而养成吸毒的嗜好，有的甚至家庭群体吸毒。例如，焦作市破获一起 7 人家庭涉毒的案件，该案件竟涉及祖父母、孙子三代，整个家庭彻底被毁。

长期吸食毒品会导致人精神变异，行为失常，诱发家庭暴力。有的吸毒者由于内心世界因为吸毒而扭曲，在受到家庭成员管束的情况下，变得是非不分，仇视甚至残害家庭成员，酿成惨绝人寰的家庭悲剧。[①] 长期吸食毒品会导致人精神变异，行为失常，在毒瘾的作用下甚至会做出完全泯灭人性的事情来。实际生活中，一些吸毒者毒瘾发作时便殴打妻子儿女，虐待老人，甚至为满足毒瘾，六亲不认，胁迫妻女卖淫供其吸毒；"毒瘾一来人似狼，卖儿卖女不认娘"，最终妻离子散，家破人亡。如贵州省一吸毒人员为了弄钱吸毒，先后卖掉了自己的儿子和妻子，最后又丧心病狂地将生养自己的母亲按斤论价，卖给一名鳏夫为妻。

2002 年 6 月 20 日发生在北京某网吧火灾中，纵火的 14 岁少年宋某，因父母离异、父亲吸毒被劳教而缺少家庭的温暖和监管，心理逐渐扭曲，最终导致了这起 25 人葬身火海、12 人重伤的惨剧，宋某自身也受到了法律的惩罚。还有的子女不仅得不到父母的抚养和照顾，甚至沦为吸毒父母换取毒品、毒资的抵押品或卖品。总而言之，吸毒犹如洪水猛兽，它把完整的家庭拆得支离破碎，造成夫妻反目，亲情丧失。它把原本幸福温馨的家庭变成令人痛苦不堪、无法立足的冰窟，使得很多家庭最后落得妻离子散、家破人亡的悲惨结局。

对 J 市戒毒所的 220 名强制隔离戒毒人员调查研究发现，有 109 人吸毒后存在分手、分居、离婚、家庭破裂或类似现象，占总人数的 50%（见表 5-5）。

表 5-5　吸毒人员是否有分手、分居、离婚、家庭破裂现象

变量	频数	百分比	累计百分比
吸毒后存在分手、分居、离婚、家庭破裂或类似现象	109	50.00	50%
吸毒后没有分手、分居、离婚、家庭破裂或类似现象	109	50.00	100%

笔者前往 S 省 M 市 G 村进行了实地调研，并且对社区戒毒成功人员张某进行了面对面访谈。截取有关家庭关系部分访谈稿片段如下：

问：您第一次吸毒的时候多少岁呢？

答：30 岁这样（左右），当时的感情受到了挫折，离婚了，就感觉生活很无趣，很沮丧。

问：那您吸毒有没有告诉家人、朋友呢？

答：没有告诉。但是他们后来就知道了。因为我整天就是一个人抱着手机什么事也不干，不和任何人说话，没有任何沟通。

问：家里人是察觉到你哪方面出了问题呢，是健康还是其他方面呢？

① 陈斌. 娱乐场所毒品问题治理研究. 甘肃政法学院, 2019.

答：情绪也不对，健康也不对，人很瘦很瘦。

问：那是（吸毒）多久之后家人发现了您的状态出了问题呢？

答：两三个月吧，就明显感觉到了。因为人已经很瘦很瘦了，面部也发黄，家里人再通过各种方式打听嘛，就知道了。

问：家里人知道后有对您做了些什么吗？

答：他们就是管着我，我自己也不去苦钱了当时，没有经济来源了，家里面人就把我的经济也断掉了。我们家（我）是独生子，就我一个人，他们也不好太管我。

问：那您向他们要钱他们还会给吗？

答：不给了。但是要的买个香烟的钱还会给，要是三五百这样的稍微多一点的钱就不会给了。

问：那您没有经济来源不能买毒品了怎么办呢？

答：后来就是跟人家"蹭"呗。

问：那您这个"蹭"的日子过了多久呢？

答：就过了几次吧。

问：那您是吸毒第几次被派出所发现了呢？

答：第三次吧，就被派出所发现了，被人家举报了。

问：那你们一般是在哪里吸毒呢？

答：通常是在车上，找个没人的地方就吸了。

问：您有强制戒毒的经历吗？

答：没有，我是社区戒毒，已经戒了两年多快三年了，社区戒毒的时间也快到了。

问：那您戒毒的这段时间应该是很难熬的吧？

答：是的，就是感觉很无聊，干什么事情都提不起来兴趣。

问：那您戒毒后有工作了吗？

答：后来就是在家里弄的龙虾塘子，搞一些自己想干的事情吧。

问：那您戒了多久感觉自己和正常人差不多了呢？

答：大概一年吧。因为你吸毒的时候以前的朋友就不想和你接触了，后来他们看我可以下地干活了，也不吸毒了，就又恢复联系了。

问：那您原来的吸毒圈子是有意识躲开他们呢还是？

答：我是有意识躲开他们的。

问：那如果您的生活中再遇到新的坎坷、困难之类的事情你还会想找他们吸毒吗？

答：不会了，我觉得就应该自然而然地去面对，就算是再大的坎儿我也会去面对，不会再拿这个东西去逃避了。

问：是什么让您有这么深的感触呢？是家里在这期间出了什么变故吗还是？

答：我离婚之后还有一个女儿嘛，9 岁了，家里父母的岁数也大了，不能再让他们为我操心。

问：女儿知道你吸毒吗？

答：她不知道。

问：家人对你戒毒的帮助大吗？

答：很大的，只要我不去碰毒品，我做什么事情家里人都会支持我的。再加上要经常去派出所尿检，并且一直对我进行教育和宣传，我也就觉得不应该再碰这些东西了。

（三）女性涉毒，母婴皆害

女性对家庭有着极其重要的作用，特别是已婚妇女，是维系家庭和睦的纽带，女性参与毒品犯罪，往往会带来比男性更为严峻的后果，对家庭、婚姻造成毁灭性的损害。强制戒毒的女性的生育率与结婚率极低，女性沾染毒品后，对其组建家庭、生育带来很大阻碍。一方面，沾染毒品后无暇顾及家庭与事业，吸毒常意味着要承担失业、破产的后果；另一方面，涉毒女性被强制戒毒或关押在监狱，易导致家庭解体。据调查，在女性戒毒者中，单亲妈妈的比例达到 61.1%。女性在怀孕期间吸食毒品会产生很多负面影响，对胎儿极为不利。[1] 首先，如果吸毒成瘾的孕妇长期得不到毒品来解瘾，胎盘绒毛间的氧气储存可能不足以提供胎儿所需的额外氧气，从而导致胎儿缺氧甚至死亡。其次，在怀孕期间，药物可以通过胎盘进入胎儿体内，使宝宝在出生前就产生了对药物的依赖性。许多"快克婴儿"出生后有恶心呕吐、发冷发烧、打哈欠、流泪等药物成瘾反应。最后，对于那些因为注射吸食毒品而染上艾滋病的孕妇，很可能将艾滋病毒通过母婴传染给下一代。

母亲对子女的健康成长起着关键作用，尤其是对女儿。首先，在未踏入社会时，母亲就像外界社会的缩影，女儿视母亲为模仿对象，学习母亲的一举一动。如果母亲参与毒品犯罪活动，子女尚未成熟，不能完全明辨是非，会效仿母亲的行为，很容易踏入毒品犯罪的道路。其次，母亲参与毒品犯罪，对子女无心顾及，子女常常处于脱管状态，这种情况会导致子女过早接触社会，容易走上违法犯罪道路。

---

① 吴楠 . 女性毒品犯罪研究 . 南京工业大学，2019.

三、毒品滥用对社会风气的危害

如果青少年滥用毒品的社会问题不能得到有效的介入处理，其产生的一系列后果是无法想象的，每个个体，除了要承担自身的角色之外，还具有一个独立的社会人的身份，其行为或多或少会对社会产生一定的影响。吸毒作为一种社会越轨行为，对社会产生的影响则更为深刻。

（一）危害公共卫生安全

事实证明，吸毒极易传播性病、皮肤病、肝炎等恶性疾病，还会导致多种并发症的产生，吸毒人员数量的不断上升可能会导致艾滋病更大范围的传播。这些人员已成为高危人群，并引发公共卫生危机，对我们的身心健康及生活构成严重威胁。

青少年吸毒者懵懂无知，加上自身经济能力和羞于在正规医院就医而延误治疗，在不知不觉中传播皮肤病、性病甚至艾滋病，危害他人健康。吸毒已经成为感染艾滋病的一大诱因。作为高额的消费方式，吸毒者仅仅依靠正常的收入难以维持这样的高昂消费。基于对巨额毒资的支付，吸毒者开始铤而走险，由此使得社会面临着巨大的隐患。从大量的案例来看，吸毒者除采用贩毒方式得到毒资外，也会出现其他违法犯罪的行为。其中，男性吸毒者表现为诈骗、抢劫以及盗窃等，而女性吸毒人员往往通过出卖肉体来获得毒资。"以淫养吸"现象在吸毒女性中十分常见，具有涉及地域范围广、人员范围广两个特点，这种现象会引起性病与艾滋病的传播。一方面，女性涉毒人员通过卖淫筹备毒资，这种方式加速了性病与艾滋病的传播；另一方面，共用针头注射毒品的方式提高了艾滋病交叉感染的风险系数。吸毒者作为传染病的高发人群，对生活态度和传染病缺乏正确认知。[1] 一些吸毒者共用针头注射毒品，感染并传播肝炎、艾滋病等疾病。吸毒者与 HIV 感染者相互影响，容易引发公共卫生危机。2018 年 6~8 月对江苏省某地区强制隔离戒毒所男性戒毒人群进行横断面调查，在 788 例男性戒毒人群中，共检测发现乙肝血清 HBs Ag 阳性 22 例，HBV 感染率为 2.8%，梅毒血清抗体阳性共 130 例，梅毒感染率 16.5%，丙肝 HCV 抗体阳性 157 例，HCV 感染率为 19.9%。[2]

---

① 孟聪 . 艾滋病防治对毒品政策转型的影响和启示 . 中国人民公安大学，2021.

② 倪泽阳 . 江苏某地区吸毒人员 HBV、HCV 及梅毒感染状况与影响因素分析 . 南京医科大学，2021.

（二）阻碍经济正常发展

毒品消耗着人类的财富，一方面，给社会带来巨大的经济损失。毒品的泛滥不仅夺去数以万计人的生命，还使吸毒者体质迅速下降，丧失正常工作的能力。另一方面，毒品也会造成社会财富的巨大损失和浪费，严重危害着社会经济的发展。毒品经济属于地下经济，是非法的活动，所以很难进行精确的统计。据估计，目前昆明市每年的强制戒毒和自愿戒毒的人数大约在 5000 人，而按经验推算，每名吸毒者周围很可能还存在 4~7 名隐性吸毒者，如果按每名吸毒者平均每天吸毒费用 1000元计算，每年的吸毒费用至少在 90 亿元左右，各级党委政府花在戒毒和打击毒品犯罪上的钱保守估算也要在 10 亿元左右，两项相加每年要花费近 100 亿元人民币。[①]毒品大量吞噬社会财富。吸毒人员对社会经济造成的损失除了包括本人吸毒的直接消耗，还包括由于劳动力下降造成的损失、用于禁毒的费用、治疗吸毒所产生各种并发症的费用等等。

农村人口吸毒会导致农村社会财富的巨大浪费，农村社会生产力的巨大破坏，部分农村吸毒人员的生活条件有恶化的危险。如前所述，云南农村绝大多数吸毒者是中青年，他们滥用毒品，极大地损害了他们的身心健康，造成农村劳动力荒芜和流失。由于吸毒，德宏近万名青壮年已完全丧失或基本丧失劳动能力。这严重破坏了当地农村生活环境和农村社会生产力，危及农村人口生存，阻碍了农村社会发展和边疆民族地区新农村建设。为了控制毒品的传播，有效打击制毒、贩毒和吸毒的非法行为，政府部门投入大量的人力、物力和财力用于购置禁毒器材，新建检查站和情报网，建设康复场所，帮助戒毒人员戒毒。同时，贩毒集团利用获取的巨额资金，进一步破坏边境社会的正常运作。边疆地区各级政府和禁毒部门在禁毒工作上要花费大量的资金、人力和时间。因此，药物滥用造成的间接经济损失无法估计。这使得农村经济的协调可持续发展更加困难。由于吸毒所需资金数额巨大，吸毒人员在钱财耗尽时，往往采取欺骗、盗窃、抢劫、卖淫等手段维持吸毒。多数滥用者通过以贩养吸方式获取毒资，并不断结交新的毒品交友，导致吸毒恶性循环。吸毒人员的异常行为严重影响了农村经济社会发展和人民生活环境。

（三）诱发多种犯罪行为

纽科姆等人在一项纵向研究中证实，药物滥用者与刑事司法系统中的犯罪行为之间密切相关，并认为是早期的毒品问题导致了他们后来的犯罪行为，而成年后的

---

① 董春艳. 云南省昆明市毒品犯罪问题调查报告. 西南政法大学，2011.

毒品问题同样与犯罪行为相关。他们认为这可能与药物导致冲动控制功能和对反社会行为的抑制功能受到损害有关；同时该研究的被试报告称，在成年后通过从事非法活动和犯罪来支持他们吸毒。这一发现与福佩尔的观点不谋而合，他认为成瘾促使吸毒者为了保证对毒品的消费而犯罪，犯罪率是随着毒品消费需求的增长而上升的。史密斯与波尔森伯格的研究进一步发现，被捕时毒品检测呈阳性与个人以前的犯罪记录之间有很强的相关性；在再次被捕的群体中，毒检呈阳性者多于呈阴性者。在未来再犯的问题上，可卡因呈阳性者比呈阴性者再犯的概率更高，而对于那些没有前科的被捕者而言，可卡因呈阳性者未来再犯的概率是呈阴性者的两倍。

1. 扰乱心智，减抑自制

长期以来，学者研究表明，吸毒和犯罪之间的关系是密不可分的。随着毒品的更新换代和毒品类型的进一步多样化，人们因为吸毒所产生的对大脑以及神经系统的影响，以及引起的一系列的减抑制行为所导致的犯罪问题尤为突出。除神经系统对人体起支配调节作用之外，还有各种各样的旁支系统起协助协调作用。而毒品对神经系统以及旁支系统的综合损伤，是产生减抑制机理原理并导致犯罪冲动的主要表现。

从功能受损理论出发，吸毒会损害个体的神经系统，并且影响人的激素分泌能力，从而损害个体对自身冲动性和反社会行为的抑制功能，最终导致犯罪。而漂移理论的观点是：从事犯罪行为为年轻人提供了尝试毒品的背景和机会。[1] 也有学者认为吸毒和犯罪是一种共生的关系。如霍夫等人就认为：吸毒与参与犯罪具有共生性，有许多个体是同时出现吸毒行为和犯罪行为的。进一步的分析还发现，不同类型毒品的使用程度和犯罪发生的频率在某些程度上也具有一定的相关性。例如，重度阿片类药物使用者实施犯罪的频率显著高于中度阿片使用者、非阿片类多药使用者、大麻使用者和酗酒者。这里的多药使用者指的是使用过两种及以上种类毒品的吸毒者。[2] 可见，毒品与犯罪之间的关系错综复杂，且这种关系的强度还会受到其他风险及因素的影响。青少年吸毒行为本身也涉及众多变量，包括年龄、学业状况和社会经济状况、自身的行为与情绪问题、同侪吸毒、社会关系和家庭系统吸毒的存续、休闲方式与无聊感等。

内分泌系统是指身体内可以分泌激素的各种器官和组织的总称，通常每100毫升血液中只有几微克的激素，但调节作用非常显著。内分泌腺分泌一些特殊的化学物质（激素）来实现对人类行为的控制和调节（体液调节）。药物滥用通常导致内

---

① 殷浩. 当前我国吸毒人员暴力犯罪问题研究. 中国人民公安大学，2020.
② 刘佳宁. 药物依赖戒断者心理健康模型建构及运动干预的实证研究. 上海体育学院，2021.

分泌失调，影响激素的分泌和作用。激素的特点：一是血液中的激素含量很低，可逐步产生显著的生理效应；二是具有特异性，激素可选择性作用于靶器官、靶腺或靶细胞；三是体液转运，内分泌腺无导管，分泌激素扩散到血液中，随着血液流向全身，传递各种信息，无限期进行全身转运，但功能细胞不同。激素不构成细胞结构，不提供能量，也不起催化作用。它们只改变靶细胞原有的生理活动，调节靶细胞的代谢，从而影响人的行为。

犯罪行为与个体激素水平有着必然的关系。通过调节体内激素水平，可以更有效地控制和预防人的冲动、躁动和自杀行为，提高治疗效果。此外，还为有效预防社区犯罪提供了生物学、心理学、社会学等综合措施，为维护国家长治久安、构建和谐社会提供了更加科学的指导依据。毒品对下丘脑—垂体—靶腺轴功能的影响，文献报道较多。研究结果显示：吸毒 FSH[1]、LH、T、T4 及 TSH 明显低于健康人。证明毒品对人体下丘脑—垂体—性腺轴及下丘脑—垂体—甲状腺轴均具有损害作用，尤以性腺轴损害为重，同时亦为吸毒者社会责任感丧失，家庭观念淡漠从理论上找到客观依据，认为吸毒者社会道德、家庭责任感丧失的原因可能与 LH、FSH、T 低下有关。[2]

2021 年，山东省东营市公安机关破获一起利用快递走私毒品案件，查获新型毒品 LSD（俗称"邮票"）100 张，LSD 化学名称为 D-麦角酸二乙胺，即麦角二乙酰胺，是一种强效的致幻剂，主要滥用群体是 18 至 25 岁的青少年。

LSD 是在 1938 年由一位瑞士化学家艾伯特·霍夫曼博士于巴塞尔的山德士实验室中第一次合成出来的。霍夫曼博士回忆 1943 年 4 月 16 日那天他意外地透过皮肤吸收了微量的 LSD 情形时，这样描述："当时，我正在实验室里，忽然有了一种异样的感觉。我两手空空，却觉得手指间有什么东西。过了一会儿，不仅眼前的各种颜色发生了变化，连我的情绪也发生变化；闭上眼睛，脑海里顿时出现一片美丽异常的幻影。"3 天后，霍夫曼有意服食了 250 微克 LSD，随后与助手骑自行车回家，骑车途中药性发作，因为服用的剂量过大，他的思维完全紊乱，感到天旋地转仿佛被一面面哈哈镜包围了，周围的景物完全变了形。他还以为自己一直停留在原地，无法动弹，可是在一起的助手却回忆说当时他骑得飞快。回到家中，他觉得自己快疯了，仿佛看到自己的灵魂离开了肉体悬浮在空中，甚至产生了强烈的恐惧感，害怕自己永远变成了一个疯子，幸好第二天一早醒来发现一切正常。

---

① FSH：卵泡刺激素（也叫卵泡生成素）；LH：黄体生成素；T：睾酮；T4：甲状腺素；TSH：促甲状腺素。

② 赵宁侠，郭瑞林，任秦有，周建歧，史恒军，侯颖. 阿片类毒品对人体自由基、内分泌激素及细胞免疫的影响. 中国临床康复，2003（5）.

然而，有的人却没有这么幸运。澳大利亚一少年在家服用 LSD 后呕吐不止，称身体发热脱去衣服，又失常地掩面跪在地上。过了一段时间，他忽然大声呼叫着冲向阳台，爬出栏杆。他的妈妈和妹妹竭力阻止但最终并没有成功。这个年仅 15 岁的少年从三楼阳台坠下，头部着地，当场死亡。①

不同滥用 LSD 的人会经历各种各样的致幻经历，特别是在剂量加大之后，会出现持久性认知障碍，如看到物体周围有光晕、移动的物体后面有轨迹，无法辨别颜色。在精神影响方面会出现极度的恐惧、焦虑，一些服用者还会出现严重的暴力倾向，给自己和周围的人带来攻击性伤害，严重的会产生轻生念头，甚至曾有人服食后严重致幻而跳楼自杀。除了能造成严重的精神错乱外，它还能给肉体带来痛苦，在神经系统的症状主要表现为运动失调、步履蹒跚、抽搐，用量过大还会导致全身瘫痪。在心血管和消化系统的症状主要表现为心动过速、恶心、头晕、血管扩张、震颤、手掌出冷汗，有时还会有战栗。过量摄入这种毒品能够使人产生难以控制的暴力、惊人的骚动，甚至会诱发自杀和杀人，对于曾经有精神和神经疾病的人来说，还会加重他们的病情，使他们不得不承受更大痛苦。因此，LSD 在世界各国都普遍被认为是一种危害极大的毒品而加以严厉查禁。②

2. 责任缺失，滋生犯罪

在强烈的毒瘾驱使下，吸毒人员通常将事业、责任、道德完全抛之脑后，为了获得更多、更好、更便宜的毒品不择手段不顾廉耻，泯灭人性地做出许多令常人不可思议的伤天害理之事来。从现实生活中存在的大量案例来看，因吸毒而诱发犯罪的情况是普遍存在的，吸毒与犯罪之间有着一种难以割裂的因果关系。据调查分析，2000 年以来云南省刑事案件猛增，根源主要是吸毒人员犯罪案猛增。戒毒所收治的吸毒人员中，80% 以上有过各种违法犯罪行为，③ 以至在该地区出现一种周期性现象：戒毒所收戒一批吸毒人员，刑事犯罪案件就猛降。如放出一批吸毒人员，刑事案件又猛升。因此有人把毒品与犯罪并称为地狱里的孪生兄弟。

吸毒人群中有 70% 左右有过各种形式的违法犯罪，包括诈骗、盗窃、抢劫、卖淫等。在吸毒人员中，90% 的女性有卖淫行为，男性 70% 以上有坑、蒙、拐、骗、抢等违法行为。④ 与吸毒有关的违法犯罪活动十分常见，因为吸食毒品花费巨大，且戒断难度大、复吸比例较高。一旦沾染毒品，即如同踏上一条"不归路"，一些

① 【防范新型毒品对青少年危害】第 11 期 LSD 之幻．[2021-07-03]．http：//nw.trs.gov.cn/ztzl/gzjd/202107/t20210720_69058613.html.

② 科普 | LSD 的前世今生．[2021-12-29]．http：//gat.sc.gov.cn/scgat/c108966/2021/12/29/11c8151c791e4cf3b902bcb2f8c1bffe.shtml.

③ 阮惠风．新型合成毒品滥用实证调查与治理对策．上海社会科学院出版社，2016：136.

④ 钟其．社会转型中的青少年犯罪问题研究．浙江工商大学出版社，2014：89.

吸毒人员因此倾家荡产、家庭破裂，也有一些吸毒人员为获取购毒资金不惜以身试法、铤而走险。近年来，无收入来源的吸毒人员为获取毒资，实施抢劫、盗窃等侵财性犯罪的案件呈上升趋势。李某系吸毒人员，其为筹集毒资及生活费用，与他人共谋以色诱的方式实施抢劫，并利用女性未成年人实施犯罪，最终受到法律的严惩。未成年人杨某系农村外出务工人员，认识李某后受到李某的诱惑、哄骗开始吸毒，又在李某的指使下参与抢劫，走上违法犯罪道路。

药物会刺激中枢神经系统，产生心瘾，使吸毒者往往有强烈的吸毒欲望，驱使他们想方设法吸毒。因此，吸毒者可能会刺激和诱发一些不正常的行为，如自残、侵犯公私财产、寻衅滋事、伤害他人、盗窃、抢劫等。结果表明，云南农村吸毒人员中自杀率为 2.4%，自残行为占 5.9%，伤害他人占 6.0%，毁坏财产占 10.6%，性滥交占 11.3%。因此，吸毒人员行为异常所造成的农村社区治安破坏风险突出。如一些吸毒成瘾又搞不到毒品的人在"白色魔鬼"的驱使下，用切手指、砍胳膊、烟头烫等自残方式来缓解毒瘾。据联合国禁毒署统计，全世界每年因吸食毒品而死亡的人数高达 20 万人，因此而丧失劳动能力的每年约 1000 万人。由于吸毒过量、自杀自残、参与犯罪、死于并发症等诸多原因，吸毒者的平均年龄为 36 岁，一般寿命不超过 40 岁，其中吸食海洛因者的死亡率高出一般人群 15 倍。[①]

毒品引发的盗窃、抢劫、诈骗等恶性犯罪大量增加，严重危害社会秩序。在一些地区，贩毒、恐怖、黑社会三位一体，严重威胁社会稳定。因此，青少年吸毒不仅破坏了吸毒者的生命，而且对一个有序、和平、正常的社会构成了挑战。因服用合成毒品引发的自残、暴力杀人、劫持人质、交通事故案件不断增多，严重危害社会治安。毒品的巨大消费刺激了我国毒品犯罪的不断发生。贩毒、运输毒品已成为我国毒品犯罪的主要形式。吸毒与贩毒是一对连体怪胎，相互依赖，助长恶性循环。此外，抢劫、盗窃等侵犯财产犯罪和贩卖、运输毒品等毒品犯罪是未成年人犯罪的高发区。其中，财产犯罪最为突出。在一些地方，60%～80% 的抢劫、盗窃案件是涉毒人员所为；80% 的吸毒人员从事卖淫活动；吸毒引发的暴力袭击和劫持人质事件也时有发生。[②]

3. 衍生"毒驾"问题，危害交通安全

"毒驾"是近些年出现的社会犯罪现象，和"酒驾"一样，都是高度危险性驾驶行为，但从其造成的交通事故的严重程度来看，"毒驾"的社会危害性要远远高于"酒驾"。自 2001 年国内开始出现毒驾行为，在 2005 年之前数量还很少，真正开始大量出现且引发多起交通事故是从 2006 年开始，由吸毒驾驶行为引起的交通事故

① 周振想. 当前中国青少年吸毒问题研究. 中国青年政治学院学报, 2000 (1).
② 陈云东. 毒品、艾滋病问题的法律与政策研究. 云南大学出版社, 2010: 27.

逐年增加。例如，从 2012 年 3 月到 5 月，全国就发现有 692 名客运司机以及 744 名货运司机吸毒，数据惊人，相对酒驾所引发的交通事故有过之而无不及。关于"毒驾"人员的具体数量，官方没有发布确切的数据，公安部只是在 2016 年 3 月 24 日发布了"毒驾"十大典型案例来说明"毒驾"的危害性，但是我们可以从官方公布的机动车保有量、吸毒人数以及拥有合法驾驶资格的吸毒者数量中，大概推断出我国吸毒驾驶主体数量非常庞大。公安部交通管理局消息，截止到 2023 年 6 月，全国机动车保有量达 4.26 亿辆，驾驶人达 5.13 亿人。伴随着经济压力、家庭压力、工作压力等的骤升，一些人通过吸食毒品来缓解压力，截至 2022 年年底，中国现有吸毒人员 112.4 万名，而在册吸毒者中拥有驾照的截至 2013 年 6 月底也已达到 63.4 万人，没有登记在册的隐形吸毒人员中，拥有驾照的数量也相当巨大。再者，吸毒人员低龄化、多元化趋势明显，吸毒群体逐渐向未成年、企业事业职工、自由职业者、演艺界人士甚至公务人员等人群扩散，而这些群体中，拥有车辆或者即将拥有车辆的占绝大比例。导致"毒驾"造成的恶性交通事故数量呈上涨之势。据统计，2010 年 1~6 月，全国的报道就已接近 40 起；2011 年见诸公开报道的毒驾事例达250 多件。以上的数据仅是媒体公开报道的数据，现实生活中的"毒驾"所引发的交通事故数量远不止如此。英国司法部公布的数据显示，毒驾起诉的案件数量从2015 年的 1465 起飙升至 2020 年的 13732 起。

随着国家对毒品交易行为的严厉打击，毒品交易场所发生变化，由原来的歌舞厅、宾馆等固定场所向流动场所转变，由于汽车具有隐蔽性、流动性，因而成为优选的交易场所，此时吸毒驾驶者便为毒品交易提供了场所，便利了毒品交易行为，严重破坏了我国对毒品的管制秩序，同时也在一定程度上增加了吸毒驾驶机动车的概率。

《2013 年国际麻醉品管制局报告》指出，吸毒影响感觉、注意力、认知、协调和反应时间，以及危及安全驾驶的其他神经功能。研究发现，习惯性使用大麻导致车祸风险增加 9.5 倍，可卡因和苯二氮卓类使风险增加 2~10 倍，使用苯丙胺或多种毒品使风险增加 5~30 倍，酗酒加吸毒导致驾驶过程中受重伤或死亡的风险增加20~200 倍。[①] 毒品会破坏人的神经中枢功能，从而使中枢神经处于极度亢奋状态，在此状态下人的大脑会进入一种真空状态，进而会导致意识模糊或者失去意识，这时，很容易产生时空感、距离感、恍惚、幻觉、兴奋、妄想、昏昏欲睡、迷失方向等失控情况。在这种状态下，人们的控制能力和识别能力急剧下降甚至丧失。此时，在公共道路上驾驶机动车，极易引发恶性交通事故，造成严重后果。在实践中，

---

① 王瑞乾. 论"毒驾"入刑. 河南大学, 2019.

"毒驾"引发的恶性交通事故也屡见不鲜，"毒驾"造成的恶性后果令人不寒而栗。

研究表明，酒后驾车反应能力要比正常时慢 12%，而毒驾情况下这项能力比正常时慢 21%。在驾驶中，遇到险情时，反应速度变慢，刹车距离变长，从而发生事故的概率变高。毒驾具有潜在的安全隐患，一旦引发事故，势必会造成严重后果。根据裁判文书网收集的 226 起案例，造成人员死亡的案件高达 186 起，在民事案件中，有 146 起毒驾造成毒驾驾驶员自身死亡的交通事故责任纠纷案件，其余 40 起案件也造成了不同程度的人员受伤、车辆受损情况。① 考虑到犯罪暗数的因素，收集到的案例大部分是发生事故后才发现，因此毒驾实际数量更多、隐患更大。从犯罪类型上看，从裁判文书网收集的 124 例刑事案件中，共有交通肇事罪 92 起，以危险方法危害公共安全罪 13 起，这两项罪名也是最常见的毒驾引发的刑事犯罪，另外有 4 起贩卖毒品罪、3 起非法持有毒品罪、3 起危险驾驶罪、寻衅滋事罪和妨害公务罪各 1 起。其中 3 起危险驾驶罪是因驾驶人毒驾同时醉驾而定罪，贩卖毒品罪和非法持有毒品罪是毒驾行为的衍生原因，而毒驾造成的最主要、最严重的后果是交通肇事罪和以危险方法危害公共安全罪两项罪名，2012 年 4 月 22 日，大巴司机王某吸食冰毒后驾驶旅游运营大巴在高速公路上行驶时产生幻觉，穿过中心护栏与对面正常行驶的车辆相撞，造成 14 死 19 伤的惨烈事故，王某被判为交通肇事罪，有期徒刑 7 年；2013 年 6 月 23 日，四川省眉山市青神县一名男子戚某连续三天打网络游戏期间多次吸食冰毒提神，当晚驾驶机动车上路行驶，不久后产生幻觉，先后与四辆摩托车相撞，造成二人死亡，一人重伤，两人轻伤的严重后果，戚某因以危险方法危害公共安全罪被判处无期徒刑。以上两例便是这两类犯罪的典型案例。从犯罪数量上看，毒驾引发犯罪主要以交通肇事罪为主，情形十分恶劣的会被判处以危险方法危害公共安全罪。当前，毒驾的肇事肇祸案件呈愈演愈烈之势，其危害后果严重威胁了公民的人身财产安全，如不加以规制和防控，可能会引发更多的严重案件和惨剧，甚至威胁到社会和谐安定和经济发展。

2011 年 9 月 26 日下午，杨某吸食毒品后，驾驶车牌照号为"川 A-J××××"的别克轿车，从成都市文殊院送公司客户去双流机场，后又驾车沿机场高速返回成都市区。

当天下午 3 点左右，杨某驾车行驶至高新区永丰路与一环路交叉路口时，违反交通规则在非机动车道内右转弯并冲上人行道，冲撞到一名 77 岁的老人后将其卷入车底。其后杨某并没有停车，而是继续驾车冲撞设立在人行道上的广告牌，将一名 48 岁的女士擦伤。随后，杨某驾车驶入人行道，又在非机动车道内连续冲撞，一名

---

① 赵云龙. 我国毒驾防控研究. 中国人民公安大学，2018.

骑自行车正常通行的 23 岁女大学生以及一名骑三轮车的 26 岁个体商贩都被撞飞，在公交站台等车的一名老人也被别克车冲撞。

一系列的连续冲撞并没有让杨某停车，被卷入车底的 77 岁老人仍然被别克车拖拽着。随后，杨某驾车越过一环路中心黄色实线，冲撞机动车道与非机动车道之间的金属护栏，后驶上路对面的人行道。冲撞过程中，肇事车连越 10 条道，直至不能动弹。别克车被撞停后，路人纷纷报警求助，杨某被赶来的警察现场抓获。

此时，被拖拽了 50 米远的 77 岁老人，已失去了生命体征。而被冲撞的其他四人均得到及时救治，无生命危险。

肇事的别克车司机杨某今年 31 岁，在肇事前的 2010 年 4 月至 12 月期间，已有 8 次驾车违反交通法规的行为，除此之外，杨某还有长达 4 年的吸毒史，而且案发当天他竟然还吸食了毒品，案发时杨某为一家公司的专职司机。据杨某自己供述，他曾是足球运动员，2006 年染上了毒品。

2011 年 9 月 27 日，杨某辩称，"头天有点感冒，昨天去机场接人的时候，上午 8 点左右吃了感冒药。"杨某回忆说，"过红绿灯的时候，我看了路码表，时速是 10 多公里。一瞬间转弯的时候，好像自己就没意识了，就睡着了。等我清醒过后，事情已经发生了。"

但根据检方提供的材料显示，案发当天杨某先后两次吸食毒品 K 粉，驾驶公司别克车去机场送客户。回来路上曾感到头发晕，但并没停车，随后发生惨剧。经过查询杨某的交通违法记录，发现在案发前不到 10 个月里，他连续 8 次交通违法，违法类型也有 6 种。

"我知道吸毒对身体健康有害，会造成精神恍惚，但我并不是故意要撞人，出事的经过记不太清楚了……我对不起被害人和家属。"杨某在事后表示。

四川省成都市高新区检察院在四川省首次以"以危险方法危害公共安全罪"对吸毒驾驶员杨某提起公诉。9 月 8 日，高新区法院以"以危险方法危害公共安全罪"一审判处杨某有期徒刑十二年零六个月。①

4. 铤而走险，制毒谋利

犯罪风险与金钱收益成正比。毒品犯罪交易风险极大，但它所带来的收益可高达几十倍。例如海洛因从缅甸进货经层层转手到达内地时价格可涨至 60 倍。制毒犯罪的兴盛带动了源头制毒化学品犯罪的繁荣，近几年中央到地方对制毒犯罪的扼制，采取了不同的措施，加大了对易制毒化学品的管控力度，各部门对化工企业的管理和对化学品的流转使用的核查程序日益严格。截至 2023 年，我国已列管易制毒化学

---

① 司机毒驾横穿闹市致 1 死 4 伤 专家：毒驾入刑可防范于未然．检察日报，2012-9-27．

品达 38 种，超过联合国管制品种 14 种，毒贩们原料获取日益艰难，制毒犯罪也举步维艰，为套取最大利润，以制毒活动为中心开展的周边各类辅助性工作也在逐渐职业化，同时受到众多制毒团伙的青睐，二者相勾结达到提高生产效率与获取更大利润的"双赢"局面。这一特征表现出犯罪团伙逐步专业化。提供的地下服务范围广而全。知晓如何规避法律采购化学品、制毒设备；服务环节包括安装与维修设备、生产技术指导等一系列措施确保制毒活动的开展。职业团伙实时关注政策变化，不断为"客户"修改和制定新的制毒配方。当某一个化学品被列管后，他们不断向前寻找前体进行合成并帮助配置相应的原料。

2017 年 6 月，内蒙古自治区公安厅侦办了赤峰"3·22"特大制毒物品案，缴获羟亚胺 1098 公斤，其他制毒原料 26 吨，团伙组织严密、分工细致，包括了幕后组织策划、出资合作、设备安装、生产技术等人员。正是这些职业团伙的存在为制毒行为提供了强大的助推力，让毒品犯罪变得更加隐秘。

对 J 市戒毒所调研中发现，有 58 人有过利用毒品谋利的行为或想法，占总人数的 26.606%（见表 5-6）。

表 5-6　吸毒后有无利用毒品谋利的想法或行为

变量	频数	百分比	累计百分比
吸毒后有利用毒品谋利的想法或行为	58	26.606	26.606%
吸毒后无利用毒品谋利的想法或行为	160	73.394	100%

（四）引起不良的社会风气

1. 毒圈亚文化

吸毒人群是社会发展中的特殊群体，有着其特殊的亚文化，包括犯罪亚文化甚至涉毒犯罪亚文化。在吸毒人群犯罪亚文化之下，吸毒人群内部有着共同的涉毒犯罪文化、习俗和价值观，有着共同而确定的目标与期望，个体只有遵从群体的特有涉毒犯罪文化、价值追求，才能在群体发展中获得群体中其他成员的认可。这导致吸毒人员在与其他吸毒人员交往时，会自觉或不自觉地做出适应群体的行为，否则就被排除在群体之外，不为群体所接纳。

此外，犯罪社会学表明：个体会通过亲自实施或观察其他成员的犯罪行为而获得实施犯罪行为的方法与模式；个体是否实施犯罪，与社会环境息息相关，在社会环境中的厌恶型鼓动者、诱因型鼓动者、示范型鼓动者、指示型鼓动者、妄想型鼓动者的鼓动下，个体会选择实施犯罪行为。依据此理论来分析，吸毒人员在日常的生活中，往往会学习或模仿周围环境中吸毒人员所特有的行为，例如学习其他吸毒人员通过贩卖毒品来获取毒资的行为，通过容留他人吸毒而换取他人给予一定毒品从而供自己使用的行为。在学习他人涉毒犯罪的行为模式后，一旦吸毒人员毒瘾发作或缺少毒资，就会通过实施学习而来的行为满足自身需求，涉毒犯罪便从中产生。

由于毒品亚文化的扩散，一些意志力薄弱人员禁不住巨额利润的诱惑怀抱侥幸心理，利用亲人或朋友的关系参与其中。一部分人以本身的合法职业为掩护背地里开展制贩毒活动，这其中有科研人员、公务员、饭店老板、输运司机甚至禁毒部门执法人员，利用自身优势为制毒活动提供便利获取非法收益。

2. 公职人员涉毒

在毒品的侵蚀下，边疆农村基层政权开始受到冲击，存在被削弱的风险。一些基层干部也染上了毒瘾，起到很坏的示范作用。基层政权的行政执行力大大削弱。一些基层干部甚至对周围群众及其亲属的吸毒贩毒行为充耳不闻。有些人甚至秘密藏匿举报信息，参与吸毒和零星贩毒活动。基层党员干部掌握着农村基层政权。一旦染上毒瘾或参与贩毒，就会造成基层政权异化的风险，基层社会管理将被边缘化，在当地形成一股恶势力，严重破坏社会风气。2021 年 2 月至 3 月，邵东市某镇综合行政执法大队工作人员宁某先后 3 次容留他人在家中共同吸食毒品麻古和冰毒。2021 年 5 月，宁某因犯容留他人吸毒罪，被判处有期徒刑六个月，并处罚金。2021 年 9 月，宁某受到开除公职处分。2020 年 7 月至 9 月，邵阳市强制隔离戒毒所一级警长陈某军在市强制隔离戒毒所工作期间，先后 2 次贩卖毒品麻古和冰毒，获利 2166 元。2021 年 5 月，陈某军因犯贩卖毒品罪，被判处有期徒刑三年二个月，并处罚金。2021 年 8 月，陈某军受到开除党籍、开除公职处分。

四、毒品滥用对国家安全的威胁

（一）影响交流与合作，抹黑形象与声誉

毒品是全球性的灾难，也是全人类共同的敌人。长期以来，我国遭受着周边地区国家毒品的不断侵害。《2022 世界毒品报告》显示，全球每年约有 3 亿人吸毒，近 3600 万人患有吸毒障碍，近 20 万人直接死于毒品滥用。随着经济全球化和社会信息化加快发展，世界范围毒品问题泛滥蔓延，特别是周边毒源地和国际贩毒集团对中国毒品渗透不断加剧，成为中国近年来毒品犯罪面临的外部威胁。为此，在打击和治理涉毒犯罪中，我国围绕总体外交格局，认真履行国际禁毒公约和多边禁毒

协议，不断拓展国际合作领域，不断加强与有关国家、国际组织的合作，一方面为国际禁毒事业做出了积极的贡献，另一方面也从毒品来源上对涉毒犯罪进行了打击和治理，为进一步治理吸毒人员涉毒犯罪问题奠定了基础。在我国，已基本形成各部门各负其责、共同参与的合作机制，各部门相互沟通、执法合作、司法协作、经验交流、人员培训，为我国在打击治理国内吸毒人员涉毒犯罪，挽救吸毒人员等工作提供了国际经验和国际援助，提高了吸毒人员涉毒犯罪的治理效果。具体来说，主要取得了以下五个方面的成绩：第一，双边、多边禁毒合作机制日臻完善，合作领域不断拓宽，国际禁毒影响力明显提升；第二，禁毒情报交流与执法合作持续深化，跨国、跨区域执法合作能力明显提高，打击跨国涉毒犯罪取得重大突破；第三，应对国际涉毒犯罪中新问题、新挑战的能力、水平持续提升；第四，积极开展禁毒执法培训和技术设备交流，帮助有关国家提高禁毒工作能力；第五，深入推进境外罂粟替代种植与发展工作，"金三角"地区毒品对我国危害进一步减轻。

中国先后与 30 余个国家和国家联盟签订 50 份政府间、部门间禁毒合作文件，与 13 个国家建立年度会晤机制，加入上合组织等 5 个多边禁毒合作机制，与接壤国家建立 13 个边境禁毒联络官办公室，与数十个国家保持常态化沟通协调、开展涉毒情报线索交流和办案合作、分享毒品治理经验做法、进行技术交流，不断深化与各国禁毒领域全方位的信任合作。特别是在执法领域，积极推动建立湄公河流域"平安航道"、中澳"火焰"、中柬、中越联合扫毒行动等缉毒执法合作品牌，近年来联合破获跨国跨境毒品大案 800 余起，有力维护社会安全稳定。

中国与柬埔寨、老挝、缅甸、泰国、越南和联合国毒品和犯罪问题办公室共同建立和完善了大湄公河次区域禁毒合作谅解备忘录（MOU）机制，经过 30 年发展，该机制已经成为本地区最重要的多边禁毒合作机制。中国作为机制发起方、签约方和最大捐资方，积极引领推动开展禁毒领域项目活动，强化区域各国伙伴关系，在遏制"金三角"地区毒品蔓延、提升区域国家毒品治理能力、有效维护地区安全方面发挥了重要作用。

（二）霸权主义强权政治，借助毒品抬头起势

从目前已查处的毒品走私进境案件来看，世界几大毒品产地对我国的威胁依然存在，而一些对软性毒品管制较松的国家和地区向我国走私毒品的案件数量不断增多。西南境外的缅北地区是目前对我国危害最大的毒源地，西北境外的阿富汗，也是我国海洛因的主要来源地。据悉，每年约有 65 吨海洛因、超过 50 吨的缅北冰毒片剂由陆路经云南、广西，海陆经广东，空路和邮路经国内多个大中城市向我国渗透。与此同时，非洲地区的毒品流入不断增加。我国海关缉私部门查处多起利用国

际邮件从尼日利亚、埃塞俄比亚等非洲国家邮寄大麻、恰特草等毒品进境的案件。其中，有一部分走私恰特草入境的案件是邮件在我国中转时被查获的，我国尚未出现恰特草滥用的情况，但毒品过境中转就不可避免地会带来过境消费的可能。在我国东南沿海地区，海关缉私部门也查处了多起利用国际邮件走私冰毒、氯胺酮等新型毒品进境的案件。此外，美国、加拿大、荷兰等国家由于大麻管制政策的调整，从这些国家走私大麻入境的案件也不断增多。可见，境外毒品向我国渗透的形势依然十分严峻。①

同时，大量毒品流出国外严重影响我国的国际形象。从目前的案件查处情况来看，贩毒人员利用国际邮件走私毒品出境案件也不断增多。出境的涉毒邮件主要寄往韩国、澳大利亚、新西兰以及东南亚地区的国家。严峻的毒品走私形势已严重影响到了我国的国际形象。

---

① 樊新民．我国毒品社会问题新趋势与应对思路．广东社会科学，2015（2）.

第六章
青少年毒品预防

一、以心理健康为导向，聚焦人格培养

（一）培养正向人格，击败挫折心理

一些青少年即使对毒品危害有所知晓，但他们在遭遇困难和挫折，以及内心空虚、寂寞的时候仍然想通过吸毒来实现心理愉悦，进而获得精神支持，暂时脱离内心低谷。这即是他们被挫折心理主导了行动，通过消极的行为选择，以一种逃避的心理来降低挫折对自己的影响，通过毒品逃离客观发生的挫折，在毒品的幻觉中寻求安慰和快乐。因此，注重培养青少年的正向人格、击败挫折心理是一种从根源上遏制他们吸毒的方法。同时，在建设青少年心理健康方面，对吸毒青少年进行有针对性的重返社会心智化能力提升也是一个重要举措。

1. 针对不同心理缺陷，健全正常人格

在青少年吸毒人群中，许多青少年都是受朋友或者毒贩等诱导吸毒，根本原因仍是他们不具有独立的判断辨别能力。心理有缺陷的青少年群体更易受到特定事物的影响，表现出过于偏执和情绪化的心理特征。因此，为了有效预防吸毒，青少年首先要树立自己独立的判断意识，进而形成独立人格，有效抵御他人的诱惑，这是形成健康心理的基础，也才能使禁毒教育达到更深层次、更牢固的效果。一般来说，具有心理缺陷的吸毒青少年人格主要分为孤独型人格、变态型人格与依赖型人格三类。因此，注重对这三类人格障碍青少年的心理疏导与教育，能够最大程度减少青少年因人格障碍而选择吸毒的现象发生。

（1）孤独型人格。一位从事模特兼职的大学生在访谈中提到："我没什么朋友，大家拍完片子就散，我不知道他们谁是谁，说实话，很孤独"以及"我想他也不会害我，跟对象相处久了就碰了，后来觉得还是因为孤独，压力大"，这是她吸毒的原因。这名吸毒人员的心理实际上就是一种偏向于孤独的人格，但还没有达到孤独

型人格障碍的程度。在这种孤独的心理下，吸毒人员更容易信任身边所谓的"朋友"，在一种缺乏生活乐趣和激情的情况下出于排解内心的空虚而去吸毒。而具有典型孤独型人格的人群则会将这种内心的空虚和绝望发挥到极致，致使自己沉迷毒品无法自拔。青少年正处于一种个体自我意识不断增强的阶段，并且他们的自我意识逐渐从矛盾和分化走向成熟和统一。① 因此在这一时期，青少年个体之间的思维碰撞和摩擦就会相对较多。而由于观念与观点的不同，加之自身情感防御机制的不成熟，青少年更易感受孤独和困惑，若没有合理的梳理和引导，则会趋向于孤独型人格的形成。若外界出现消极引导，出现"朋友"、毒贩等不良因素的诱导，那么这些具有孤独型人格障碍的青少年则会踏上吸毒之路，用毒品麻痹孤独的神经，获得虚幻的快乐。在心理孤独与自我表露的相关研究中，过多或过少的自我表露都会导致消极的内心孤独状态，而当自我表露呈现平衡状态时，心理状态才会较为积极。因此，要建立健全孤独型青少年的人格，关键在于提升其自我表露能力并达到合适、平衡状态。自我表露是一种能够体现青少年在人际沟通方面能力健康程度的人格特征。当青少年的自我表露过少时，青少年难以与外界建立健康、有效、持久的人际关系，会导致其社交网络的薄弱，进而感受到虚无的孤独感。而青少年自我表露过多时，他们发出的这种需要被应答的信息很有可能被外界忽视，他们透露信息内容的意愿无法得到回应，同样也会产生"人群中"的孤独感。因此，青少年需要被引导了解必要的自我表露和合理的信息交流、分享，丰富自我感知，从人际关系的建设中感受互动的乐趣，从而降低因孤独人格而选择通过吸毒逃避现实的可能性。

（2）变态型人格。病态人格指偏离正常的或不正常的人格，这一词由 Krae Pelin 首先应用，又称为精神病态，或人格障碍。这类患者具有一组在发展和结构上明显偏离正常的人格，以致不能适应正常的社会生活，进而形成一种社会排斥性。事实上，多数"瘾君子"常常具有一种"海洛因人格"，并会随时被这种反社会性的人格支配心理和行为。其突出表现是缺乏道德情感，没有内疚感、廉耻心，进行违法犯罪活动时并无羞耻心，并且没有同情心、怜悯情感，对他人的痛苦和悲伤情绪漠不关心。其实这类人格也是病态人格障碍的一种，这类人群的所有行为受原始欲望和毒品的支配，脾气暴躁，挫折容忍度偏低，内心阴暗，不真诚，不坦率，缺乏责任心和义务感，常有违反社会规范的行为。最可怕的是，这类"瘾君子"的反社会性"海洛因人格"会将这类吸毒人员置于毒瘾的控制下，摒弃社会道德与法律，做出包括坑、蒙、拐、骗、淫、盗、抢、杀等的极端行为。② 这类人群有着反复无常的心理变化，更容易形成暴怒和攻击，并呈现不可预测与完全不顾后果的特

---

① 朱朝光．大学生自我表露与人格特征、孤独、心理健康的相关性．心理月刊，2020（6）．
② 张洪成．毒品犯罪刑事政策之反思与修正．中国政法大学出版社，2017：169．

征。因此，青少年具有这种偏执的病态心理人格不仅不利于个人的发展，更对社会治安有着较大的隐患。在这种变态型人格障碍下，青少年会出现认知障碍，进而影响行为控制，导致行为的不协调和反常，常常出现偏执、情绪化等特征。吸毒会损害青少年的认知系统，进一步破坏正常心理思维对青少年行为的控制力，导致毒瘾的根深蒂固和反复。因此，如何提高这类青少年自我行为的控制能力是解决其心理变态人格障碍的关键。当这类青少年产生偏执等反常情绪时，应从尊重其个体特性出发，引导他们思考自身行为的原因和后果，进一步强调吸毒对于这类病态心理的恶性循环作用，降低这类青少年冲动、偏执吸毒的渴求度。同时，为避免情绪失控而带来的吸毒等违法犯罪行为，对这类青少年进行系统、具有震慑性的法律法规科普教育也极为重要。在法律法规的威慑下，具有这类人格障碍的青少年能够更好地改善自身行为、迈入生活正轨。

（3）依赖型人格。具有这类人格障碍的青少年常常将情感全部寄托于外界某一个人或事物，并且盲目相信、遵从其安排和推荐，将自己的生活置于他人的情感态度下，极易因他人诱骗而走上吸毒之路。要解决具有这类人格障碍的青少年盲目听信他人而吸毒的问题，首要的一点即是建立和提高其自身具有自主性的选择、辨识机能，摆脱依赖心理，学会自我思考、自我判断，能够做到不轻易听信他人。这种能力实际上是建立在完整、客观的世界价值认知和生活经验基础上的，要注重培养这类青少年独立、自主的生活能力，从实践中深刻自我认知，提升整体的辨识能力，使这些青少年能够摆脱他人思维，独立思考，具有自我判断的能力。在此基础上，依赖型人格的青少年还需要转变心态，不再以过去的依赖态度对待自己的生活，进一步摆脱他人的控制。在教育中可以侧重对比过去依赖生活与拥有独立技能生活的心理状态差异来进一步强化此类青少年对于依赖性人格障碍的理解。在建立健全正常人格的基础上，明晰这类青少年对于包括毒品在内的其他事物的认知，能够最大限度地减少其因依赖型人格而被诱骗吸毒的发生。

2. 针对抗逆能力低下，构建积极人格

在健全健康人格的基础上，进一步提升青少年的抗逆能力、建设积极心理更有助于预防青少年因挫败颓废而选择吸毒麻痹自我。这种吸毒情况的发生常常是由于青少年虽然具有健康健全的人格，但抗逆能力低下，因外界客观挫折的发生而产生失败与落差感，无法调节自己的内心，便希望通过其他手段麻痹精神、逃避现实。在这种外界挫败发生而对现实不满的压抑情绪状态下，青少年由于心灵、精神、价值观等方面仍然尚未成熟，对未来的生活感到十分迷茫，以至于精神颓废、一蹶不振。这些青少年为了弥补心灵的空虚、排解内心的消极压抑，便会去寻找刺激，来忘却现实生活的不满和烦恼。毒品可以麻痹神经、使人产生幻觉，可以在短暂时间内给人以强烈刺激，并且合成毒品价格低廉、容易获得，这也成为这些青少年"迈向快乐"的最直接选择。当青少年从吸食毒品中清醒过来后，便会对现实生活和吸食毒品的幻觉形成巨大的落差，内心更加脆弱，对不如意的现实无法接受，继而转身继续吸毒，对现实生活的不满也会加剧内心的扭曲，认为只有毒品才能使自己从不如意的现实中解脱出来。这样一来，也就形成了恶性循环。究其根本原因，是这类青少年抗逆能力弱，无法自我调节挫败感、直面失败和困难，缺乏积极心理健康能力，因而在吸毒带来的虚幻感和现实之间游离不定，选择用毒品来维持自我的"快乐"。

积极心理学观点认为，具有乐观、毅力、诚实、真诚、勤奋、专注力、勇气等特质的积极人格是任何事情成功的基本要素。而这些特质也正是抗逆能力的构成部分，能够帮助个体提高自身的抗逆性，降低挫折的消极影响，甚至主动地将其转化为能够促进自身进一步发展的正面积极动力。积极人格的培养可分为三大阶段：由积极认知到积极体验，再到积极适应。① 积极认知即是人们在面对令人沮丧的事件时所保持的正向思维、乐观的态度，也是逆商的体现。逆商理论创始人保罗·史托兹博士提出了逆商是由"C""O""R""E"四个维度——Control（掌控感）、Ownership（担当力）、Reach（影响度）、Endurance（持续性）所组成的。实际上，逆商也就是个体面对挫折能够如何掌控局势、影响结果的估量值。青少年应当不断被引导进行能够提升自我逆商的活动，建设积极心理。通过选择等待、分解目标难度、寻找挫折原因和疏导情绪等方式，让青少年建设一个强大的内心，拥有面对和战胜挫折的自信力，不再一味逃避现实。积极体验即是通过实践感受进一步深刻积极认知，从具体的事件中找到积极思维带来的幸福和愉悦。在这一过程中，应更注重对青少年情感的激发和引导，使青少年能够意识到自己积极行为的意义所在和影响，将积极认知落到实处。同时，注重增加青少年的沟通能力、增进学习正向的情感更有助于积极人格的建构。积极适应即是青少年在实际生活中运用积极人格的能力，适应这种心理及其影响。美国心理学家 Martin E. P. Seligman 提出了"positive health"——积极健康的概念，认为这是个体在生理上（biological）、主观上（subjective）、机能上（functional）都能表现出的极佳状态。据此看来，青少年如果缺乏心理主观上的积极健康，则会导致整体机能的低下，那么采用吸毒的方式麻痹内心的可能性也就更大。同时，Martin E. P. Seligman 还在 1967 年研究动物时提出了"习得性无助"的概念，发现人也会存在这种现象，即有机体经历了某种学习后，在情感、认知和行为上表现出特殊的消极心理状态。在历经某种消极事件后，个人会形成自我无能的

---

① 祁萌，卞小华. 积极心理学视角下的当代大学生积极人格培养机制研究——以舍己救人英雄孟瑞鹏烈士为例. 华北水利水电学院学报（社科版），2018（3）.

意识，最终导致他们努力避免失败。他们只完成简易而不费力气的任务，在更大的困难到来前已经选择放弃，将自己定义为失败，这实际上也是积极健康匮乏的体现。个体在受挫后形成心理阴影，对乐观对待事物和主动破解困难产生抗拒心理。而这种心理不断加深则会产生更加严重的心理挫败感，导致更消极的行为（如吸毒等）发生。因此，青少年需要被引导心存感激、感受乐趣、多多行善，形成逆境自持的心理护盾，构建积极人格。这样一来，青少年提高了抗逆能力，就能够减少因沉浸在挫败感里选择吸毒逃避生活的现象发生，能够更好地跨越困难、积极生活。

3. 针对成瘾心智降低，强化情感识别

20 世纪 90 年代早期，心智化（mentalization 或 mentalizing）的概念首次出现，它由英国心理分析学家 Peter Fonagy 和他的研究小组成员——英国精神分析学家的 Mary Target 和匈牙利发展心理学家 Georgy Gergely 提出。它是基于 John Bowlby 的依恋理论，以及神经生物学、认知心理学、发展心理学和特定的精神分析理论等许多理论基础之上发展而来，它是指个体基于有意的心理状态（如需要、愿望、感觉、信念、情绪、目标、意图和动机），内隐和外显地解释自己和他人行为意义的心理过程。[①] 心智化的内容包括心理理论、述情障碍、共情、洞察、情绪智力等，且 Fonagy 的心智化理论涉及的远不止心智理论的认知部分。它还包括自我意识的形成与发展，以及内在情感的状态表达。

相关研究和临床实践表明，药物成瘾者、吸毒者的心智化能力会遭到药物滥用的损害，而心智化的丧失又会反作用促进药物滥用，进而形成恶性循环。在滥用药物时，成瘾人员的内心想法和内在感受会遭到破坏，对他人的体会和感受呈无视状态，明显减少或丧失心智化能力。强烈的情感冲击、人际冲突与矛盾、分离的焦虑会导致吸毒人员心智化能力的降低，而药物的滥用则可以麻痹神经、产生幻觉，掩盖过于强烈的情绪状态，让吸毒人员产生虚幻的愉悦感和控制感。根据 Fonagy 的理论，人能够在两种独立的心理功能模式，即"心理等价"模式和"假装"模式之间切换感知内部和外部现实之间的关系。"心理等价"模式是指自己与他人的想法是真实世界的一个确实反映，在外显和现实之间呈现一种等价。而在"假装"模式中，内在体验可以通过幻想和游戏来处理，但内心实际上确信这种"假装的世界"与现实是不一致的。药物的滥用会让吸毒人员陷入一种虚假的心理等价模式，使他们无法区分外在现实与内在世界，产生一种心理模糊感，从而使吸毒人员产生对现实失去控制的恐惧情绪，导致成瘾者进一步的药物滥用。同时，药物滥用导致的心智化能力损害还会影响吸毒人员人格组织的发展。由于焦虑、抑郁等负面情绪的冲

---

① 王振宏. 吸毒人员心智化特征及对其人格组织发展的影响. 中国药物滥用防治杂志，2019（6）.

动爆发，吸毒人员的心理防御机制无法自主控制消极情绪的干扰，因此在行为方面呈现无意识冲动与失控状态，形成冲动型人格。

因此，对于吸毒青少年来说，药物的滥用使之心智化能力降低，产生情感识别的障碍，破坏感知能力。这些青少年戒毒成功后重返社会，仍会因心智化能力问题影响人格的发展与社会关系的构建，不利于他们开启新的人生。

因而，优化这些吸毒青少年的情感识别能力、提升其心智化能力对于其戒毒后回归社会、重拾人际关系的良性循环具有重要意义，那么，提升吸毒青少年的心智化能力着重体现在情感识别与表达、清晰区分"心理等价"模式和"假装"模式两方面。情感识别与表达即是强调理解自己或者他人行为的意义并以适当合理的方式表达、释放情感，从而提升社会关系之间沟通的有效、和谐程度，进一步促进个体在群体中的发展。精神分析学家 Jeremy Holmes 曾言，心智化是站在外面来看你自己，从内心里面来看别人。那么据此可以将心智化的主旨定义为"将心比心"，即情感的渗透与互换。对于吸毒青少年来说，曾被负面情绪控制的内心很难平静下来，也很难透过别人的视角洞察情感。因此，吸毒青少年需要在生活中被引导从自身情感分析出发，理性地明晰自己不同情绪产生的原因和缓解措施，进而以循序渐进的方式了解他人的情感和所处的位置，渐渐培养"共情"心理，从而提升情感识别与表达能力。而毒品给吸毒青少年带来的虚假"心理等价"模式需要在戒毒后进一步被明晰。这些青少年需要接受全方位、科学、理性、客观的毒品知识教育，站在有知识基础的角度重新回顾吸毒经历，从而在毒品带来的幻觉与现实生活中树立一道辨别墙，明了什么是毒品幻觉，什么是现实生活，从而提高"心理等价"模式和"假装"模式的区分能力，清楚地认知真正的"心理等价"。

（二）树立情感导向，粉碎毒品好奇

1. 降低无聊倾向，削弱毒品渴求度

采用《毒品渴求度》单维结构量表进行的调查显示，传统毒品青少年吸食者和混合毒品青少年吸食者在渴求度方面的平均得分均显著高于新型毒品青少年吸食者，其中混合毒品青少年吸食者又高于传统毒品青少年。由此看出，较之其他两类青少年，混合毒品吸食青少年对毒品表现出更强烈的渴求度。同时，利用大学生无聊倾向改编版量表进行的考查表明，混合毒品青少年吸食者比新型毒品青少年吸食者表现出更加明显的无聊倾向。[①] 由此可以看出，新型毒品青少年吸食者面对毒品的态度大多为尝试新奇事物、追求刺激和冒险，同时在人格方面表现出放荡不羁、不守

---

① 张萌. 青少年吸食新型毒品的心理特征分析报告. 预防青少年犯罪研究，2020（1）.

规矩，呈现动态化、不确定性趋势。传统毒品青少年吸食者易疲劳、虚弱无力，但乐观主义指数相对较高。

那么针对吸食不同类型毒品青少年的主观特征，可以从中提炼出不同侧重的心理情感导向策略来预防青少年的吸毒行为。但重点不同的心理情感导向策略都应以对毒品的清晰、完整认知为基础，在了解毒品危害的主观基础上再进行策略引导，从而在根本上降低毒品渴求度、降低对毒品的尝试好奇。根据 George Loewenstein 的信息差距理论，当一个人在某一特定领域中的信息参照点（即"想知"）高于他当前的知识水平（"所知"）时，就会引起好奇心。因此，对于吸毒青少年来说，提升其"所知"，使"想知"与"所知"达到一种平衡状态是降低好奇的关键，即改变他们对毒品的信息参照点。那么，提升"所知"即是提升吸毒青少年对毒品的科学认知，并且相较于普通青少年更应具有震慑力、冲击力。在对吸毒青少年进行毒品科普宣传时，应侧重渲染毒品危害，以生命价值、情感引导为主线，采用具有冲击力的宣传视频方式来进行教育。观看具有震慑性、情感导向的禁毒教育视频后，青少年对毒品好奇心和使用倾向会明显降低，对毒品危害认知和厌恶情感都明显增加。① 所以相较于普通的科普类视频，在禁毒过程中，应当制作优秀的、有冲击力的、有情感倾向引导（增加对毒品、生命、健康等心理体验）的禁毒视频。同时增加一些真实的、容易引起共鸣的案例，使观影青少年对毒品危害的印象更加深刻，好奇心降到合理程度，打消想要尝试毒品的念头。

在降低对毒品的尝试好奇心后，根据吸食不同种类毒品的青少年特征，可采取不同心理引导策略，进一步降低毒品渴求度。新型毒品青少年吸食者无聊倾向相对较低，出于生活状态的散淡容易因为刺激和兴奋而去吸毒，因此如何切断兴奋精神源与吸毒行为选择之间的联系对这类吸毒青少年尤为重要。他们的情感导向呈现短暂性、爆发性、多变性等特点，更注重兴奋与冒险寻求，由此来平静内心，因而建立温和、持续性的心理情感导向具有重要意义。同时，新型毒品青少年吸食者在追求自我的同时，也希望能够从外界获得某种支持，有所希冀，表明其依赖性相对较高。因此，增加此类心理特征青少年的情感寄托，使其趋向于冒险的心理有所释放，进而增加情感表达，注重对这类青少年的行为引导，能够更好地降低这类青少年的毒品渴求度，避免因兴奋和刺激而选择吸毒。

传统毒品青少年者吸食的行为表现更加不守规矩，具有更强烈的预期忧虑和悲观主义。因此，在对毒品科学认知完善的基础上，进一步引导具有这类心理的青少年建立良好、乐观的心理防线，有助于他们摆脱毒品控制悲观忧虑情绪的恶性循环。

---

① 周立民. 大学生观看禁毒教育视频效果调查及启示. 云南警官学院学报，2020（4）.

这类青少年更需要被引导健全正向人格，从而在根本上控制悲观情绪。应更注重对这类青少年的心理安慰与开导，丰富沟通交流，化解矛盾和心理困难，帮助这类青少年走出阴影，预防其因悲观厌世而吸毒。

较之其他两类青少年，混合毒品青少年吸食者表现出更强烈的毒品渴求度，也具有更加明显的无聊倾向。由此可以看出，具有这类心理的青少年更容易因为无聊和无所追求而想要通过吸毒寻求乐趣与刺激。因此，丰富这类青少年的生活内容，进而丰富其精神世界，有助于从根本上预防、避免吸毒行为的发生。

2. 培养健康追求，树立正确价值观

吸毒青少年常常具有贪图享乐、热衷炫耀等不良的价值观，甚至会以吸毒为荣，形成吸毒的病态心理。要从心理态度上解决青少年吸毒这一问题，就要密切关注青少年的价值观形成，培养青少年的健康追求，从根源上遏制吸毒病态价值观的产生，预防青少年吸毒。

在家庭价值观教育中，社会主义核心价值观是必需前提，它是新时代中国特色社会主义的精神内核和思想旗帜。核心价值观是一种精神支柱和行动向导，对丰富青少年的精神世界具有基础性和决定性的重要作用。核心价值理念体现了社会主义国家、社会制度和公民道德的价值取向。青少年是祖国的花朵，是发展的储备军。加强青少年的价值观教育，对社会风尚发展和价值取向进步有奠基性作用。在这其中各种公民道德、行为规范教育应当贯穿于教育的始终。父母应在日常家庭生活中融入对青少年的中国特色社会主义理论教育、社会主义核心价值观教育、社会公德教育、爱国主义教育、集体主义教育、人生观教育、革命传统教育、劳动观教育、荣辱观教育、自觉纪律教育和法制教育、生态文明教育等，让青少年磨炼意志、树立正确的理想信念、培养高尚的道德情操。在青少年时期，他们的个性发展呈现不平衡状态。因此，父母更要让青少年不断健全、完善自己的人格，激发自我独立性、创造性，从而使青少年能够在正确旗帜的引领下不断奋进，明晰法律法规等重要法治理念，面对毒品等不良诱惑时能够有意识、坚定地予以抵制。在这些正确价值观的引领下，青少年不仅能够抵制毒品，更要有明辨是非、判断错误的价值观，从而进一步预防吸毒。

除了社会主义核心价值观的首要引领，挖掘青少年自身存在的潜力，培养其高尚、有价值的追求亦是家庭教育的重中之重。富有生命力和创造力的青少年正处在不断学习、扩展见识的关键时期，因此要让他们在树立正确道德观念、认识和把握客观规律的基础上，勇于创造、善于创造、不断创造。对青少年的教育应侧重在学校传授给他们丰富知识的基础上，不断培养他们具有适应社会发展需要的技能和本领，使其具有坚定的信念、顽强的意志和崇高的精神追求，进而让青少年自觉把个人的命运同祖国和民族的命运紧紧联系在一起，在自觉服务祖国、无私奉献社会的精神引领下艰苦奋斗、不懈进取，在社会实践中创造出有意义、有价值的青春。高尚、有价值的追求不仅有助于青少年丰富精神世界，更有助于他们为了理想而不断奋进、提升自我，从而避免浪费时间、浪费青春。在充实精神生活和实际生活的前提下，青少年能够自我判断行为价值，不再选择吸毒这种恶习，用荒废青春、违反法律的消极手段来麻痹自我、丢失生活价值。

3. 加强情感教育，提升认知积极性

感人心者，莫先乎情，教育实质上是理念和情感的教育。教育过程是一个以心理活动为基础的认知过程和情感过程的统一。实际上，在教育过程中，情感具有调节、强化、感染、迁移和信号等影响功能，积极的情感会促进心理的变化和发展。

加强青少年的情感教育是预防青少年毒品违法犯罪的重要途径，青少年的自尊感、自立感等情感体验的严重不足，是导致他们走上违法犯罪道路不可忽视的因素。在青少年追求身份认同感的时期，青少年与生俱来的好奇心、来自同辈的压力、反抗权威或建立正向积极的人际关系出现问题时，特别容易受毒品的诱惑。情感教育的目的在于提高青少年情感体验内容的丰富性、自然性，提升情感唤醒和表达的规范化和理性化。当前在青少年毒品预防教育中，情感教育普遍缺失，无论是毒品预防教育的专业课堂还是常见的社区禁毒宣传，都较少关注青少年的心理和情感，而是大量概念化、模式化、指标化的预防涉毒行为的宣传。也就是说，主要依靠外界的知识灌输和规范行为，并不重视人的内在情感，这样青少年受众会缺乏真正的动力，不足以激发他们主动投入到禁毒教育和毒品预防的情感。

为此，青少年毒品预防教育工作者要用情感去进行教育。对于毒品预防教育者而言，最重要的是要理解青少年的情感发展特征与教育特点。情感是人类发展的关键性力量，青少年情感的突出特点是共生性和极端性的两极性表现，是具有较大不稳定性的，易受到外界因素的影响与干扰，从而激起他们强烈的情绪情感反应。与此同时，由于青少年年龄和身心发展阶段以及生活环境等的差异，不同学段或年龄段的青少年也会呈现出不一样的情感发展特征，毒品预防教育工作者需要研究不同年龄段中青少年的情感发展特征，找到相对应的机制，掌握引导他们情感健康发展的方法和策略。情感教育是指在学校教育、教学中关注学生的情绪、情感状态，对那些关涉学生身体、智力、道德、审美、精神成长的情绪与情感品质予以正向的引导和培育。情感教育质量的高低与教育者的情感能力是相对应的，高质量的情感教育要求教育者拥有较高的情绪辨认能力、移情能力、情感调控能力、体验理解能力、自我愿望能力等。

青少年毒品预防教育工作者责任重大，需要充分认识到情感的力量与特征，要增进青少年受众与毒品预防教育的联结感。情感的来源需要切身的感受和体验，联结感是情感产生的重要基础。毒品预防教育要让青少年有切身感受，认识到毒品离自己并不遥远，触毒的风险无处不在，他人吸毒对社会造成的危害也会间接地影响到自身。既有的青少年毒品预防教育，主要针对的是没有涉毒的青少年。在尚未接触毒品的青少年看来，他们与毒品距离很遥远，不会想到有朝一日会吸毒。因为感觉到与自己无关，所以难以引起对此类教育的重视。为此，毒品预防教育特别需要说明新形势下毒品与青少年的相关性，让他们意识到毒品可能会对其产生的各种影响。唯有让每个人都意识到毒害的可及性或可能性，方能真正调动大家对禁毒的重视，广泛参与到禁毒事业之中。青少年具有强烈的实现自我的意愿，从社会工作的优势视角看，毒品预防教育中的青少年不仅是毒品预防知识的受众，也是毒品预防教育潜在的主体性力量。毒品预防教育不仅是让青少年自觉防范毒品，更需要视青少年为禁毒志愿者的潜在培养对象，激发青少年的社会责任感与公共关怀意识，让其在禁毒宣传或毒品预防教育中有积极角色实践的空间和自我实现的平台。①

二、以家庭教育为重点，加强环境熏陶

（一）加强教育，强化意识

青少年的家庭成长环境毋庸置疑会影响他们人生的轨迹，尤其是在当今复杂多变的社会大环境下，多元思想并驾齐驱，不良诱惑层出不穷，青少年在这个半成熟阶段难以分辨真假好坏。再加上当今家庭教育过于注重学业，缺乏对青少年成长问题的关心，而忽视了禁毒教育，致使部分青少年不理解吸毒的危害性、成瘾性等一系列严重后果，反而对其感到好奇。为了防止青少年误入毒品深渊，应该从根本抓起，以家庭为起点，鼓励父母加强培养青少年预防毒品意识和抵御不良诱惑的能力，在青少年尚未完全进入社会之前形成抵抗毒品诱惑的心理防线。在家庭禁毒教育这一方面，我们推崇以"学习型家庭"为模板。学习型家庭主要以提高家庭成员综合素质为目标，理论与实践有机结合，通过科学规划、统筹协调、全面推进的创建形式，为推进学习型社会作出积极贡献。

（二）家庭引导，规范行为

在学习型家庭中，父母与孩子是共同成长的，也是相互影响的。家长是孩子学

---

① 雷海波．青少年毒品预防教育的创新发展．中国青年社会科学，2018（5）．

习、成长的榜样，是规范青少年日常行为、把握青少年健康成长的引路人。家长的行为模式、思维方式，都会在潜移默化中影响到孩子的成长。在家庭生活中，家长不仅要给青少年提供一个适宜的、良好的成长环境，还要以身作则，树立起坚决抵制毒品的形象，从小培养青少年的自我辨别、自我训练、自我约束能力，要使得青少年提高自我管理和自我塑造的能力，将自律精神内化于心、外显于行，防止孩子在面对毒品诱惑的时候存在侥幸心理。

青少年尚处于紧迫的学习阶段，家长要引导青少年珍惜美好青春年华，把主要的精力和心思用于提高思想道德水平和科学文化水平上，同时，家长要善于引用身边的典型案例作为教案，告诫青少年要远离毒品、远离不良青少年，摒弃不健康的生活方式。

尽管学习是第一要务，但家长要时刻保持警惕，在发现孩子的性格和行为有异常表现时，应当及时对孩子进行关心询问、引导教育，确保孩子没有接触有关毒品的事物，防止其因为没有坚定的内心而被诱惑，或者由于太过压抑而寻找刺激。

家长们要秉持保护孩子免受不良诱惑危害的原则，从小教育孩子不随便接受陌生人的礼物，不轻易和陌生人搭讪，不接受陌生人提供的香烟和饮料；不盲目猎奇，不涉足网吧、迪厅等未成年人禁入的场所。在他们交友过程中，家长需要适当提醒青少年要下意识观察朋友的嗜好，防止朋友有吸食毒品的问题；要警戒孩子进入娱乐场所，不喝来源不明的饮料，离开座位时最好有熟悉的朋友帮忙看守饮料、食物等，防止有人故意向其中投入涉毒物质。

1. 科普知识，远离毒品

学习型家庭中，家庭管理的原则是把"硬通货"变为"软通货"，家庭在帮助青少年正确认识毒品、了解毒品的基础上，还要使其知晓毒品对个体及社会的危害性，让青少年从内心开始彻底地拒绝毒品。家长首先要掌握毒品的危害和禁毒知识，有足够的专业能力成为子女拒绝毒品的教师。家长要了解毒品的种类、特点及危害，针对自己孩子的性格特点进行因材施教。

2. 全面教育，法律同行

学习型家庭中的家长要注重创建一个长效的禁毒学习家庭氛围，让孩子学习禁毒知识由被动转向主动。家长首先要理解青少年在这一阶段可能会产生叛逆心理，所以要尽量避免以过激的言辞警告他们远离毒品，可以采取各种有趣味、有意义的形式对子女进行毒品预防教育。家庭要为青少年提供有利条件，让他们能够轻松地、自愿地接受并学习毒品知识，例如，观看禁毒电影、视频，阅读禁毒宣传手册，绘画禁毒海报等，在潜移默化中向青少年传达毒品的危害、如何预防吸毒等知识，让他们产生参与感以重视这个重要的问题，从而进一步提升青少年的禁毒防范意识和能力，在广大青少年的心中拉起一道强有力的禁毒警戒线，帮助他们以健康的身体迎接新时代的美好生活。

充分利用法律武器同一切毒品违法犯罪作斗争，是非常重要的。① 法律是规范社会公民行为的保障。家长在学习专业禁毒知识的同时，必须以法律法规为主线，加强青少年在法律法规这一方面的禁毒教育，向青少年介绍《禁毒法》。目前为止，有众多案例揭示青少年在初次接触毒品的时候并不知道毒品为何物，这反映了禁毒教育的严重缺失。所以家长要以毒品知识、吸毒贩毒要面临的法律制裁等一系列法律为出发点，向青少年科普禁毒知识，帮助他们树立起法律意识。

（三）注重网络社交监管

1. 健康社交，慎重交往

通过调研和文献梳理发现，大部分青少年吸毒的原因、毒品的来源都与周围的不良朋友有着密切的关系。在青春期，迷茫往往是青少年的主旋律。大多数青少年不会区分"好人"和"坏人"，单凭兴趣爱好交朋友，因而容易交上不良青少年朋友，并在这些朋友的错误引导下走上吸毒的不归路。

由于毒品消费的隐蔽性，青少年在日常生活中是难以获取毒品的，那么朋友圈就成为绝大部分青少年沾染毒品的主要途径。绝大多数吸食毒品的青少年并非孤立的个人选择和举动，其行为往往呈现一种明显的群体性特征，即青少年通常是在熟悉甚至与其联系非常密切的群体下开始接触、逐渐认可并最终沉溺于毒品的。② 对于预防青少年走上毒品犯罪的道路，家庭监管主要是减少他们获取毒品的机会。建议家长采取"情境预防"的方式。情境预防是指旨在减少犯罪机会的各种措施，以尽可能系统并且稳定的方式对环境进行设计、控制，使青少年能够清醒认识到吸毒的难度和其风险之大与回报之小。"近朱者赤，近墨者黑，"由于青少年得到毒品的方式主要是通过朋友，因此家长要特别提醒其在交往过程中应当注重朋友的质量，教导青少年懂得友谊真正的内涵，引导青少年谨慎交友。对于明知其朋友在吸毒时，家长应当及时劝解青少年与其保持距离，甚至不再交往。如果青少年已经戒毒，家长要时刻关注其交往行为，勒令孩子斩断与原来"粉友"之间的联系。

2. 合理引导，健康上网

根据第51次《中国互联网络发展状况统计报告》，截至2022年12月，我国网民规模为10.67亿，互联网普及率达75.6%。20~29岁人口占比14.2%，30~39岁

---

① 梅传强. 回顾与展望：我国禁毒立法之评析. 西南民族大学学报（人文社科版），2008（1）.

② 姚兵. 论未成年人犯罪情境预防的必要性和可行性——以三省市未成年犯实证调查为分析基础. 中国刑事法杂志，2012（4）.

人口占比 19.6%，39 岁以下的人口占比 52.5%。① 我国网民人群呈现低龄化状态，如今学生是我国网民人群中规模占比较大的群体，与此相对应，网络毒品犯罪在近年来出现了低龄化态势，网络毒品犯罪人员不乏部分在校学生。出现此现象的原因，一是在当下的网络时代中，年轻一代对计算机、网络知识的掌握程度更为丰富，从事网络毒品犯罪也更加容易；二是青少年抵制不住虚拟空间的诱惑，对其产生好奇心，并且对于一些犯罪行为的概念较为模糊。

（1）网络直播有风险。随着科技的发展和互联网的普及，近年来网络直播似乎成为新时代的代名词。当前的网络直播已成为新兴的热门行业，低门槛、高收益、便捷性、获利性等优点吸引了一大批人加入网红、主播的行列，但随之也产生一些行业乱象问题。由于监管不力、利益考量等一系列因素，许多网络直播中存在大量违法乱纪现象，据报道，有一名拥有上万粉丝的知名主播为调节直播气氛，直播中做出吸食毒品的举动，产生了严重的社会不良影响。由于青少年是使用网络的主力军，且辨别是非的能力较弱，极易学习网红、主播的行为。主播吸食毒品的行为会被无限放大，甚至引起效仿，因此家长们要特别注意青少年使用网络的质量，防止他们观看低俗视频、直播，预防青少年学习不良行为，走上吸毒的歧途。

（2）社交软件有陷阱。随着信息化时代的发展和互联网的普及，青少年成为"数字时代原住民"，手机已经取代了其他的传播手段，成为青少年获取信息、沟通交流频率最高的媒介，而且人与人之间的沟通有了更隐私的空间，且兴起的第三方支付平台比现金支付更为隐秘，这是一个接触型犯罪转向非接触型犯罪的趋势。相对于传统的接触型犯罪而言，利用网络软件平台进行毒品犯罪是一种新型的犯罪手段。

为了避免青少年误用、滥用社交软件来进行违法犯罪行为，家长首先要注意网络毒品犯罪主要有以下几种形式：利用社交软件订购、销售毒品及易制毒化学品原料；通过网络获得制作毒品的配方及生产方法；利用互联网策划、通信联络与指挥毒品犯罪等。其次，家长要关注青少年使用社交软件的频率、用途以及交往对象、交往动态，警惕违法犯罪人员诱惑青少年进行毒品犯罪。

（四）营造良好家庭氛围

1. 父母教养方式

（1）减少溺爱娇惯，避免青少年寻求刺激而吸毒。在家庭教育中，如果父母对

---

① 第51次中国互联网络发展状况统计报告．［2023-03-22］．https：//cnnic.cn/NMediaFile/2023/0322/MAIN16794576367190GBA2HA1KQ.pdf.

青少年过分溺爱娇惯，使其观念认知与现实生活发生偏离、常常不满于现有的生活方式，青少年就会以各种方式方法寻找更多的刺激与乐趣。再加上对毒品的认知缺失与过于情绪化、为所欲为的心理特征，此类青少年遇到吸毒这种新鲜刺激便会一拍即合。此类青少年常常注重于物质生活享受，而精神生活较为空虚，并且长期对金钱麻木，极易养成骄纵和不能吃苦的毛病。在这种情况下，如果有朋辈诱导吸毒，这类青少年便更容易上钩，通过吸毒来缓解内心的空虚。这类青少年如果不乏资金的支持，则会在毒品的泥沼中越陷越深。

常年在外混迹，朱某结识了不少"坏朋友"，花天酒地无事不做。一次在狐朋狗友的怂恿下，朱某好奇地尝试了毒品，从此一发不可收拾。依仗富裕的家庭，朱某并不担忧毒资，每天就是纠集毒友们在毒品中腾云驾雾。① 这里的富二代青少年朱某正是由于家庭溺爱而陷入毒品深渊的典型例子。因此，溺爱娇惯的家庭教育方式对于青少年吸毒有着较大的影响。家庭教育应注重务实和法律法规观念的普及，教导青少年以健康、有价值的方式度过青春，而非用金钱盲目追求刺激和乐趣，踏入吸毒之路。

除了因溺爱而疏忽对青少年的教导，一些家庭还存在纵容、包庇青少年吸毒以满足其对刺激、乐趣需求的现象。家庭教育应当教导青少年以正确方式获取生活乐趣、提升生活价值，而非盲目支持孩子的所作所为，甚至帮助青少年吸毒，在迷途中一去不返。因此，溺爱的家庭教育方式对于青少年吸毒有着十分重要的影响，只有健康、正确的价值观引领和务实、合理的教育方式才能减少这类青少年吸毒现象的发生。

（2）加强关心保护，防止青少年缺乏监管而吸毒。在家庭教育中，父母的责任不仅仅是给青少年提供衣、食、住、行等生活必备条件，还应当密切关注他们的心理成长与心理健康状况，关心他们的人际交往。青少年还处在不断培养、强化自我保护能力的阶段，对于辨别是非等能力仍存在一定缺陷，因此需要家长多加留心和监管，防止青少年误入歧途、荒废青春。对吸毒群体的调查表明，父母只顾自己的工作或娱乐生活，对孩子不管不问、十分冷漠或不够关心，也会造成孩子误入毒沼。青少年十分容易受到朋辈的影响，由于父母管教的疏漏，这些青少年大多价值观与见识都来源于"朋友"。父母不加监管，这些青少年常常逃学，甚至辍学、被学校开除。他们文化程度较低，对于毒品的认知并不全面。朋友吸了毒，这些青少年也会跟着吸毒。他们对自己特别自信，总是认为自己能够控制得住，吸一两次不会上瘾，结果就成了"瘾君子"，沉溺毒品无法自拔。东莞一街道办禁毒服务点的资料

① 骄纵富二代吸毒成瘾　溺爱妈妈悔不当初．［2015-03-01］．http：//zjnews. zjol. com. cn/system/2015/03/01/020529025. shtml.

显示，莞城登记在册的户籍青少年吸毒的比例大概是 20%，最小的 1994 年出生。这些青少年大多没有读书，特别容易受到朋辈的影响。并且，在这些疏于父母管教的青少年中，很多都是留守儿童。他们的父母忙于生计，无暇照顾孩子。也有部分家庭因家长犯罪，无人管教其子女。在这种情况下，父母应明确自己作为家长的责任，切实履行监督、教育青少年的职责，并且给予青少年关怀和温暖，提升其道德感知。而有些家长由于外出工作、距离遥远而监管困难的，也可以委托亲戚或社区等人员进行监督与关心，并且定期与青少年和看护人员进行联系，维持与孩子的良好家庭关系，降低这类青少年由于内心缺乏温暖关怀以及朋辈的不良引导而吸毒的概率。

（3）注重正确教育，规避青少年心理逆反而吸毒。我国有古训："打是疼，骂是爱，不打不骂不成材。"在这种观念的影响下，一些家长常常用粗暴而专制的方式对待自己的孩子，忽略了他们在青少年时期强烈的自尊心和自主意识，造成了这些青少年的逆反心理。逆反心理是指因情绪影响而作出的与社会道德规范相反的行为的心理表现。具有这类心理的青少年常用反抗、背叛、违规、犯禁等行为来满足自己的自尊和渴望独立自主的情感需求。此种心理在青少年毒品犯罪中最为普遍，大多数走上吸毒道路的青少年，很大部分是缺少家庭的温暖，父母对其漠不关心或者粗暴蛮横。因此，这些青少年便会出于逆反心理去尝试毒品这种违反法律、违反道德的物质，用吸毒作为他们回应不当家庭教育的一种方式。青少年因家庭监管不当，被毒贩引诱控制而不慎涉毒的情况屡有发生。

黎某辍学后喜欢在外面玩，嫌父亲对其管教严格而搬去跟贩卖毒品的"朋友"同住，毒贩抛出免费吸毒、免费食宿的诱饵，使其成为毒贩的帮凶，最终被以贩卖毒品罪判处有期徒刑 8 个月，并处罚金人民币 3000 元。青少年因家长管教而产生逆反心理的情况下，父母应及时转变观念和态度，摒弃不当的教育方式，注重与青少年的沟通和交流，以换位思考的方式理解青少年的情感和思维。同时也通过这种共情的方式改善青少年的叛逆心理，提升他们的情感感知和换位思考能力，强化感恩等情感，降低逆反的消极情绪，使之能够理性、客观地思考自我的行为价值和意义，解开教育方式不当的"心结"。在此基础上，引导这类青少年转向学习正确的价值观和法治观念，明了毒品的危害，从而避免因逆反心理而吸毒。

2. 家庭氛围问题

（1）结构式家庭治疗理论。青少年心灵的健康成长离不开一个温暖、和谐的家庭环境。父母离异或者家庭成员长期不和睦，会造成这些青少年不可消除的心理阴影。因此，青少年在家庭环境中的情感需求就无法被满足，这会导致他们到外界去寻找慰藉。社会环境十分复杂，这些青少年缺少人生经验，极易受到不良诱惑而走上邪路。许多青少年吸毒就与他们的父母离异状况或家庭破裂有关。

在家庭环境破裂的状况下，吸毒青少年不仅会感到家庭成员对自己的冷漠和无视，并且这些青少年大都有自我封闭的趋向，对家人的情感需要漠不关心，主动地疏远家庭成员，进一步造成家庭氛围的冷漠，形成一种恶性循环。由于青少年没有经济基础，为了吸毒，不少吸毒青少年为毒资而谋算亲人，极端情况下，有一些吸毒者在毒瘾发作的疯狂中杀死亲人，抑或亲人在愤怒和绝望中了结这些"瘾君子"，造成家庭的不可逆的悲剧。

因此，要解决青少年因家庭环境破裂而吸毒的问题，就要解决家庭破裂给青少年带来的心理阴影与负担，让其感受一个健康家庭结构所蕴含的温暖，提升其整体心理建设能力。20 世纪 60 年代，萨尔瓦多·米纽钦（Salvador Minuchin）创建了结构式家庭治疗理论。其治疗的原则是重建家庭结构、改变相应的规则，并将家庭系统僵化的、模糊的界限变得清晰并具有渗透性，设法改变维持家庭问题或症状的家庭互动模式。结构式家庭治疗认为个体的问题与家庭结构息息相关，从家庭结构和互动模式的角度分析，更容易挖掘个人症状背后的深层原因，改变不当的家庭结构、互动模式有利于彻底消除家庭成员的个人症状。已有研究和实践表明，结构式家庭治疗对进食障碍、校园霸凌、家庭危机等问题都具有相当的疗效。[1] 因此，将结构式家庭治疗用于解决因家庭破裂而吸毒的青少年问题也具有可行之处。系统理论认为：一个系统是由不同的子系统组成的，每一个系统都作为一个更大的系统的部分而存在，同时又包含更小的子系统。每个子系统都有本身的自主功能，同时在较大的系统运作中又有其特定功能和角色。[2] 因此，用结构式家庭治疗方法来针对吸毒青少年的家庭问题，实质上就是解决其家庭内部各个子系统功能性缺失、互动性和配合度低下的问题。如果家庭内部仍维持一个完整的家庭状态，那么解决内部矛盾、化解问题，进而提升和谐度，给予青少年家庭温暖即为关键措施。如果存在父母离异等家庭破裂情况，那么如何在这种状况下维持一个良好、合理的亲人血脉关系，缓解青少年内心的痛苦、提升其心理建设能力是需要重点考量的。

结构式家庭治疗强调通过家庭成员的行为而非理解去重组一个良好的家庭结构去解决问题，那么就需要一个行为契机来改变家庭成员的价值认知。因此，在这一治疗过程中，需要来自外界的一种引导，可以是社区的相关人员等。在这种引导下，家庭成员通过不同的活动认清自己所处的位置和角色，感知自我角色的责任，并以积极态度面对家庭出现的问题，用自我角色的功能缓和这一局面，最终达到重塑家庭结构的目的，缓解青少年因家庭问题造成的心理负担，降低在这种情况下对毒品的渴求度。在结构式家庭治疗中，不健康的沟通方式与交流习惯同样也需要被改变。

---

① 戴坤. 结构式家庭治疗介入青年冰毒滥用应用探究. 江西师范大学，2020.

② 徐汉明，盛晓春. 家庭治疗——理论与实践. 人民卫生出版社，2010：48.

只有以健康的交流方式探讨家庭存在的问题和解决方法，才能避免矛盾的进一步激化，进而切实可行地完善家庭结构。在父母离异等情况下，青少年更需要感知各个家庭角色对其的关怀和不同角色的功能性体现。父亲、母亲、兄弟姐妹等角色都具有不同的功能性，在一个具体的家庭环境中找到不同角色的结构与功能性差异，并探究其平衡、良好的配合模式，有助于青少年走出家庭破裂的阴影，以积极的态度面对生活，珍惜生命，远离毒品的不良诱惑。

（2）阻断式家庭治疗模式。在家庭中出现第一个吸毒人员之后，出于赌气或受不良影响出现第二个乃至多个人吸毒的现象也时有发生。在这种家庭成员的不良影响中，青少年作为家庭结构中尚未完全形成独立人格的角色，更容易受到不良倾向引导，因价值观未完全形成、对毒品认知薄弱而涉毒。在家庭环境中，家长教育具有不可替代的榜样作用。家长在家庭教育中扮演着榜样的角色，并且家长的榜样示范对后代成长的引领作用亦是最明显和最直接的，也是最容易看到效果的。教育家苏霍姆林斯基曾说过："每个瞬间，你看到孩子，也就看到自己；你教育孩子，也就是教育自己，并检验自己的人格。"言传身教，身教大于言传。[①] 因此，青少年因家庭成员吸毒等不良示范作用而吸毒的情况需要通过合理隔断家庭成员吸毒的不良影响以及培养青少年正确的价值观和毒品认知来解决。

一方面，青少年正处于发展和完善自我人格的关键阶段，极易受到周围事物的影响，甚至产生模仿的心理和行为。在这种情况下，如果家庭中出现了吸毒人员，就很容易给青少年带来不良影响，让其对吸毒这一违法行为产生错误的价值认知，甚至觉得这是一种"很酷"的行为，进而模仿。因此，首先要合理阻断吸毒人员的不良影响，避免青少年受到过多的不良引导。但这种阻断并不意味着完全不告诉青少年家庭内有吸毒人员的事实，而是以这种吸毒事件为反面例子，着重以吸毒这件事为切入点，渲染吸毒的危害和后果，使青少年明了这件事的严重性。而"阻断"是指阻断吸毒事件中的具体细节、吸毒人员聚集等状况，降低青少年错误认知的可能性，并且降低对其心理打击的程度，避免造成反面效果。

另一方面，以家庭成员吸毒为反例后，家庭教育应侧重对青少年的价值观和吸毒知识的普及，着重渲染吸毒的不良影响，以生命价值、情感引导为主线，降低青少年对毒品的好奇心和使用倾向，增加其对毒品危害的认知和厌恶情感。同时，充分利用家庭成员吸毒的例子，强调吸毒后对身心的不良影响。由于青少年了解吸毒的家庭成员，知悉其外表和性格，因此由于吸毒造成的反差会让青少年更具有代入感，也更有现实感。再结合科学的普及知识，这种家庭教育方式有助于青少年深刻

---

① 翟惠琴. 家庭教育对青少年价值观的影响. 中国农村教育，2020（22）.

认识、降低毒品的好奇心和渴求度，减少模仿家庭成员吸毒的事件概率。在面对毒品等不良诱惑时能够有意识、坚定地予以抵制。

三、以社区服务为基点，用活禁毒资源

（一）提高社区工作人员专业意识、专业知识

1. 针对戒毒青少年，以需求为指引开启联动模式

当前，社区禁毒工作存在的问题之一是社区工作人员普遍缺乏禁毒专业意识与专业知识，难以为戒毒青少年提供有针对性的专业化服务，导致青少年无法接受专业、有效的监督和指导，直接影响了戒毒工作的效果。现阶段，从事社区戒毒工作的主要有街道司法所工作人员、社区居委会工作人员以及社区民警等。街道司法所和街道办事处的主要工作是指导居委会具体的安置帮教工作，与戒毒人员很少有直接的接触服务。对戒毒人员进行的监管工作主要由社区民警来负责，由于角色的特定性和限制性，这些民警以维护社区安全为工作原则，在与戒毒青少年建立互信关系上有较大难度。与戒毒人员接触较多的是居委会工作人员，他们与戒毒人员的直接交流较多，能够注意到戒毒青少年的多方面需求。但由于实际生活中居委会日常工作烦琐，人力、物力有限，这一部分社区工作人员无法深入开展工作，进行有效的戒毒工作。现阶段社区戒毒工作相较于"服务"戒毒青少年，更侧重于"管理"二字。对于戒毒青少年，社区工作人员比较偏重其基本生活保障和就业安置，对其心理情绪的疏导和社会功能的康复关注较少。有些社区工作人员工作理念落后，工作随意性大，缺乏社会工作专业背景，工作效果不理想。这样一来，就会导致戒毒青少年对社区工作人员的认可与接受程度较低，有需求或者遇到问题时很少主动向社区工作人员寻求帮助，不利于戒毒青少年的健康发展。

禁毒社会工作的理论基础包括马斯洛需求层次理论，即人的需要由生理的需要、安全的需要、归属与爱的需要、尊重的需要、自我实现的需要五个等级构成。在社区戒毒工作中，青少年的生理与安全的需要已经基本实现，但其归属与爱的需要、尊重的需要、自我实现的需要这三部分在很大程度上仍然处于缺失状态。因此，以这一理论为出发点，进一步提升对戒毒青少年价值需求的满足和引导，提高社区工作人员的专业化水平，有效解决戒毒工作中的问题尤为重要。以马斯洛需求层次理论为基础而创新的月半心法社会禁毒工作理论在研究问题青少年的禁毒社会工作模式上，具有较强的可行性。月半心法借助"助人自助""危机介入"和"以人为

本"的专业价值遵循，开展对吸毒青少年有针对性的禁毒社工服务，帮助青少年激发自主意识，树立戒毒观念，提升价值认知，从而有效帮助这类青少年在提升自我效能的同时，具有重返社会的心理基础和能力基础。其基本理念如下：在禁毒治疗师的帮助下，以吸毒青少年为中心，在其知情同意和自觉的情况下，在外开展宣传教育、毒情调查工作；在内实施帮教管治、状态调试和身心康复工作。月半心法构建了针对违法者、受害者和特殊病人三位一体的新时代禁毒社会工作价值方法，体现了接纳尊重，个别化等价值观念，联动各方、以人为本，在禁毒社会工作的持续治疗体验的过程中，提升主体寻找社会支持的主动性。[①] 社区禁毒工作也可贯穿此理念，以社区为单位，建立具有联动性、长效性的工作机制，切实提高社区禁毒工作效果。

一方面，社区禁毒工作需要由专业的工作人员来进行，这也意味着各个社区需要招募具有专业知识的人才，包括具备禁毒社会工作方法和技能的专业化人才，具有心理指导、心理治疗资质的专业化人才，具有相关法律知识、能够为吸毒青少年提供法律咨询的专业化人才，以及能够在救助过程乃至之后的一段时期内，对这些青少年进行社会康复治疗，关心其社会生活状态，对其就业等方面进行指导和帮助的人才。社区可以在政府的支持下进行广泛的社会招募工作，政府可以为这些专业化人才提供一定的政策支持，进一步鼓励这方面的人才投身社区禁毒工作，帮助吸毒青少年重新获得阳光青春。

另一方面，在具体工作机制中，社工与社工的配合也需要科学的制度规定来开展。除了日常对吸毒青少年的服务与监督外，遇到问题时应当建立迅捷有效的服务机制来解决。当面临不同问题时，包括不可抗力自然灾害问题、社工自身身体不适、吸毒青少年逆反心理强、不予配合等，可先将其进行分类，并找寻具有这方面专业知识与技能的社工人员建立工作小组来解决，从而建立有专业性划分的突发问题解决机制。在这一机制中，相关人员需要针对现实情况进行充分的思想准备和周密的计划安排，要能够积极地应用此机制，就需要对吸毒青少年日常的灵敏观察和反馈，不断提升社区工作人员的观察力和判断力，提升心理素质，面对紧急问题时具有专业的应急能力。一旦问题无法解决或扩大，各个小组就需要联动起来建立合作机制，共商对策，充分发挥思想创新能力，针对不同青少年开展个体化服务。

在此基础上，需要建立长效的奖惩机制来维护整个社区禁毒工作的运行制度，构建具有积极效益的良效循环，充分为吸毒青少年的需求考虑，提升戒毒效果，促进可持续发展。必要时，可以向其他社区、社工组织、政府机构以及公安机关寻求

---

① 周昕橦.青少年禁毒社会工作中的"月半心法"实务研究.安徽大学，2020.

帮助，最大程度解决问题。社工需要在实践中取己之长、扬长避短，在宣传教育、毒情调查等工作中探求如何更好地开展工作的方法，以及深化注重安全、以人为本、平等互尊、长效联动、对接资源的工作理念。

2. 针对普通青少年，以教育为指引开启多元模式

党的十八大提出城乡社区治理和加快形成党委领导、政府负责、社会协同、公众参与、法治保障的社会管理体制。党的十八届三中全会明确提出创新社会治理体制、提高社会治理水平，充分发挥多元主体在创新社会治理体制中的作用。党的十九大提出共建、共享、共治的社会治理格局，要求提高社会治理社会化水平。党的二十大报告指出，未来五年是全面建设社会主义现代化国家开局起步的关键时期，主要目标任务是改革开放迈出新步伐，国家治理体系和治理能力现代化深入推进。在这些理念的指引下，构建同国家治理体系和治理能力现代化要求相适应的社区禁毒工作体系是一项重要工作。针对普通青少年的禁毒工作大多表现为宣传教育、个别答疑等活动，通常以覆盖面广、效果好为原则。

（1）打造地域性禁毒平台。在社区禁毒工作中，针对青少年打造禁毒宣传教育新平台具有重要意义。青少年作为社区居民，会在不同社区特点与文化影响下有不同的发展趋势。因此，这个宣传教育新平台应当结合每个社区自身的特点与文化，打造具有地域色彩的禁毒宣传教育平台。这样一来，不仅能够提高青少年对禁毒工作开展的接受度、认可度，提升其对毒品的客观认知，达到禁毒的目的。社区禁毒教育相对于学校禁毒宣传教育，更能从家庭等方面影响青少年，具有更强的区域优势。同时，在此平台上丰富社区禁毒的内容，帮助普通青少年了解社区戒毒康复工作，加深他们对于健康人生、绿色无毒生活理念的认知，提升识毒、辨毒能力，做到拒毒意识深入人心，营造无毒社区。在此基础上，融入多元主体参与禁毒工作的理念，让社区青少年不仅作为受教育者，更可以作为教育者来传播对于毒品的科学知识和抵制毒品理念，构造其双重身份。通过联动社区学院以及社区青少年所在的学校等，扩大社区禁毒教育宣传面。让这些青少年在参与禁毒教育活动的过程中更深入地理解禁毒知识，理解自身在禁毒教育工作中的角色作用，唤醒其社区禁毒自治与参与意识，扩大禁毒教育的广度和深度。青少年通过掌握禁毒知识，参与禁毒教育的宣传工作，发挥他们自身的内在作用，激发其在禁毒方面的潜力，同时也培养了其参与社区治理、文化建设的能力，保障了禁毒教育效果的持续性，推进了社区禁毒的常态化。这样一来，不仅可以丰富青少年的社区文化生活，也提高了青少年对毒品的认识了解，对社区开展禁毒工作教育起到了积极作用。

（2）构建多元化禁毒主体。在社会管理由服务型政府为主导、多元主体共同协作的社会治理方式转变的情况下，社区禁毒工作充分发挥社区的文化功能，将社区

文化建设与各方禁毒教育资源整合，开展多元化主体社区禁毒工作，具有现代化意义。除了前文提到的社区居民主体，这一多元化主体构建还可融入专业力量、志愿者以及企业资源，充分发挥多元联动的作用，让青少年在各界力量引导下，充分了解毒品的危害，起到更好的禁毒效果。①

在社区禁毒教育中，引入专业力量更有助于选取更有针对性、教育效果好的教育内容，并且注重教育的方式方法，更有助于社区禁毒宣传教育工作的开展。社区禁毒工作人员可以邀请一些医生进入社区，向青少年介绍毒品的特性、危害等内容，阐明毒品药物滥用成瘾机制及药物滥用疾病，为青少年提供有关毒品的权威医学知识。同时，律师等法律专业人士能够解读有关毒品的法律法规，拓展青少年对于毒品相关的法律法规知识。另外，其他职业的专业人士能够对社区禁毒宣传工作起到不同的角色效果，通过发挥专业人士的专业优势，能够多元化、多角度地开展社区毒品预防教育工作，提高社区青少年识毒、辨毒和拒毒的意识和能力。

志愿者是社会力量中的一个重要组成部分，禁毒志愿者是补充社区禁毒宣传教育的一股重要力量。社区可引入禁毒志愿者，开展联合社区禁毒工作人员和禁毒志愿者为主体的相关禁毒教育活动，同时引入具有相关专业知识和技能的人员，开展有针对性的教育活动。禁毒社会志愿者可在禁毒社会工作者的指引下，培育和建立禁毒教育志愿者组织，成立社区禁毒教育志愿者服务队，在发挥志愿者优势的基础上开展社区禁毒教育培训。通过禁毒志愿者队伍的招募、培训、登记、组建、评价、激励等工作机制的构建，实现社区禁毒志愿者队伍的壮大，提升其在社区禁毒教育方面的专业化程度，从而实现社区禁毒志愿者队伍在社区禁毒工作中的常态化，为社区禁毒教育提供重要的人力保障。此外，社区禁毒志愿者队伍也可以联系一些戒毒成功的人员，鼓励他们成为禁毒志愿者，到社区中分享自己成功的戒毒经历和感想，加深青少年对于毒品的认知，促进社区禁毒工作的开展。

社区禁毒教育工作需要资金、技术等多方面的支持，因此，社区禁毒工作人员可以链接社会爱心企业，获得一些资金和技术上的支持来助力社区禁毒教育工作的开展，如整合网络媒体企业的技术资源支持，创新社区禁毒教育新形式。在社区内开展大屏幕、在手机端扩展新媒体建设，结合当前人工智能、互联网等多种新媒体、新技术的发展，运用微博、微信平台、网页、论坛等新媒体介绍和发布禁毒教育的主题报道。同时，注重寓教于乐，联合相关公司企业开发符合本社区青少年身心特点和认知规律的禁毒小程序与游戏软件，扩大社区禁毒宣传的影响力。

---

① 付美珍．基于多元主体作用协同的社区禁毒教育实践分析．劳动保障界，2020（3）.

（二）加大对青少年禁毒教育资源倾斜力度

现代社区既是青少年生活的主要空间之一，也是青少年实现社会化过程的主要场所之一。如今的社区功能齐全，青少年主要用于学习知识、娱乐休闲、锻炼身体、发展社交关系，社区正日益承担起强化和完善社区青少年素质的职能。因此，在预防青少年吸毒的行动中，社区要充分发挥其关键性作用，在良好健康的社区环境中，帮助青少年抵制毒品、戒掉毒品、回归社会。

然而，我们目前的社区工作过于重视社区的服务性设施建设，在努力提高群众满意度的同时，忽视了整合禁毒资源的重要性，从而导致了社区服务资源的短缺和断裂。大多数社区没有能够及时预防、制止青少年吸毒或者没有能够及时地完善社区针对青少年有效戒毒的长效机制。针对上述问题，社区禁毒资源要从组织体制资源、信息资源、人力资源及财力资源等方面着手，以争取实现禁毒治理的社区资源重新整合的最优化。[①]

1. 优化社区文化教育资源

完善的社区教育资源有利于提高青少年的科学文化素质和生活质量，建设一个文明的社区成长环境，有利于提高青少年拒绝毒品的意识。针对青少年的社区禁毒教育主要是借助社区服务中心、社区街道等开展针对青少年群体的毒品培训、禁毒宣传等禁毒宣教活动。社区禁毒治理专管人员通过公益性的文化街道、社区活动室、社区文化广场等学习娱乐场所，组织青少年参与有关禁毒的各项文化、体育、科教、娱乐等活动。还可以利用各种社区特定专栏、黑板报等宣传禁毒，倡导远离毒品、文明健康的生活方式，引导培养青少年的科学意识和健康意识。

2. 优化社区禁毒信息资源

在大数据高速发展的背景下，针对青少年社区禁毒，运用大数据和信息化手段能够有效、精准地对社区的毒情进行监测。社区禁毒工作人员可与公安机关配合，将社区禁毒工作的信息资料和相关数据录入数据库，在做好数据模型的基础上对信息进行统计与分析，并参考历史数据进行对比、分析和研判，从而提高数据预测性和精准度，总结青少年毒品犯罪的规律及禁毒工作经验和教训，有的放矢地调整禁毒工作思路，把握禁毒斗争的主动权，全面提升社区禁毒工作效能。[②]

3. 优化社区禁毒治安资源

（1）联防联控，构建治安体系。社区治安资源包括社区民警、联防队、社区服务志愿者、社区物业管理部门以及社区治安保卫干部等。社区民警是构成社区警务

---

① 林洋. 论青少年吸毒原因及预防措施. 青少年犯罪问题，2016（2）.
② 采虹. 治理视角下的社区禁毒研究. 政治军事与法律，2017（4）.

资源的主体及重要力量，他们是组建社区治安的专业化队伍。应当以社区民警为中心形成专业的防范体系，将家庭、邻里、学校和居民个人在内的群众防范体系结合起来，构成社区青少年禁毒网络，充分有效发挥社区青少年禁毒治理的积极因素。同时，加强联防队员与社区工作人员对于社区公共场所的监控、检查力度，增加巡逻警察与联防队员对公共场所的检查频率，以预防青少年吸毒行为的发生。

（2）消除黑暗，营造光明社区。青少年吸毒、贩毒等行为需要隐蔽且狭小的场所，这些场所可能在家里、社区中有一定隐私性和黑暗性的场所，例如，立交桥下、公共厕所、KTV 包厢等不易发现的地区，家里具有较强的安全性和隐蔽性，其他区域都是较为公开的场所，需要夜色或昏暗的光色作为保护色，为其吸毒、贩毒行为作掩护。所以，社区中昏暗的地方，有安装路灯、照明器甚至监控探头的必要性，通过营造更光亮的环境，让青少年的违法犯罪行为都无所遁形，从而遏制青少年接触、吸食毒品的冲动。

4. 优化社区的组织资源

要清晰理顺青少年社区禁毒的领导机构体制，确立社区基层党团组织的先锋领导地位，建立健全社区党团组织，将社区中的党员、团员组织起来，开展日常的学习、教育活动，组织社区公益活动，发挥党、团员在青少年社区禁毒宣传及社区公益事业中的积极作用。

社区党组织是当前社会治理中心下移至基层的重要治理主体，社区党组织在社区的政治建设、思想建设和精神文明建设等方面起着先锋作用，是组织开展社区青少年禁毒工作的首要组织资源，也是社区青少年禁毒工作的领导者。要充分发挥社区党组织的先锋领导作用，做好禁种铲毒预防工作，这对于青少年的禁毒工作有着建设性的重要意义。

社区要发挥社区共青团组织在青少年社区禁毒工作中的关键协助作用。首先，要组织安排好参与社区青少年禁毒的政府职能部门在基层社区设置的派出机构，引导其积极执行与社区青少年禁毒有关的专项管理职能，并能够接受上级职能部门与街道办事处的双重领导。

社区要统筹发挥群众自治性组织的力量，如居民委员会和群众自发性组织，他们在社区禁毒治理中发挥着基础性的作用。社区管理人员要发挥好社区禁毒治理主体中社会团体的积极作用，最主要的就是组建一支社区禁毒志愿者队伍。

鉴于目前基层社会治理还未完全成熟，建议仿照香港在社区设立由社会工作者、教育、医疗以及社区服务人员等综合群体参加的社区禁毒委员会（社区禁毒领导小组），作为用于青少年社区禁毒指导和咨询的机构，从而便于展开禁毒宣传、计划项目、监察毒品问题态势等基层工作。

5. 加大投入社区青少年戒毒康复资源

教育挽救青少年吸毒人员，不仅是解决毒品蔓延、减少毒品社会危害的重要措施，也是为未来的社会发展考虑。我国针对青少年吸毒人员的专业化社会服务机构尚处在初步阶段，现有的专业机构和组织远远不能满足当前社会和社区的需要，我们还缺乏像中途之家、康复者社区活动中心等具有多样形式、服务具有专业性的青少年社区禁毒福利机构。

社区要制定切实可行的戒毒制度，扎实推进青少年社区戒毒康复工作，有效开展社区内的青少年帮教工作。各乡镇街道等基层禁毒办要与公安、司法等机关加强配合、衔接，落实本辖区毒情大排查工作，做好摸清情况、建立台账等工作。同时，社区要把青少年禁毒工作列入社区治安防控管理范畴，定期或者不定期地开展针对青少年吸毒人员的调查登记，从而全面、客观、精准地掌握辖区青少年吸毒人员。要充分发挥基层群众组织接触社会面广、人员综合性强的优势，对辖区内的青少年吸毒人员进行严密管控，同时要及时加强跟踪，适时掌握其最新动态，并定期向公安机关报告相关事宜。社区要监督禁毒工作的劳动保障等部门，要按照社区禁毒康复工作的要求充分落实好工作职责，切实做好青少年吸毒人员的社会救助、就业培训等社会回归等方面工作，对自己辖区内的吸毒人员要落实好责任制，分工负责，把定期谈话、定期尿检等常规工作落到实处，做到常态化，防止青少年复吸，帮助他们健康回归社会，彻底远离毒品。

（三）促进社区青少年戒毒者提高正向动机

由于青少年价值观念的不成熟，在吸毒过程中很容易被不良因素带偏。因此吸毒行为会扭曲他们的人格，使他们自暴自弃，缺乏改变的正向动机。同时，负面的人生观和心理状态不仅使这些吸毒青少年无法彻底戒断毒品，更会导致他们复吸率的升高。社区戒毒青少年如果缺乏改变现状、克服困难的正向动机，则不利于他们戒断毒品、重返社会。因此，价值观的建设和心理辅导就占据了十分重要的地位。社区工作人员应当促使这些青少年在树立正确道德观念、认识和把握客观规律的基础上，勇于创造、善于创造、不断创造，侧重在学校传授给青少年丰富知识的基础上，引导他们具有坚定的信念、顽强的意志和崇高的精神追求，提高吸毒青少年改变自我、改头换面的正向动机。此外，这些青少年还缺乏社会支持以及运用社会资源的能力。20世纪70年代，Raschke提出社会支持是指人们感受到的来自他人的关心和支持。社区戒毒青少年的社会支持主要包括来自亲属、朋友等的非正式支持和来自社区各类组织机构的正式支持。由于吸毒行为严重破坏了戒毒者个人的非正式支持系统，但在戒毒过程中，他们正式的社会支持系统还不完善，这就导致戒毒人员可以利用的社会资源十分贫瘠。因此，要提升这些吸毒青少年的社会生活能力，就要完善其社会支持网络的建设。社区工作人员应当注重这些吸毒青少年与家庭、朋友的联系，促进其关系建设，提升吸毒青少年的社会支持，增强吸毒青少年的心理建设。Cobb（1976）把社会支持定义为一种信息，它包含了三个层次：使个体相信他/她被关心和爱的信息；使个体相信他/她有尊严和价值的信息；使个体相信他/她属于团体成员的信息。因此，要全方位地提升吸毒青少年的社会支持，就要一步一步地提升其在这三个方面的信息认知。最基础的相信被关心和爱的信息来源于家庭、朋友等的关怀，而相信自我尊严和价值的信息则需要通过一系列的活动来体现。社区禁毒工作人员应当针对吸毒青少年的爱好等开展特定的活动，让青少年在其中展现自己的能力，找到自己的价值。同时，引导他们培育助人为乐的观念，在帮助他人过程中提升自我的价值认知。在属于团体成员这一信息板块，社区工作人员应当进一步在活动中促进青少年之间的交流和分享，让他们感受群体的温暖和乐趣，进而组成有机的团体，提升其归属感，促进社会支持的形成。另外，由于吸毒青少年心理特征的特殊性，他们常常和家庭、邻里、社区的关系紧张，在与外界的信息沟通层面都存在着一定障碍，普遍缺乏有效利用这些社会支持资源的能力。因此，社区工作人员引进专业心理疏导人才，对吸毒青少年进行开导，有助于这些青少年构建良好的社会关系，提升社会能力。

四、以学校规划为入口，优化教育模式

（一）提供专业的禁毒教育

1. 制定长远规划

社会吸毒人群低龄化现象已成为一个社会问题，大部分学生禁毒思想意识薄弱，容易受到社会上各种不良风气的影响。目前，许多学校毒品预防教育仅集中在"6·26"国际禁毒日和"12·1"世界艾滋病日等专门性纪念日进行，具有一定的随意性和临时性。大部分学校日常毒品预防教育工作薄弱，禁毒工作不能做到常态化，对校园毒品预防教育也缺乏长远规划。

国外有关研究发现，一次或偶尔的学校毒品预防教育通常是低效的甚至是无效的，其虽可在较短时间内产生影响，但却不深远，不能在学生的思想深处留下烙印，也不能有效提高学生的拒毒能力。有效的毒品预防教育需进行 7 次以上，还应有一定集中的学习时间作为保障。因此加强校园禁毒教育，落实好校园毒品教育的长远规划策略，提升学生们对毒品危害性的理解，提高他们识别、防范、抵制毒品的意识和能力，已刻不容缓。

（1）学习借鉴，完善群体对应规划。通过研究，西班牙一所学校实行了一项从娃娃抓起的禁毒教育计划。这项教育计划针对不同的教育对象的年龄制定不同的教育内容：6岁以下的幼儿，要求家长来承担主要责任，使孩子懂得毒品是坏东西；6~12岁的小孩，学校与家长应教育他们懂得"什么是真正的生活"；对于12~14岁的初中生，学校设置了"生命价值的课程"；对于14~16岁的高中学生，学校明确要求他们对社会上善恶美丑现象具有"自我明辨"能力。在实践中检验学生对自己行为负责的生活准则，青少年达到计划中的要求后，即可获得毒品预防的合格证书。

我国学校毒品预防教育也应根据学生的不同发展阶段、青少年身心特点制定长远规划。小学阶段可进行"远离毒品"的常识性教育，初中阶段以了解禁毒的法律知识、培养拒绝毒品的基本技能为主，高中阶段应注意培养学生的禁毒意识和社会责任感，大学阶段要全面传授学生禁毒知识，使大学生不仅能够自觉抵御毒品的侵蚀，而且有足够能力成为禁毒教育工作的宣传者和志愿者。这种根据不同年龄阶段来制定相应切实可行的禁毒教育计划，设定合理的禁毒教育目标，能够激发教育者的教育信心，并且容易让青少年接受，不至于将禁毒教育流于形式。

（2）贯穿教育，确保教育的连续性。禁毒教育是长期的事情，学校应当将禁毒教育融入并贯穿于常规教育。学校必须将毒品预防教育设立为学校行为规范教育的重要部分，应当在行为规范教育中重视禁毒教育，培养学生正确的"三观"，将提高学生是非观念和培养审美情趣结合起来，引导学生谨慎交友，不涉足迪厅、网吧等未成年人禁入场所，养成健康、文明的生活习惯。

为了使禁毒教育具有可持续性，学校应当安排好每一节禁毒教育课，定期聘请专家开展禁毒讲座，并严格课堂纪律，让每一名学生都能够在禁毒教育课堂上有所思考，学有所获，从而做到知毒、识毒、远离毒品。

学校应在图书馆收录大量有关禁毒的书籍、书刊，免费向全体师生员工开放，并组织安排相关责任人定期向全体师生介绍有关禁毒方面的书籍。学校组织学生阅读有关禁毒的书籍，尽量做到每学期阅读一本禁毒书籍，在阅读中认真学习禁毒知识并做好笔记摘录，切实掌握禁毒知识和国家禁毒相关法律法规。学校可以组织学生每月观看一部禁毒专题影视片，通过观看禁毒专题片，让学生深刻地认识到禁毒活动的必要性和当前形势的严峻性。

另外，为了使禁毒教育精细化，学校可以以班级为单位，要求学生每人写一篇以禁毒为内容的征文，并通过评选从各班选出两篇优秀文章参与学校的征文评比环节。为了上好专题教育课，学校应制定《吸毒预防教育教案》，向每位学生下发一份有关禁毒宣传教育的告家长书，并要求家长过目签字。学校应充分发动学生和家长一起上网浏览有关禁毒的知识和相关新闻报道，帮助学生们充分认识吸毒的危害性。

（3）提高素质，打造专业教育队伍。禁毒教育者的专业素质和教育能力决定了青少年禁毒宣传教育的质量。学校可以尝试与医院、公安机关、研究机构等进行多方联动合作，对教师进行系统性、专业性的禁毒知识培训讲座，或者举办研讨班，在培训中提升他们的禁毒专业知识，进而提高学校的禁毒宣传教育的效果，形成驻校社工、老师和家长多方联动的立体的全面的防毒体系。

2. 加强组织互动

学校的禁毒教育较注重理论层面，因此要想让青少年达到比较好的教育效果，就需要学校与各方组织进行互动，开展"进校园"系列宣传活动，针对不同年龄段学生的心理、生理和认知特点，在校园内普及毒品预防知识，揭示吸毒对个人、家庭、社会的严重危害，从而让青少年感受多方面的禁毒教育，提高学生"识毒、明毒、拒毒"意识。最常见的有邀请公安机关中法制教育宣讲的相关工作人员，为青少年普及与毒品有关的法律知识，邀请医生来为青少年介绍吸食毒品的身心危害和成瘾机制，增强青少年对毒品的科学认知和抵制情绪，进一步预防青少年吸毒。除此以外，学校还可以请有意向的戒毒成功的宣传志愿者，向学生们讲述自己真实的吸毒和戒毒经历，增强青少年对于毒品的现实感。社区以及街道禁毒社工也可以与学校进行互动，一起开展相关宣传教育活动和相关知识竞赛，让青少年作为"宣讲人"宣传毒品的危害，进一步提升青少年对于毒品的认知。在这些活动结束后，让青少年进行一些有奖竞答、问卷调查等活动，进一步夯实其学到的科学知识，也可以从中反馈、分析这些活动的禁毒教育效果，从而优化互动，提升教育性。同时，寓教于乐，采取一些浅显易懂的游戏等方式让青少年学习有关毒品的知识并提升他们的接受度，深刻其印象，达到更好的教育效果。

3. 建立责任制度

随着青少年吸毒人数不断增加，吸毒人群低龄化的严峻趋势成为全社会关注的问题。在当今社会中，学校是个人成长的主要基地，也是孩子从家庭步入社会的第一座桥梁。学校有着向社会成员系统地传授价值观念、科学知识等作用，为社会和谐稳定、国家繁荣富强培养必需人才。面对毒品严峻的态势，建立校园毒品预防教育责任制能够厘清教育规划，有利于将教育责任落实到位，维护学校正常学习教育秩序，推进学校立德树人、文明创建工作，只有将禁毒教育制度化、规范化，才能收到实效。

（1）落实细化责任分工。责任制是有效落实学校毒品预防教育的重要途径，科学高效的责任制能够起到调动工作积极性的作用。推进校园禁毒教育工作责任制，首先就要落实细化责任分工，让每一位参与禁毒教育的工作人员明确自身责任，知晓自己在推动校园整体禁毒活动中的地位和价值。在这种情况下，禁毒教育者能够更好地秉持着责任感和敬业精神，为青少年禁毒教育与监督预防提供更好的服务。

首先，应当明确党政主要领导是禁毒教育工作的第一负责人，在工作开展中起到先锋作用，保障政治方向不会出现错误。其次，应有专门负责考核工作的机制，缺少考核的责任制就像一纸空文一样没有可行性，考核是实行学校禁毒工作责任制的关键所在，能够从根本上解决把工作当作"软任务"或"橡皮工作"的现象。①再者，学校应当明确监督责任人，一是对学生行为规范的监督，确保学生在校期间保持良好的行为举止，防止学生中间出现毒品交易等毒品犯罪行为的发生，随时掌握校园禁毒工作动态，有效预防校外毒情向校园输入。二是对禁毒教育者的监督，确保全员禁毒教育的落实，避免教育工作者逃避责任，让毒品预防教育工作流于形式。最后，举报工作在禁毒教育工作体系中也是至关重要的，在举报工作中，要注意防范禁毒教育工作人员为追求工作业绩，虚报或不报隐性吸毒学生的做法，加强对师生的吸毒监控，拓展校内有效信息流通渠道，及时向学校负责人报告校内师生或其他人员的涉毒、吸毒、贩毒可疑迹象，准确把握查处教育的时机；若遇本校师生在校外涉毒情况还要及时向学校、公安机关报告，以便学校及时避免犯罪行为的扩散。

（2）避免工作流于形式。要落实学校的毒品预防教育责任制，首先要实行制度化和科学化的管理规定，这是确保禁毒教育工作能够高效进行的基础。推进制度化建设侧重于学校毒品预防教育的计划及落实，科学化强调的是解决校园毒品预防教育的实际效果。二者在学校禁毒教育工作实施中相互联系，共同组建了禁毒工作的运行体系。只有对学校毒品预防教育强化计划性的指导，才能克服校园工作中的随意性做法，避免教育工作流于形式，使校园禁毒教育能够深入持久地开展，并获得良好效果。

（3）落实工作奖惩制度。推进校园禁毒教育责任制必须要落实好奖惩制度。青少年的吸毒预防教育工作是一项重大关键的任务，但在短期内难以观察出明显效果，所以相关责任人员也易出现玩忽职守的现象。推行奖惩制度有利于激发禁毒教育工作者自我表现，认真履行毒品预防教育工作责任，加强对于青少年的吸毒预防、监督工作，为校园、社会预防青少年吸毒起到积极影响。学校可规定若在其职责范围内出现涉毒、吸毒、贩毒等毒品违法犯罪现象，造成恶劣影响的，则视其承担的责

---

① 杨丽君. 云南省中小学毒品预防教育现状及对策研究. 云南警官学院学报，2004（2）.

任大小，追究相应的责任。

（二）培养积极的校园风气

1. 健全学生的法律法治观念

（1）法治宣传，明确禁毒教育主线。"学校教育的目的不仅仅是为了学生，还是为了国家"。青少年是祖国的希望，更是祖国的未来，学校作为青少年接受禁毒法制教育意识培养的主要场所，对青少年禁毒法制教育意识的培养以及良好习惯的形成起着关键作用。各阶段大中小学应该充分利用学生在校接受教育的时间，组织安排专业的禁毒法制教育工作人员与在校老师齐心协力，有目的、有计划地对不同学习阶段的学生开展禁毒法治教育工作，详细向青少年讲述毒品的危害，自觉抵制毒品犯罪，做到先入为主，让青少年从内心深处自觉主动地排斥毒品，杜绝涉毒违法犯罪行为，从而减少他们涉毒的可能性。在针对青少年开展禁毒法制教育的过程中，学校要让青少年了解毒品的具体危害以及涉毒的后果。

青少年身心健康发展具有一定的特征性和发展性，法治教育具有一定的适应性，学校在开展禁毒法治教育时应遵循这种规律。如针对小学生应侧重娱乐化，加强感性方面的教育；针对中、高、大学生则更应从理性的角度出发，侧重毒品知识的教育。2012年，甘肃省正式启动开展了"甘肃青年志愿者《禁毒法》宣传——走进乡镇大型主题教育活动"，来自兰州交通大学、西北师范大学、兰州商学院等院校的六十多名大学生禁毒志愿者和十余名新闻记者，一同前往禁毒重点整治乡镇，以文艺演出的方式在村镇开展禁毒法制教育宣传活动。本次活动历时八天，行程共2000多公里，大学生禁毒志愿者表演了80多个内容丰富多彩、形式多样的禁毒法制教育文艺节目，群众反响强烈，禁毒教育效果明显。

妥善解决学校禁毒法治教育教材问题也是迫在眉睫，各级政府和教育部门应引导学校重视禁毒法制教育工作，学校主管部门应结合学校具体情况，及时编撰禁毒法治教育知识课本，把青少年学生的禁毒法治教育工作纳入日常教育教学体系之中，把它作为学校德育工作的一项重要内容。

（2）统一思想，做好吸毒预防教育工作。全面开展针对青少年的禁毒法治宣传教育工作，发挥教育工作者在青少年毒品预防中的重要作用，让每一个青少年学生都能认识到吸毒的严重危害性，认识到一旦沾上毒品就会丧失前途，毁坏健康，祸及家庭、社会乃至国家。

学校应当把禁毒法治教育工作列为学校工作计划中的重要一项，将禁毒思想教育和学生思想政治品德教育相结合，与学生日常行为规范、学校法制文化教育、培养学生树立良好的道德观相结合。学校要把禁毒法制教育工作确定为班主任的一项常规化工作，常抓不懈禁毒教育工作，并以"国际禁毒日"为核心，掀起毒品预防教育高潮。

2. 调整学生的日常行为规范

针对学校内可能会出现的校园霸凌、攀比炫富等影响学校秩序、学生正常学习生活的现象，甚至出现的拉帮结派、打架斗殴等情况，与一些不良的社会人员接触后甚至会参加吸毒等违法犯罪活动的情况。学校要严格规范学生的思想行为，提升青少年对于纪律的认知和自觉遵守法律意识，要教育青少年遵守法律法规，远离毒品等不良诱惑，将符合道德、遵守法律的行为规范时刻谨记，减少青少年吸毒现象的产生。

学校应当教育青少年以规章制度为原则，遵守纪律和个人自由并不冲突，学校教育应注重培养青少年对规则、法律法规的敬畏心理，提升其对道德规范的认知。凡是纪律，都具有绝对服从的约束力，因此对于任何无视或违反纪律的行为，都要根据性质和情节受到不同程度的批评教育甚至处分。学校教育应当注重对学生行为规范的强制性调整，以合理、平衡的方式和程度对青少年违反纪律的行为进行教育，提升其对规范、规则的认知，深刻"惩罚"的观念，让青少年有"不敢"破坏行为规范的意识。同时学校教育要注重感化，以较温和的方式引导青少年转向正轨，让他们从心理上强化对于生命价值的认知，主动地"不愿"触犯，从而提升其主观能动性，避免因不当惩罚教育而带来的逆反心理，从而有助于青少年的健康成长。纪律需要被监督者去自觉遵守，遵守纪律首先要注意自觉意识的培养。当青少年对行为规范的认知深刻到了一定的程度，并且对生命、人生等概念有了较为清晰、正确的认知，他们就会自觉地遵守这些规则。学校的基本纪律规范维系了学校正常的教学工作和生活秩序，学校教育管理工作的规范化、秩序化，也给青少年创造了良好的成长环境，培养其良好的行为习惯，使青少年对于吸毒这种违法行为自觉有抵制心理。

（三）创新禁毒的教育模式

1. 加强宣传，增强学生的禁毒意识

要充分发挥学校教育主阵地的作用，在落实专题教育课的基础上制定吸毒预防教育宣传工作。学校要动员学生进行系列性禁毒宣讲活动，以典型毒品、新型毒品的种类、特征及典型案例为中心内容，让学生们深刻认识毒品、了解毒品，从而做到自觉抵制毒品的诱惑，形成人人积极参与禁毒宣传的效果。

学校要按照每学期开设"禁毒教育专题课"的要求，坚决做到内容、课时、人员三落实。同时学校要持续性地组织开展适合青少年身心和认知特点的禁毒宣传教

育活动，切实做好宣传教育工作，让学生做到识毒、明毒、拒毒。

2. 寓教于乐，提高学生的学习兴趣

青少年这一群体是数据时代的"原住民"，对于新媒体更感兴趣。所以，学校要做到寓教于乐，宣传模式要做到灵活多样，而不是拘泥于书本纸张之间。目前大多数学校的禁毒宣传教育大多以开设讲座、主题班会等形式为主，因为略显枯燥而不能引起青少年的兴趣。因此，学校要不断探索更新工作方法和教学理念，将禁毒的宣传主题由纯粹宣传禁毒知识，延伸拓展至引导青少年树立良好的价值观和人生观，鼓励学生树立健康的生活习惯。学校可以尝试借助互联网、AR 等科技手段以学生喜闻乐见的形式来加大禁毒宣传力度，如开展各类以禁毒为主题的话剧表演、音乐会等，组织以学生为演员的"快闪"行动和"真人秀"活动。同时，可以将禁毒宣传与健康的体育娱乐活动结合在一起，如远足、马拉松、登山等。

五、以社会组织为抓手，探索预防对策

（一）监督举报工作

社会组织应当不断发展、优化对吸毒情况的监督举报工作，提升识别吸毒人员的能力，在较为广泛的社会基础之上收集各方面的信息，完善有关吸毒情况的信息网络。同时，社会组织应当为广大群众不断完善毒情监督举报渠道，提升举报者信息安全保障程度，进而广泛发动群众，留心周围可疑的人，对疑似吸毒、发现吸毒的人员及时举报，贯彻全民"共建、共治、共享"的禁毒模式。[①] 社会组织的首要任务是激发公民禁毒意识，要完善监督举报工作。公民意识是指公民个人对自己在国家中地位的自我认识，它是社会意识的一种存在形式，是一种现代意识，是在现代法治下形成的民众意识，它表现为人们对"公民"作为国家政治、经济、法律等活动主体的一种心理认同与理性自觉，又体现为保障与促进公民权利，合理配置国家权力资源的各种理论思想。因此，在禁毒过程中激活公民意识，培养公民参与禁毒治理的能力，对于社会禁毒工作的良性运作具有支撑作用。同时，注重对青少年吸毒群体的监督。青少年是容易被大众忽略的群体，可以在禁毒监督举报栏目针对吸毒人群分类，从而更有针对性地解决不同人群吸毒的问题。除此之外，社会组织在监督举报工作中还应当注重对禁毒评价体系的建设，在这一体系中，公民可以通

---

① 冯立洲. 共建共治共享社会治理视阈下的"全民禁毒". 政法学刊, 2020（4）.

过平台互动，了解自己所参与的禁毒活动的进度和效果，充分考虑到群众的满意度、安全感，让公民能够接受禁毒活动带来的反馈，从而提升其参与的积极性，构建公民参与禁毒活动的良性循环。

（二）风险评估工作

青少年作为社会群体中较为脆弱的组成部分，在禁毒方面需要进行分类管控，以便让他们合理接受禁毒教育。风险评估在预防吸贩毒、降低复吸率等打击毒品犯罪方面起到不可或缺的作用。社会组织作为社会人员参与综合治理的主要平台，拥有强大的专业资源和人员物资力量。

面对容易被忽略的青少年群体，首先，社会组织可以派遣专业的人士，切实加大对社会面吸毒青少年全面、彻底的核查，进一步摸清吸毒青少年的现实情况等，落实"逐人见面、逐人见底"的要求。

其次，社会组织要定期开展风险分析评估工作。社会组织要加强对所服务社区的吸毒青少年按照滥用毒品种类、吸毒情况、现实表现等要素，进行逐一的对比评估，做好大数据分析，并按照数据所呈现出来的青少年对于社会的危害程度，来确定高中低风险等级，以便对吸毒青少年按级管理。

最后，因为青少年在成长阶段，身心发育尚未完全成熟，接触社会的时间差距较大，所以要针对不同吸毒类型、吸毒史的青少年进行分类管控。低风险类吸毒青少年由社区网格员做好跟踪调查，了解其活动轨迹，关注其现实表现。对于中风险类吸毒青少年，要督促其严格按照社区戒毒、社区康复措施，在保证其进行义务教育的同时对其进行预防复吸的宣传教育，巩固戒毒效果。对于高风险类吸毒青少年，社会组织要形成一个监管体系，做到密切掌握其动向，对符合条件的要按照"应收尽收"的原则，及时与派出所联系，依法予以强制戒毒。

（三）就业发展对接

为了依法保障适龄戒毒青少年平等的就业权利，帮助戒毒青少年树立生活信心，重新回归社会，社会组织还要着重解决帮扶安置工作中青少年的就业保障问题。一方面，社会组织要在青少年戒毒和恢复的过程中逐渐培养其社会生活技能，使其具有一技之长，能够有立身之本，能通过劳动改善生活条件。这种技能应当充分考虑青少年的兴趣爱好及个人素质等情况，结合其特长为不同青少年提供不同的学习、拓展渠道，从而提升青少年学习的兴趣。让青少年拓展学习面，尝试不同的领域，为未来的工作做好充足的准备，也可以让青少年感受学习的乐趣和成就感。同时，关注青少年的心理建设，提升其对社会生活的认知度和内心接受度，激发其生活热情，为回归社会做好心理准备。另一方面，社会组织要做好与相关企业的岗位对接工作，找寻一些愿意接受戒毒人员的公司、企业和对接岗位，让戒毒青少年不会在外连续吃闭门羹。社会组织可以根据戒毒青少年不同特长和兴趣爱好联系不同的爱心企业，实现专业对口，提升戒毒青少年就业率。

通过多措并举，戒毒青少年能够找到对口工作，也可以在此过程中不断消除外界对自身的有色"滤镜"，提升大众对于戒毒人员的接受度和认可度，为构建良性的戒毒可循环发展模式打下基础。

（四）专业同伴教育

进入青春期后，随着生活领域的拓宽，青少年与同伴相处的时间超过了与家庭成员相处的时间，同伴在衣食、兴趣、学习等方面对青少年的影响力甚至超过了父母。通过调查发现，社会组织专业领导下的同伴教育是一项创新型青少年禁毒工作内容，能够起到长效预防作用。同伴教育是指具有相似年龄、背景、经历、社会经济地位及相同性别等具有共同语言的人，他们可以在一起分享信息、交流观念或互相学习技能。同伴教育者易唤起青少年人群的共鸣，在此情况下实现社会组织的教育目标。

美国相关研究指出，青少年参加以同伴为领导者的毒品滥用预防计划活动，与传统的课程相较，可降低青少年毒品使用 15% 的状况。[1] 青少年同伴辅导员作为同龄人，更加了解青少年的心理特征，也更擅长运用青少年能够接受的形式和语言进行宣传，青少年也更容易接受同伴辅导员传递的信息。近年来，国内戒毒领域社会工作专业引领下的同伴教育，在社区戒毒与社区康复领域取得了不错效果，毒品预防教育引入和发挥禁毒同伴辅导员力量是一种有益的探索。不过，从现阶段社会组织既有的戒毒同伴辅导员的年龄结构上看，中老年人居多，年轻人比较少。青年同伴辅导员或禁毒志愿者之所以少，并非没有青少年愿意站出来现身说法，痛陈吸毒对自身的负面影响，更多的是因为缺乏产生和保障同伴辅导员的有效机制，实践中我们缺乏相应的保密机制和发挥多元功能的平台，导致大部分吸毒青年不愿意向社会公开自己的身份和经历。为此，针对青少年毒品预防的同伴教育辅导员发展问题，一方面，社会组织要采取相应的保密策略，建立多元的参与形式或平台，以吸纳更多的工作人员参与进来；另一方面，社会组织可以在物质和精神两个层面加大对同伴辅导员志愿服务的支持力度，充分发挥同伴辅导员的作用。

基于青少年同伴培育很难且复杂的现实，社会组织在形式上也可以借助烟酒之

---

[1] 余爱艳. 禁毒社会工作中同伴教育的本土化应用研究. 华南理工大学，2020.

间的同伴教育。有相关理论指出,青少年发展成毒品滥用者的过程存在顺序和阶段特征,而合法物质的使用会发展为非法药物使用的风险,青少年成瘾物质使用的发展过程存在一种特殊的发展阶段和顺序,有些成瘾物质在这种顺序中被称为门户药物。这些门户药物成为青少年使用更严重成瘾物质的风险因素,这种顺序则成为潜在的干预方向。研究显示:吸烟经常被认为是通向成瘾性药物的"户",吸烟的青少年使用其他成瘾性药物的可能性比不吸烟的同龄人明显要高。有关调查显示,每天吸一包烟的人,其吸毒的概率是不吸烟者的 10~30 倍。因此,社会组织在青少年吸毒预防教育中不仅要宣传非法药物滥用的问题,更需注重呈现高相关性的烟草及酒精在预防吸毒工作中的使用问题,并提供相关有效预防方案,强化青少年非法药物滥用的预防成效。为此,社会组织可以大力发展烟酒等物质滥用青少年的同伴教育,以充实青少年毒品预防教育同伴志愿者的队伍和力量。

有效的毒品预防教育需要建立在专业理念和科学的知识基础之上,毒品预防教育过程中青少年同伴辅导员的发掘和培养同样需要专业的介入和引领。社会组织必须要明确,好的同伴辅导员仅有吸戒毒的经历或体验是不够的,还必须具备较好的沟通表达能力和相对应的文化素质,学会全面评估并表述吸毒带给自己身心的负面影响,用适当的传播技巧或共情艺术来让青少年从内心深处明白吸毒的危害。毒品预防教育工作者需在禁毒宣传教育活动中善于从优势视角与平等的角度出发,注重挖掘青少年的潜能,培育和发展青少年禁毒志愿者,对之进行专业培训,使之成为具备足够知识和情感的禁毒宣传员,并组织他们在社区、学校以及特定场所开展相应的同伴教育。[①]

(五) 全民参与体系

1. 完善组织体系

在开展得如火如荼的青少年禁毒斗争中,各类专业社会组织构成的力量在其中发挥着重要的作用,只有协调统筹好这些组织,构建一个稳定发展的全民参与平台,青少年禁毒工作才能行稳致远地发展起来。据不完全统计,目前,我国在县级以上民政部门正式注册的禁毒社会组织已有上百家,初步形成了以禁毒基金会、禁毒协会、禁毒志愿者队伍为禁毒组织体系骨干,易制毒化学品行业管理协会为支撑,覆盖毒情严重的地区禁毒社会化工作平台。我国青少年禁毒活动的开展,离不开这些禁毒社会组织,各个部门之间的分工负责,相互协作,探索创新,为实现无毒社会贡献了巨大的力量。为了青少年的禁毒预防工作,应大力支持禁毒基金会、禁毒协

---

① 彭善民. 青少年新型毒品预防的社会工作创新. 学习与实践,2012 (3).

会、禁毒社团等这一类禁毒社会组织的成长与发展。

禁毒基金会作为我国规模最大、实力最雄厚、影响最广泛的禁毒社会组织，是我国禁毒工作的重要社会辅助力量。禁毒基金会的宗旨是坚持以人为本，在青少年禁毒预防教育工作中，贯彻国家禁毒工作方针的基础上，动员社会各界力量和广大人民群众参与禁毒斗争，面向中国境内外募集和管理捐赠，支持中国禁毒事业的发展。

禁毒协会组织拥有强大的专业团体力量。近年来，我国吸毒群体逐渐低龄化，青少年成了毒品侵害的主要对象，针对这种现象，禁毒协会组织的宣讲团要加强对校园、社区等青少年学习生活的场所，对青少年进行全面的禁毒知识宣传。在给青少年进行禁毒知识普及的时候，禁毒协会工作人员要详细介绍毒品的概念、毒品的分类、吸毒的危害，传授识毒、防毒、拒毒的技巧和方法。在互动时，要着重以青少年好奇心重、容易产生盲目从众的心理状态为立足点，教育他们如何在心理上、思想上、行为上做到抵制毒品和拒绝毒品，强化他们识毒、拒毒、防毒意识。

青少年的禁毒宣传活动不仅需要基金会和禁毒协会等组织的支持，还需要青年志愿者的积极参与。近年来，志愿者队伍日渐壮大，禁毒志愿者的工作任务也侧重于加大对禁毒知识的传播。禁毒基金会、禁毒协会和禁毒志愿者三者间的共同协作，为青少年禁毒事业提供了强有力的支撑。

在全民参与青少年禁毒活动中，只是建立社会组织体系是远远不够的。社会组织应当加强同"党、政、警、群"的联通工作：坚持贯彻党对青少年禁毒事业的要求，树立"禁毒靠党，禁毒为民"的意识；同政府共同开展青少年禁毒系列工作，做好辅助工作；与公安机关构建"联防联控"机制，避免更多青少年再陷毒网；加强同人民群众的联系，让群众意识到青少年吸毒的危害，并以禁毒为己任，为了国家的希望、民族的未来，人人都充当禁毒宣传员，将"禁毒知识"宣传到每个角落。青少年是祖国未来发展的栋梁，社会组织应当提高全民禁毒意识，不能让青少年自甘堕落，所以各社会组织在这场青少年禁毒活动中都应负起责任，为营造良好社会风气贡献自己的一分力量。

2. 依托网络数据

在科技发展如此迅猛的当代社会，科技的力量更不可小觑。对于青少年禁毒工作而言，大数据分析与毒品预防、戒毒康复的结合，是极其必要的。依托大数据，我们可以建立一个毒品预防效果评估体系并实现毒品预防教育精准化。前者对预防主体和预防对象进行科学的检测和分析，及时收集、跟踪和发现毒品预防教育工作中存在的问题以及下一步的工作方向；后者可以将不同青少年对象区分开来，如兴趣爱好、认知程度、社会交往范围等，这些数据的集合可以为预防教育工作提供参考，由此制定个性化预防教育宣传内容，实现精准打击。从戒毒康复来看，大数据分析利于推动自愿戒毒机构的发展、增强戒毒过程中的医疗干预和强化就业帮扶工作。首先，通过大数据分析技术，结合各地毒品形势、戒毒需求、吸毒人员数量以及经济条件等，形成可视化报告，进而可以从全局角度整体布局，合理设计，实现自愿戒毒的资源优化配置；其次，大数据能够针对重点问题引进先进医疗设备，进行专门干预，实现精准戒毒医疗；最后，大数据分析技术实现个性化帮扶，更能够被吸毒人员所接受，能够切实减少吸毒人员数量，彻底遏制毒品需求的蔓延。将大数据与社会各界禁毒力量相结合，给青少年禁毒事业带来一个前所未有的提升。

（六）关系修复建设

对于戒毒青少年来说，人际关系建设普遍存在障碍。在大多数人看来，有过吸毒史的青少年是一颗"定时炸弹"，易做出违法犯罪活动，因此易对其产生社会排斥，这导致了吸毒青少年的交际圈较小，被社会孤立，很容易再次走上吸毒之路。为了保护青少年的心理健康，防止戒毒青少年复吸，社会组织应加大对青少年心理健康的关怀，尤其重视关系修复这一方面，让青少年感受到来自家庭与社会的关爱，让他们走出曾经的阴影，内心不再空虚，感受到正常生活的意义与美好。

1. 家庭关系的修复

社区戒毒康复人员戒毒、维持的过程中十分需要家庭的关爱、信任和支持，与家庭成员的关系也影响着戒毒康复人员的情绪和动力，因此家庭关系的修复和重建尤为重要。家庭成员因为戒毒康复人员而承受了较大的生活、经济压力，戒毒康复人员家属同样也需要被关爱和支持。社会组织的禁毒社会工作者可以通过社会工作，为社区戒毒、康复人员提供以家庭为基础的支持，坚持以家庭为中心的理念，通过心理治疗模式，根据戒毒康复人员与家庭成员之间的关系，采取危机介入的方式，运用生态视角观察，家庭会谈的方式，进行心理协调，建立良好的家庭氛围，使戒毒康复人员得到家庭接纳，帮助其建立家庭发展系统、修复家庭关系，促进家庭功能的优化，直至其解决实际困难，重新回归社会。

家庭关系是一把"双刃剑"，这股力量运用得当可以明显提高戒毒成功率，有效防止复吸；反之也会成为诱导复吸的关键因素。在整个社会戒毒康复体系中，家庭自主戒毒的重要性不言而喻，因为只有亲属才能真正从情感、时间、精力层面为吸毒人员提供全方位的戒毒康复和医治看护，因此有关部门需要加大力度，引导和指导更多吸毒者家属主动跟进，进一步拓展职能范畴和应用效能，力求推陈出新、提质增效。上海将家庭自主戒毒的指导职能纳入社区戒毒、社区康复过程中，具体由各镇街的禁毒社工来完成。有些戒毒中心已经形成一套完整的"家庭自主戒毒"

指导新模式，模式以自愿为前提，围绕戒毒人员的生理、心理、社会关系制定一整套解决问题的方案，指导家属全程参与治疗，让戒毒人员在开放的环境中逐步实现生理康复、心理康复，直至回归家庭和社会。

进一步提升戒毒康复的成效，需要在制度上对家庭在戒毒康复中的地位、功能和角色予以明确，并构建相应的保障制度。就此而言，创建"无毒家庭"应是一个很好的选择。①

2. 社会关系的修复

戒毒人员曾经的朋友圈是使其复吸的重要原因之一，青少年普遍认为朋友对他们而言非常重要，但他们对朋友的概念比较模糊，也容易受朋友影响。一个正向积极的朋友圈对戒毒康复人员起着至关重要的作用，也是戒毒康复人员重新融入社会获得支持和肯定的重要途径。要使戒毒康复人员搭建正向交友圈，构建良性的人际支持网络，禁毒社会工作者可以通过组建"过来人"组织，替代其原有的朋友圈，实现自助互助，对于在一定时间段内戒毒操守保持较好，而且态度积极认真，愿意配合工作的戒毒人员，禁毒社会工作者积极引导其走出家庭，帮助他们面对公众，通过现身说法、交流探讨、感召宣传的方式助力禁毒社会工作者工作，建立自律和他律的机制，通过以生命的力量影响生命的理念，帮助重建属于他们生命的意义，来拯救每一个青少年吸毒者。

六、以立法机关为保障，保护青少年权益

（一）完善未成年人法律保障

当前立法机关对于普通吸毒人员的法律规定较为完善，但是对于特殊群体青少年的法律保障还没有较为清晰的认定。考虑到青少年年龄较小，价值观尚未成熟，容易被外界误导而吸毒，对毒品的认知也不够全面、科学，因此，针对其身心特征，立法机关应当制定特殊的法律保障来保护吸毒青少年的权益，同时在合理的方式方法下帮助他们回归正途。在刑事诉讼法等法律中，未成年人的权益常常受到特殊保护，如有监护人在场等。由此可以借鉴这种法律精神，在有关青少年吸毒的案件中，从不同青少年的家庭状况、受教育状况、社会关系状况考虑，分类进行管理审判，这需要相关法律的完善来保障。这些法律不仅可以维护青少年的权益，更可以保护

---

① 余东明，张海燕. 上海将家庭自主戒毒指导职能纳入社区戒毒社区康复. 法制日报，2019-6-26.

他们免受不必要的内心创伤，为以后重新返回社会打下良好的基础。同时用感化的方式更有助于青少年反思自身行为，提升戒毒主动性、积极性，形成一种良性循环。立法机关可以借鉴以往吸毒青少年的案例和解决措施，广泛征集社会对于吸毒青少年案件的法律建议，考虑如何完善对吸毒青少年的法律保障。根据公安部门、社区禁毒部门等吸毒青少年戒毒实际情况的调查，探究当下吸毒青少年最重要的价值需求是什么，融合"以人为本"的法律精神，构建合理的法律保障，从而维护吸毒青少年的合法权益。

（二）完善法律法规具体细则

法律规范可以对人的行为起到导向、指引的作用，同时法律也可以预告人们一定的行为将产生什么样的后果，从而让人们对自己的行为作出合理的安排。[①] 因此，完善禁毒刑事法规，让法律产生其应有的指引、预测和威慑作用，能更有效地预防和打击毒品犯罪。目前我国毒品犯罪的刑事立法仍然存在一定缺陷，尤其是有关青少年毒品犯罪的条款方面有待进一步完善。完善立法、建立和健全青少年涉毒的防范和控制的法律体系是预防青少年涉毒的关键。

我国现行的《刑法》《禁毒法》等相关法律在防范和控制青少年涉毒违法犯罪方面发挥着重要的作用。在对涉毒青少年进行法律适用时，要贯彻重教育、重挽救、轻惩罚的方针，贯彻"宽严相济"的刑事政策，对青少年身心等特殊因素着重考虑，适用刑罚的同时重点对他们进行毒品违法犯罪的预防教育，让他们认识到毒品对个人、家庭、社会的严重危害，避免他们再犯。但有一部分人却利用相关禁毒法律的特点，想办法钻法律空子，想当然地认为法律不处罚或者只是较轻处罚的涉毒行为，而且宽恕犯罪情节恶劣、利用自身特殊保护的优势，从事涉毒犯罪的青少年犯罪人。[②] 因此，为了打击青少年涉毒犯罪行为，预防更多的青少年因为法律的特点而走上吸毒之路，必须要及时完善相关法律。

1. 完善法律体系

《禁毒法》自 2008 年 6 月 1 日起施行，迄今已经走过了十多年之路。十多年来，禁毒法在整个禁毒法治体系中发挥了不可或缺的影响力，为青少年禁毒工作的推进起到了保驾护航的作用。在禁毒立法上，我国现阶段基本形成了以《刑法》《禁毒法》《戒毒条例》"两法一条例"为法律中心，毒品犯罪行政法规、地方性禁毒法规相组合的禁毒法律体系。全国性的相关禁毒法律法规难以涵盖全国各地，无法对毒品违法犯罪中新出现的问题予以及时的回应，但地方性禁毒法规大有可为。在地方

---

① 张文显. 法理学. 高等教育出版社，2018：72.
② 翟远锦. 论当前我国青少年涉毒违法犯罪. 云南警官学院学报，2014（5）.

性禁毒法规的发展完善上，相关机关一是做到立法的精细化，即对《禁毒法》《戒毒条例》规定的禁毒措施进行细化。二是做到立法的特色化，坚持因地制宜，有的放矢，结合地区禁毒现状创新规定禁毒措施。三是做到立法地方化，为《刑法》中毒品犯罪的解释适用填补地方性的知识，保障禁毒政策的落实，这样才能依法有效打击毒品违法犯罪。

2. 扩大管控范畴

（1）使用毒品犯罪化。自新中国成立以来，在立法史上我国法律未将吸食、注射毒品列为犯罪，《禁毒法》仅将吸毒的行为纳入了行政处罚的范围。近年来，由于我国吸毒问题呈现低龄化趋势，青少年毒品犯罪也日渐严重，所以立法机关增设了吸食、注射毒品罪，这也成为减少青少年涉毒犯罪的关键点。我国刑法不认为吸毒是犯罪行为，大部分的学者也认为不应当将吸食毒品纳入犯罪行为中去。但是，就目前国内的毒品现况来看，我国已经由一个单纯的毒品过境国转变为毒品过境与毒品消费、毒品滥用并存的毒品受害国。毒品消费市场的延伸，吸食者群体的扩大，刺激着越来越多的毒品犯罪案件的产生。事实上，美国、韩国、日本、土耳其等众多国家的法律都规定了吸毒是属于犯罪行为的，应予以刑事处罚。世界上大多数国家，如日本、德国、法国、韩国等均将吸食毒品的行为规定为犯罪，吸食毒品的人也要负相关刑事责任。

在立法过程中，我国对于青少年涉毒犯罪行为的刑事处罚应当采取宽严相济的刑事政策，即从保护未成年人身心健康发展的目的出发，在坚持从宽处理的基础上，将立法方向侧重于对涉毒犯罪青少年的教育改造，对预防青少年吸毒的基本方式应是对青少年进行保护，为他们健康成长保驾护航。所以，应对青少年吸毒处理机构的设置、处理原则的确立以及保护措施的制定等问题进行论证探讨，以期建立较为合理的预防青少年吸毒体系。

（2）毒品犯罪低龄化。根据《刑法》第16条第2款的规定，已满14周岁不满16周岁的人，犯贩卖毒品、投放危险物质罪的，是应当负刑事责任的，但未涉及其他涉毒行为。

然而，随着毒品犯罪活动的猖獗，青少年不仅成为吸毒者的主体，甚至还有相当一部分青少年被利诱或者主动担当了走私、运输、窝藏毒品的角色。未成年人却不需要承担走私、运输、窝藏毒品的刑事责任，这无疑给毒品犯罪人员一个法律空子，他们会唆使未成年人代替他们进行运毒、贩毒，同时又误导了青少年认为他们的涉毒行为是无关紧要的。

针对此类情况，应当扩大未成年人毒品犯罪刑事责任的年龄范畴。虽然说，刑法的这条规定是出于保护未成年人的意愿而设的，但是随着禁毒知识的普及，基础教育的发展，中国目前禁毒形势的严峻，已满 14 周岁的未成年人具有了足够的认知，应该可以认识到走私、运输、制造毒品的危害性，也拥有足够的认知能力和辨别能力对自己的行为进行控制。因此，建议将已满 14 周岁、未满 16 周岁的未成年人在涉毒行为方面，扩大刑事责任年龄的范围，并加入走私、运输、制造毒品罪，以完善法律体系，全面保障国家禁毒工作的开展。

3. 加强国际交流

毒品犯罪已经是一个国际性的犯罪现象，大范围内的犯罪行为必然会波及青少年。对此，我国应当积极参与国际禁毒事务，签署相关的国际禁毒条约，加强与国际禁毒组织、机构的交流与合作，学习借鉴优秀经验，为预防青少年涉毒而早做准备。比如，PC 矫正方案，就是从美国引进的一种戒毒方案。学习西方国家先进的禁毒措施，结合中国禁毒的实际情况，可以更好地打击和预防国内的青少年毒品犯罪。①

经过国际禁毒机构和各国政府长达多年的不懈努力，世界禁毒形势有了一定好转。但是，我们应当清醒地认识到，由于资金、技术、人力等原因，有关国家的禁毒工作以及国际社会协调的禁毒工作的努力受到了严重阻碍。我国应该积极加入或签署与禁毒斗争有关的国际性或区域性公约，实现在禁毒国际合作中与其他国家的平等对话，通过个别转化或自动纳入等方式，将国际立法与国内立法的衔接工作做好，把先进的国际禁毒理念转化为国内立法的指导理念，不断缩小我国国内相关青少年禁毒立法与国际禁毒公约的差距，力争与国际青少年禁毒斗争工作的节拍相符。

七、以公安机关为主体，提高禁毒效率

（一）预防青少年涉毒行为

1. 提升毒品实验室能力

浙江省毒品防控技术研究重点实验室致力于禁毒领域先进技术和理论研究。面对国内外严峻的禁毒工作任务，实验室以毒品防控的关键技术为中心开展研究，创立了毒品毒物检测新技术以及快速甄别装备、新精神活性物质毒理学和成瘾性机制研究，以及禁毒侦查、毒情监测和毒品预防教育体系三个研究方向。② 实验室将这

---

① 朱宇．青少年毒品犯罪的原因及对策．湘潭师范学院学报（社会科学版），2006（2）.
② 强化顶层设计　树立创新理念　提升实战水平——浙江省毒品防控技术研究重点实验室简介．公安学刊（浙江警察学院学报），2019（2）.

三个研究方向有机结合，以宣传教育为先导，以服务禁毒实战为目标，不仅开展禁毒宣传教育活动，更大力开展自主创新，开发毒品检测新技术，提升毒品防控能力。在公安工作中，建立这样的毒品实验室具有重要意义。各地公安机关应当根据本地毒情，设立毒品实验室，进行对新型精神活性物质的毒理研究以及防控对策研究，将实验室的科研成果应用于公安实战，加快对毒品检测和新精神物质的鉴定，提升公安执法效率，提升公安实战水平。同时，在这一过程中，全新的技术也会促进公共安全行业技术的进步，有助于新兴技术的产业化发展。毒品实验室在进行了一段时间的研究后，能够对新型毒品实现认定，从而为开展形式多样、内容丰富的禁毒宣传教育活动奠定理论基础。同时，毒品实验室需要引进和培养各类专业人才，积极开展国际交流与合作，加强毒品的防控技术开发，实现自主创新，争取在禁毒领域研发具有自主知识产权的核心技术。在这一基础上，毒品实验室可以利用自身发展的成果，联合政府部门将其应用于各个社区禁毒工作平台和禁毒、戒毒公共服务平台，从社区、家庭等层面形成警民互动，形成有效监管吸毒、戒毒的闭环体系，不断提高社区禁毒戒毒的管理水平，达到社区无毒、长治久安的最终目的。

2. 加强毒品原材料监管

（1）加强对易制毒原料化工厂的管理。依据国家 2000 年 11 月《关于加强易制毒化学品生产经营管理的通知》的规定，易制毒化学品是指能够用来提取、制作海洛因、可卡因等麻醉药品和精神药物的物质。《刑法》第 350 条对易制毒化学品进一步做了界定，即乙醚、三氯甲烷等经常用于制造毒品的原料和配剂。

绝大部分的天然毒品与合成毒品要经过提炼和加工才能进入消费市场，在对制毒需要的主要原料和配剂进行化学加工和反应提取中间体，从而形成毒品。这些易制毒化学品是日常生活、工农业生产以及科学研究等常用和常见的原料，但在毒品制造中发挥着关键作用，因此一直被国家法律法规严格管制着。"没有易制毒化学品，就没有毒品"早已成为全球禁毒工作人员的共识。加大对易制毒化学品的管控，防止其流入非法渠道，才能从源头上彻底控制毒的生产制造。近年来，我国也逐步提高了群众对易制毒化学品管制的认知。对易制毒化学品、麻醉和精神药品管理的加强，能够有效防止其流入非法使用渠道，将制造毒品违法犯罪活动发生频率降低。公安机关根据国务院公布实施的《易制毒化学品管理条例》《麻醉药品和精神药品管理条例》，在切实贯彻落实两个《条例》的前提下，进一步推动青少年禁毒工作更加规范化，应该从多个环节入手。

首先，加强对制毒化学品和精神药品企业的管理和控制。加强对制毒原材料和制毒设备的生产和销售环节的管理和控制，完善有关易制毒原材料和相关设备的管理制度，结合各地的实际情况制定实施细则，在公安部门的管理中加入对易制毒原料及设备的管理，并定期对这些原料、设备的使用情况进行检查监督并登记备案，加大法律制裁的力度，并对不按规则执行及推卸责任，甚至抵制法令的有关责任人，追究法律责任。

其次，严格对麻醉、精神药品的种植、生产、供应、经营、进出口和使用环节的监管。相关企业需要对易制毒化学品的货物进出情况进行详细记载，并且实行生产特许证制度，国家主管部门应下达相应的生产计划，严禁进行计划外生产，在麻醉药品、精神药物等流通方面，严格实行准运证制度，对产品的跟踪工作做到实时化，并且将此制度纳入公安部门的特殊行业管理之中，形成长效机制，对违反此项规定擅自进行易制毒化学品制造、运输和贩卖行为的依法予以查处。

再次，运用科学技术手段加强对非制毒化学品和精麻药品企业的监测，对于制毒化学品和精麻药品的管理不能仅仅局限于对相关企业进行管理，更需要加强对其他非易制毒化学品的管理与配合。易制毒化学品非法生产和流通必然要依赖相应的资源和环境，通过与工商、环保、消防、卫生等部门进行协同配合，公安机关可以通过大数据排查方法，从异常的用水、用电以及污染排放等监测情况中，及时发现制毒、贩毒窝点的蛛丝马迹，迅速采取有效的打击行动。与此同时，通过与有关单位和部门建立协作和有奖举报制度，调动社会力量和人民群众积极性，最大限度地发挥社会监督作用，为打击易制毒化学品的非法生产和流通广泛收集线索。

最后，加强对外来投资的管理与监控，特别是针对相关的化工类企业。当前我国境内制毒犯罪的资金有很大一部分是来源于境外，因此，要加强公安机关及其相关部门的监管力度。公安禁毒部门一直是禁毒工作的主力军，在对易制毒化学品的管控与监督过程中，需要主动协调与其他各部门之间的分工与合作，彻底改变"重破案而轻监管"错误理念。有关单位也要改变毒品犯罪的唯一主管机关为公安机关的刻板印象，充分意识到自身所应承担的职责。建立健全禁毒工作领导机制，形成以公安部门为主力，其他各相关单位分工配合、积极参与的工作体系，真正做到统一领导、各司其职、互通情况、强化管理、提高水平，不断优化易制毒化学品管理体系，形成各部门齐抓共管、协同作战的有利格局。要加大宣传力度，改善易制毒化学品的管理执法工作环境。综上所述，公安机关作为禁毒战队的核心主力军，公安人员更应通过学习《关于加强易制毒化学品生产经营管理的通知》，不断深化执法人员对易制毒化学品的认识。

同时，在全社会开展有关易制毒化学品的宣传教育，普及有关易制毒化学品的知识，提高全社会对易制毒化学品流入非法渠道危害性的认识，使群众积极参与到打击毒品的违法犯罪活动中来，同时也要开展重点宣传，一方面，要加强与工商部门的协作，对有关企业、单位采取相应的监督管理。另一方面，要坚持宣传教育与打击查处并重，通过典型案例的成果展示与政策宣传，达到对毒品犯罪分子震慑的效果。落实监管措施，形成易制毒化学品管理的良好工作基础。我们要建立专门的易制毒化学品管理机构，并配备相应的专业工作人员，分层次开展易制毒化学品的管理工作。第一层次是全程监控一类易制毒化学品；第二层次是检查并掌握涉及其他易制毒化学品企业生产经营的基本情况；第三层次则是将易制毒化学品的管理工作纳入派出所的基础工作中，明确辖区民警应当负的监督检查责任。

统一执法程序，规范易制毒化学品管理的内容。要进一步规范易制毒化学品管理的执法程序和内容，统一审批的程序、文本、印鉴和审核内容。生产易制毒化学品的企业必须经有关部门的审查和把关才有资格申领证件，其生产经营的资格年度计划以及销售方向等都需要接受严格的审核和批准。除此之外，有关部门还应该将购用方企业的营业执照、购用的备案证明以及年度使用的计划和用途说明等情况纳入重点审查的范畴之内。同时，行业主管部门要统一所有涉及一、二类易制毒化学品生产、流通企业的各项规章管理制度，完善生产、经营、仓储运输、使用消耗等基础台账，以便建立起长效的管理制度。

依法严格监控，加大对易制毒化学品的违法犯罪案件查处力度。第一，禁毒执法机构应当定期或不定期地针对企业开展相应的检查工作，全面监督管理易制毒化学品的生产、流通和消费等环节，对于违反规定的非法企业予以严厉查处或取缔，使企业行为在安全、自律的意识约束下走向规范化。第二，扩大情报信息的收集和管理，为查处打击犯罪行为提供线索，非法买卖易制毒化学品主要集中在流通领域，其交易信息传递大多通过网上联络或供销业务人员居间联系。缉毒情报部门更应因地制宜，从多方面对各类化工企业的网络以及供销部门的业务人员加强监控，努力获取和掌握更多涉及一、二类易制毒化学品生产和流通的有价值情报，一旦发现线索，就立刻组织人员，集中精力精准打击违法犯罪行为。

除此之外，公安机关还要完善和加强毒品检查工作。

首先，开展人员培训，提高执法队伍综合素质。易制毒化学品管理是新的公安业务事项，应加强对易制毒化学品管理执法人员的培训力度，具体来说，培训内容包括易制毒化学品的基本常识、制造毒品的大致过程以及一些基本的化学化工知识、制造毒品所需的层料和配剂、生产设备等知识，加强对易制毒化学品的了解。针对管理工作中的法律法规、规范要求办证工作、监督检查方式方法、情报信息来源、执法办案技巧等多方面内容，进行专门训练，以便提高执法人员的专业技能与执法能力。此外，优秀的缉毒执法人员还应对易制毒化学品有一定了解，能够熟练掌握相关应急措施，以便在面对突发的意外事故时及时采取有效措施。

其次，加快信息交流，提升易制毒化学品管理的工作水平。鉴于易制毒化学品犯罪活动的跨区域性特点，在全国范围内对其实施有效防范和控制必须依靠各区域之间的密切协作和联合缉查。而高效协作与配合以顺畅的情报信息交流为前提，只有提高易制毒化学品管理信息的交流速度与质量，并在此基础上进行有针对性和可行性的经验交流，才能不断增强缉查能力、不断丰富自身工作的内容和手段，进而加快易制毒化学品管理工作规范化、正常化进程。

最后，完善情报体系，加强对易制毒化学品的管控。加强情报调查工作，建立统一完善的缉毒情报中心，并设置分支机构，从而形成一个完整的情报体系。通过情报分析易制毒化学品的种类、来源以及制毒集团的需求，便于进一步加强对易制毒化学品的管控。加强隐藏力量建设，从而提高发现易制毒化学品违法犯罪能力，加大毒品缉查的力度，掌握制毒集团对易制毒化学品的需求。

综上所述，通过加强对易制毒化学品和精麻药品企业的管理与控制，就能够从生产和流通领域对易制毒化学品进行有效的监督。加强公安机关及相关部门的监管力度，有效控制易制毒化学品。完善毒品缉查工作，要从最初阶段控制可能发展的毒品犯罪开始，加强管控易制毒化学药品、麻醉品和制毒器械等相关产品的流通渠道和使用途径，从源头上遏制毒品犯罪具有重要意义。

（2）加强对自种植毒品原植物的探测。在毒品制造中，毒品原植物的种植是最为普遍的来源。因此，公安机关加强对毒品原材料的监管，有助于从根本上控制毒品制造的泛滥。种植毒品的犯罪分子常常利用一些山区隐蔽地块来种植毒品原材料。由于山区山高林密、地势险要，因此发现难、监控难、铲除也具有较大困难。对于此种种植毒品原材料的情况，就需要借助现代科技手段让这些违法犯罪行为无所遁形。据悉，为切实提升对凉山毒品原植物非法种植活动的自主监测和发现能力，四川移动凉山分公司、中移（成都）产业研究院、凉山北斗科技有限公司与布拖县委禁毒办、布拖县公安局联合实施开展了布拖县毒品原植物非法种植监测项目。通过引入卫星遥感、无人机航测等高科技技术手段，结合拉网式人力踏查，全面加强了辖区禁种铲毒工作力度，有效破解毒品原植物非法种植发现难、监控难、铲除难的"三难"问题。[①]

在这个项目中，工作人员先通过高分辨率卫星影像在较大范围内对非法种植罂粟的可疑区域进行最初的预判，从而获取疑似种植罂粟的区域信息。然后再利用低空无人机平台搭载监测设备来对疑似种植区域拍摄更高分辨率的影像，并对可疑区域的地理位置和面积信息进行数据解析判读，形成监测结果报告，从而有效支撑了公安机关禁种铲毒工作的开展。在这个项目中，"无人机"发挥的作用很大，也具

---

① 四川移动助建"千里眼"破解毒品原植物非法种植难题. 通信与信息技术，2019（3）.

有很大的优势。无人机的建造、使用成本低。无人机体积比较小，重量也比较轻，因此造价成本低、油耗低，运行成本也大大下降，从而提高了续航能力。无人机的机动性强，维修保障要求都比较低。在较小场地上能够起飞、回收，因此在公安工作中运用十分便捷。在监测毒品原植物的种植中，这类无人机的显著优势就是航程长、监测面积广，并且可以不需要依赖机场起降，拓宽了人力的边界，同时也避免了实际工作人员到达险要地域的危险。这种技术的运用最大限度地靠近了人力无法到达的区域，能够有效地发现罂粟等毒品原植物的非法种植活动。

因此，在监测毒品原植物的种植过程中，公安部门应当协同信息公司、高新技术企业、产业研究院等合作开展监测项目。公安机关能够在专业技术的支持下，发掘毒品原材料的非法种植活动，提升公安工作的效率，同时也应该向高新技术企业学习，为公安工作的革新提供技术支持，拓宽创新理念，进一步加强公安实战能力，为监测毒品原材料的种植提供最新技术支撑。只有不断提高科技能力，才能推进公安工作现代化和禁毒工作科学化。

（二）打击青少年涉毒行为

1. 加强人员应急管理，有效提升公共安全保障性

吸毒人员吸毒后，有的会精神萎靡不振，但有的人员也会发生精神紊乱、神志不清的状况，进而产生幻觉，行为不受主观控制，出现非常态行为，导致各种极端行为事件的发生，严重威胁社会公共安全。目前，对于吸毒人员造成的极端行为事件，基本都是对行为后果进行应急处理，属于典型的事后型应急管理。然而，具有现代性的应急管理要求对待此类突发极端事件，应急管理要有预见性，从源头控制，才能最大限度地减少吸毒极端突发事件对公共安全的危害。由于此类吸毒极端行为事件不具有足够的显性，往往事发突然，很难提前察觉，具有较强的隐匿性，在以往技术条件不够发达的情况下，事后处理是常态化。如今进入大数据时代，各类信息网络建设逐步完善起来，如果能将其运用到吸毒人员管理系统中，就可以在一定程度上为这种吸毒极端行为事件做好准备，起到预防的作用。[①] 由此，对吸毒人员，包括吸毒青少年的常态管理和极端行为的非常态化管理之间存在的断裂需要进一步进行弥补，从而提升管理的连续性和系统性。

（1）优化高新科技，建立多个安全系统。当前社会的飞速发展，大数据技术的优势不断显现出来。研究机构 Gartner 定义"大数据"（Big data）为需要新处理模式才能具有更强的决策力、洞察发现力和流程优化能力来适应海量、高增长率和多

---

① 李丹阳，何紫琪，李潇渝. 基于大数据的广州市吸毒人员危害公共安全极端行为的应急管理模式. 法制与社会，2020（13）.

样化的信息资产。麦肯锡全球研究所认为，大数据是一种规模大到在获取、存储、管理、分析方面大大超出了传统数据库软件工具能力范围的数据集合，具有海量的数据规模、快速的数据流转、多样的数据类型和价值密度低四大特征。其中，大数据技术的战略意义并不在于掌握庞大的数据信息，而在于对这些含有意义的数据进行专业化处理，从而得出更有价值的结论与更高效的对策来不断优化系统。

在禁毒过程中，吸毒人员群体十分庞大，运用传统的人工数据处理并不能全面、有效地分析其存在的特征和规律，并且在观察、监测吸毒人员轨迹等方面也具有很大困难。因此在管理吸毒人员中运用大数据技术，即采取智能数据采集、分析、管理、可视化等方式，智能分析吸毒发展趋势，为接下来的禁毒决策赋能十分重要。大数据对当前吸毒人员的信息数据进行追踪、检查，对其密切接触人群、行动轨迹、活动场所进行实时监测，以及对其极端行为预测，从而有效地找到应对这种突发极端行为事件的关键点，提前做好应急管理工作、未雨绸缪，具有十分重要的意义。

大数据的来源也应当不断扩大，并且注重数据的真实性和实用性。管理吸毒人员的大数据平台应当与各类职能部门信息资源平台相对接。除了本身已有的来自公安内部系统、戒毒所登记系统、社区禁毒办信息系统的有关吸毒人员的数据信息外，还应不断收集各种来源的有关吸毒人员危害公共安全极端行为的相关信息，包括网络搜寻、实地调研等方式。禁毒情报信息的主要来源对象可以分为涉毒人群、涉毒区域与交通、关联行业、制造特征以及资金情况。[①] 涉毒人群包括了吸毒、贩毒、制造、运输毒品以及种植毒品原材料植物的人员。涉毒区域与交通即是涉毒人员活动的范围区域，包括运输途经地、毒情重点区域等，以及运输毒品和涉毒人员的相关交通工具。与毒品犯罪相关联的行业则包括易制毒化学品、制毒工具设备、物流快递等相应行业。毒品制造特征是指毒品制造的工艺、原料特征以及产地特征等情况，用以监控毒品的滥用趋势，为毒情预测提供客观可靠的支持。资金即是指与毒品贩卖、犯罪相关的金钱交易等。通过对这些信息的分析，能够更全面地掌握毒品泛滥的具体情况，为联合行动打下基础。

除此以外，大数据平台还应对接各类职能部门信息管理系统。信息的闭塞不仅会导致数据价值降低，更会导致各部门立体联动的难度增大。因此相关信息只有在传递的过程中才能实现和提升价值，为应急工作提供数据基础。只有在应急协作系统中实现数据的共享，才能实现具体的联动和事前应急准备的成功。但现实中仍有一些信息共享受阻的现象存在，因此，必须在"党委领导、政府负责、社会协同、公众参与、法治保障、科技支撑"的治理理念的引领下，有效衔接各类职能部门信

---

① 朱虹．大数据背景下对贵州省毒品情报信息工作体系的思考．贵州警察学院学报，2020（1）．

息管理系统，实现信息流通。比如，联通司法部门与公安部门有关吸毒人员的信息动态管控系统、联通社区禁毒工作人员对接吸毒人员情况、联动社会组织等，及时录入信息，促进信息的良性循环与有效利用，增强预测的准确性与科学性，提高各类职能部门的信息管理效能。

除了运用大数据技术进行全方位监测和关注外，各类大安全平台也应当不断建设起来，各个禁毒社工系统、社区戒毒系统应当对应大数据技术，充分提升禁毒科技效益。各个社区的禁毒工作人员在为本社区吸毒人员提供心理咨询服务等工作时，应当及时留存相关记录，录入大数据库，定期整理不同吸毒人员的心理变化情况，运用大平台上的数据算法等智能技术推断吸毒人员的行为变化趋势，及时为突发极端事件做好应急准备。相关人员要将数据整合到统一管理平台上，通过更多的数据推算总体趋势与特征，为总体战略部署提供大数据研究基础。除此之外，执法人员之间要注意数据的及时沟通与交流分享，避免紧急极端事件发生时，重要信息出现失真情况，从而提高执法效能。各部门之间也应当及时沟通、信息共享，在扩大数据的基础上探究普遍性的规律，进一步提升应急管理能力。同时，这些大平台数据与技术必须进行安全管理，建立有效的数据信息安全机制，保护数据不被攻击，保证和提升其完整性、可用性和保密性。将这种大数据技术融入对吸毒人员的管理中更有助于对突发极端行为事件精准定位、有效出击，降低社会安全遭受危害的风险。

（2）加强立体协同，提升应急管理力量。在对吸毒人员突发事件的应急管理中，仅有单方力量是远远不够的。各部门应当联合起来，建立具有充分应急管理准备的联合机制，实现各个管理平台之间的互通有无，充分做好应急准备。当前对于吸毒人员突发极端行为事件的应急工作大部分仍局限于一个平面内，即仅有极端行为发生现场的各方必要协同，包括民警、医护人员、消防队员等人员的协同。这种协同仅仅针对事故发生的现场，实质上还是处于一种事后的应急工作。要有效减少吸毒人员极端行为对公共安全的损害，就需要一种更加立体的协同，不仅是从时间的事后提前到事前，更是增加协同主体的数量，多方位提升应急能力，增加整体的保障度。在这之中，除了以往的常规配置，还应联合社区吸毒人员管理部门、相关监控设施部门、司法部门、街道办事处等组织部门对吸毒人员的基本数据信息和行动轨迹进行全方位的掌握和监控，做到指挥有数据基础，应对足够灵敏快捷，对极端行为过程具有全流程覆盖式应急准备。

在这种立体协同的应急管理体制中，可将大数据技术贯穿于应急管理层面，将吸毒人员突发极端行为事件应急管理机制分为预防、准备、出击、恢复、反馈五个阶段。在应急管理预防阶段，主要是社区禁毒工作部门及时留存吸毒人员的相关记录，录入大数据库，定期整理不同吸毒人员的心理变化情况，运用大平台上的数据算法等智能技术推断吸毒人员的行为变化趋势。同时，公安部门定期汇总吸毒人员相关情况，分析吸毒形势，对接社区禁毒部门进行信息交流，依据实况调研禁毒应急工作存在的问题和解决措施，及时为突发极端事件做好应急准备，为总体战略部署提供大数据基础。相关人员要将数据整合到更大的统一管理平台上，通过更多的数据推算总体趋势与特征，将吸毒人员进行级别分类，按照蓝色安全、黄色有风险、红色极端行为趋向强进行分类管理，针对不同吸毒人员采取不同的预防措施，并针对极端行为风险高的吸毒人员制定具体出击方案，避免紧急事件发生时无方案可依，对公共安全产生更不利的影响。而在应急准备阶段，则需要公安、消防、医院、社区、街道等各个部门、组织依据大数据，提前商讨好方案，制定迅速、有效的出击机制。在这一机制中，可分为就近指挥、现场处理、概貌基础、法律保障四个部分。公安可联合社区以及街道办事处、监控探测部门的主要负责人进行就近指挥，在结合了大数据以及监控等基础上研究最迅速、最有效、最安全的应急管理方案。现场处理主要由公安部门、消防部门以及医护人员进行，公安部门和消防部门配合控制吸毒人员的行为，医护人员对吸毒人员以及现场受伤人员的救治。法律保障是指链接司法部门信息系统，为打击行为和群众等公共安全提供法律保障，保证程序进行的合理性。这样一来，各级职能部门就能够立体联动起来，推动出击阶段的顺利进行。在应急出击阶段的机制中，各方根据方案进行应急联动，但其中现场控制与救治并不是最主要的部分，提前控制与预防才是保护公共安全的重中之重。此"出击"应当注重事前的阻断，重点进行信息的追踪和更新，完善应急工作方案，从而将危害的发生遏制在摇篮里。在这一阶段，应当注重大数据技术对于资源的调配整合作用。通过链接各方的信息传递网络，更新资源情况，用大数据计算最优调配方式，可提高整个应急管理工作的效率，最大限度利用资源。在恢复阶段，注重对吸毒人员和事件中受到伤害人员的控制和抚慰，同时，恢复各个职能部门对应急事件的处理资源，缩短为重新准备资源、联络、应急方案的冷却时间，提升应急能力。在反馈阶段，指挥数据中心要第一时间将此次吸毒人员极端行为案件与本次应急工作的相关数据信息整理录入，更新吸毒人员极端行为案例数据库，分析此次行动中存在的不足和优点，并且通过相关工作人员的评价进行反馈，为下一次应急行动做好准备。

（3）实行精细管理，构建灵敏反应机制。针对吸毒人员危害公共安全，不同极端的行为种类，可采取不同的大数据方式进行管理和预防。吸毒人员危害公共安全的极端行为主要包括自残自伤、伤害他人、危害道路交通安全这三大类。针对吸毒人员的自残自伤行为，应当时刻关注具有心理抑郁等心理障碍的吸毒人员，定期对这类吸毒人员进行心理辅导，解开其心结，降低其负面消极情绪。当吸毒人员近期明显具有情绪波动或负面情绪增多时，除了心理辅导，工作人员还应当增加对此类吸毒人员的关心，增加探访的频率，提升对相关吸毒人员的应急紧张度，为极端事件的发生做好准备。对于吸毒人员在吸毒过后伤害他人的极端行为，应当重点关注脾气暴躁、情绪浮动大、易怒的吸毒人员，在数据库中收集和分析此类吸毒人员情绪爆发的相关数据和信息，在易怒的阶段针对他们进行情绪发泄良性诱导，让他们将暴躁的情感合理地宣泄出来，引导其理性思考自己的所作所为，增加其稳重特质。如出现伤害他人的趋势，则立刻根据提前制定好的应急方案出击控制，降低实质危害发生的可能性，在事前控制吸毒人员，切实保障其他群众的生命财产安全。针对危害道路交通安全的事件，如毒驾等行为，大数据调研、分析人员应当注重对吸毒人员驾驶情况以及驾驶车辆的监测，通过社区禁毒工作人员定期汇报的吸毒人员身心状况、生活状态等信息，结合其出行轨迹，关注行车状态，监测吸毒人员的驾驶情况，并且提前做好应急准备工作。如有异样出现，则立即启动应急联合行动机制，通过与交管部门、监控部门等的协作，迅速控制吸毒人员的毒驾行为，避免公共安全遭受吸毒人员极端行为的伤害。

只有将公安禁毒、社区戒毒、社会工作以及其他职能部门联合起来，实现共同立体协作，才能系统整合对吸毒人员的常态管理与非常态管理，连接对吸毒人员的常态管理范畴与对吸毒人员极端行为的应急处置力量，真正做到在控制吸毒人员的常态化管理下，能够在"事前"预防吸毒人员因吸毒而造成的突发性极端行为事件，保障公共安全。

2. 及时明确毒品范围，提高辨别新型毒品警觉性

如果对毒品种类范围没有及时更新，将不利于公安机关打击青少年毒品犯罪情况。近年来，新式毒品以及新型毒品原料繁多且层出不穷，但是，国家卫生部于1988年颁布的管制精神、麻醉药品目录中，并没有将其全部收入，导致公安机关在查获的新型毒品之后，因缺少依据而无法进行查处。我国加入的有关国际公约中，标明麻黄碱和伪麻黄碱并非毒品，而是算作制毒物品或称"易制毒化学品"。依据公安部禁毒有关工作会议精神，麻黄碱是属于有毒范畴的，公安机关在实践中往往因此将麻黄素、麻黄碱列为毒品。为了加强对青少年吸毒预防，公安机关需要作出明确解释或者统一执法部门的认识。

在我国，青少年吸食新型毒品的案件越来越多。规范新型毒品种类和范围的药品管理依据主要有两类：一类是我国加入的相关国际公约，根据国际管制公约的规定新型毒品由《精神药品公约》管制，可以说，毒品包括的麻醉药品和精神药物新型毒品的范畴，与精神药物范畴吻合，可以分为苯丙胺类中枢兴奋剂、镇定催眠药和致幻剂这三大主类。另一类是国内现行的药品管理规范，即《麻醉药品和精神药

品管理条例》，新型毒品的种类和范围以精神药品目录而确定，也就是说，没有被算作精神药品目录中的物质，司法机关也不可以认定其为新型毒品。

我国现有的精神药品目录存在许多不足：第一，规定过于简约，仅仅是对新型毒品名称的罗列，每一种新型毒品易滥用性与社会危害性的程度，在目录中都没有概括性的描述，司法人员在定罪量刑时从目录中无法获取相关有帮助的信息。第二，分类不明确。著名的"喵喵"案中4-MMC是否与甲卡西酮为一类物质，没有明确规定可以比照卡西酮进行量刑，很容易导致案件定罪量刑出现不确定性。因此，为了加强青少年禁毒预防工作，改进精神药品目录这件事势在必行。

首先，要对精神药品目录进行科学分类。科学分类一方面不仅便于司法工作者熟悉每一类精神药物的滥用程度、社会危害性，量刑时尽可能做到罪责刑相适应，另一方面也便于禁毒宣传组织部门和普通公众掌握每一类精神药物的情况，以深入了解新型毒品知识。我国可以依据具体情况分析并选出最合适的分类策略，再把每一类都附上概括性的说明，然后按照强弱、危险程度的顺序排列。①

其次，将更新精神药品目录常态化。但其中很多都没有被列入国际、国内管制目录。通常各国政府定期修订毒品清单，对药物管制范围和毒品的品种加以确定。如英国《滥用毒品法》，为了涵盖日益增多的新型毒品，以应对部分变换毒品成分以规避法律的行为。我国应该积极加大国际合作，从立法方面增强NPS列管工作，把联合国已管制、已在国内形成现实滥用危害的品种都纳入列管范畴，这样公安机关就能够根据当前工作需要，一经发现社会上出现NPS，马上报备国家禁毒委员会办公室，启动列管程序及时将新发现的NPS列入精神药品名录中，向社会公布。我国现已列管456种麻醉品和精神物质是世界上列管毒品最多、管制最严的国家。

3. 打击防范网络犯罪，遏制涉毒发展趋势网络化

公安机关禁毒部门作为扫毒的主力军，通过综合分析青少年在网络涉毒案件中的现状，得出了青少年网络涉毒活动的特点。因此，公安机关应结合青少年网络涉毒活动大数据，主动加强与公安网络安全监管部门的沟通协作，从以下几个方面着手，从根源遏制网络涉毒现象的发展趋势：

第一，由上至下强化公安机关禁毒法律法规理论知识，加强网络技能知识的培训。禁毒民警要对网络涉毒违法犯罪行为的认定处理、划分网络经营商监管责任等相关法律法规进行系统学习，拥有足够的理论基础，做到依法办案。公安机关要定期对民警进行培训，通过邀请专家、开展线上讲座等方式，进行信息化侦查技能和知识的培训，提高侦办青少年网络涉毒案的能力和水平。

---

① 王姝婷. 新型毒品种类与范围的司法认定. 武警学院学报，2017（1）.

第二，强调与网安部门的协作。在禁毒工作中，网安部门可以运用大数据技术，依托网络科技手段，广泛收集涉毒违法犯罪人员的动态信息，并及时移交到禁毒部门侦查，帮助禁毒部门获取、固定电子证据，提供网络侦查服务。这种网络式排查可以加强对青少年网络毒品犯罪的约束，通过网安部门发现的网络售毒信息，可以在进一步信息研判和网络初查后，及时转递给禁毒部门，并对相关网站、论坛、社交软件涉嫌违规违法的事项进行证据收集，对涉毒的网络经营商和服务商依法进行教育处罚，从而及时制止青少年的涉毒行为。

第三，加强异地警务之间的合作。青少年在进行网络涉毒违法犯罪活动时，通常情况下会涉及不同地区间的合作。在查处这类跨地域案件时，公安机关管辖权冲突、互相推诿、协作不畅等问题也偶有发生。因此建立健全区域间网络涉毒案件警务协作机制是禁毒部门打击网络涉毒违法犯罪的重要保障。牢固树立起"全国禁毒一盘棋"的理念，强化区域协作，完善协作机制，拓展协作领域，有目标、有重点、有计划地推进青少年禁毒协作实战化发展。

第四，加强禁毒宣传教育中建设网络道德文明风气。如今，网络虚拟社会言论多元化，各种思想鱼龙混杂，而且在网络自媒体时代，"人人都有麦克风"，以及青少年是最大的网络使用群体的现实情况，禁毒部门可通过公安微博等官方媒体，及时准确地推送有关毒情内容，引导青少年远离毒品，营造积极向上的网络环境。

4. 打击防范物流犯罪，提升涉毒监测检查灵敏度

物流寄递业依托互联网，适应了智能化网络服务业发展要求，而青少年正是当前互联网用户中占比较大的群体。当前青少年涉毒犯罪行为毒品来源多来自快递等寄递方式，物流寄递成为毒品犯罪最常见的途径之一，打击物流毒品犯罪刻不容缓。国家禁毒办在 2014 年发布了《关于进一步强化打击利用物流寄递渠道贩毒活动的通知》，对防范打击物流寄速渠道涉毒违法犯罪工作提出了新的发展要求，也指明了新的工作方向。据某市邮政管理局统计，该市快递收发件数量大约以每年 50% 的速度增长，2013 年约为 7000 万件，2014 年突破 1 亿件①，其中以青少年为寄件人和收件人的快递数量尤为庞大。青少年通过物流寄递的方式获取毒品的趋势，已经不容小觑，公安机关必须要正视这个问题，高度重视物流寄递涉毒渠道，从多方面、多维度进一步加大打击防范的力度。

首先，加强侦查队伍专业性。某市缉毒支队赋予情报大队以打击网络和物流寄递渠道涉毒犯罪的专业职能，并协同大型物流寄递企业协会等部门，深入物流寄递企业、园区、货运站了解物流运作过程，通过分析已破获的网络及物流寄递渠道贩

---

① 李伟，焦志超. 网络、物流寄递涉毒犯罪的特点及打防对策. 江西警察学院学报，2015（3）.

毒案件，掌握青少年贩毒路线、藏毒方法、毒品来源、中转站和目的地的选择、运输工具的选择及各占的比例、常用的反侦查手段等规律，找到特点，总结经验，提高打击能力。

其次，多方面增强物流寄递企业识毒、拒毒、防毒的能力。通过"推动物流园区在出入口配备查毒报警装置""向物流寄递企业员工提供毒品知识技能培训"等一系列措施，增强相关企业自检自查能力，推进物流寄递渠道禁毒工作顺利开展。

再次，优化整合物流寄递业禁毒情报资源。当前，贩运毒品活动日趋网络化、伪装方式多样化，青少年贩毒活动就变得更为隐蔽，具体体现在他们逐渐利用物流寄递方式贩运毒品。根据对数据的分析，类似案件缴获的毒品数量巨大、涉及区域广泛，危害程度远大于普通贩毒形式。因此，对于青少年物流贩毒形态必须予以高度重视。一要加强与邮政管理部门的交流衔接，提高物流寄递业禁毒的工作效率，邮政管理部门对工作中调查出来的寄递渠道涉毒线索，应移交公安机关汇总分析。二要大力推进物流寄递信息查询平台的建设。当前，国家邮政局正在完善邮政行业安全监管系统，在各地建立安全监管中心，公安禁毒部门应当以此为切入点，实现寄递信息、安全监管信息等大数据与公安情报信息平台的对接，做到全程掌握发货、中转、收货等环节的物流信息，进而增加情报收集途径，增强研判分析效果。

最后，建立报告体系，注重责任追究。将破获的物流寄递渠道贩毒案件的特点、案件细节录入大数据系统，公安机关要定期对相关大数据进行分析研判，将情况通报有关企业，要求企业加强防范。同时，将联合邮政、市场监管等主管部门作为有效的监督机关，建立一个高效的监督机制，倒推物流寄递公司遵守安全管理法律政策，或者采取定期巡视或抽查的方式，对其加强监督检查。创新性建立责任倒查机制，公安机关可以对屡次被警示、管理漏洞突出、整改措施不落实的企业及其责任人，依法追究责任，并给予相应处罚。

综上，青少年作为国家发展的储备军，需要绝对远离毒品，保证身心的健康。但由于主客观的影响致使有些青少年滑入了毒品的深渊，因此要想使这部分青少年重新回归社会，势必需要个人、家庭、社会和公安机关的协同治理。"净边2020"专项行动动员部署视频会议上强调，要深入学习贯彻习近平总书记关于禁毒工作的重要指示精神，贯彻落实全国禁毒工作电视电话会议精神，提高政治站位，强化攻坚克难，加强统筹协调，全力打好堵截围剿毒品的阻击战、整体战、合成战，为决战决胜全面建成小康社会作出新的更大贡献。

主要参考文献

[1] 陈云东．毒品、艾滋病问题的法律与政策研究．云南大学出版社，2010．

[2] 胡金野，齐磊．中国禁毒史．上海社会科学院出版社，2017．

[3] 李少盈．大数据背景下毒品案件侦查协作研究．中国人民公安大学，2021．

[4] 祁亚平．毒品案件中的证据理论与证据实践．中国政法大学出版社，2019．

[5] 阮惠风．新型合成毒品滥用实证调查与治理对策．上海社会科学院出版社，2016．

[6] 徐汉明，盛晓春．家庭治疗——理论基础与实践．人民卫生出版社，2010．

[7] 尹述凡．药物原理概论．四川大学出版社，2018．

[8] 张洪成．毒品犯罪刑事政策之反思与修正．中国政法大学出版社，2017．

[9] 张宁．在毒品抑或药物背后．上海社会科学院出版社，2020．

[10] 赵希，龚红卫，刘志松．国际犯罪学前沿问题综述．中国政法大学出版社，2020．

[11] 钟其．社会转型中的青少年犯罪问题研究．浙江工商大学出版社，2014．

[12] 采虹．治理视角下的社区禁毒研究．政治军事与法律，2017（4）．

[13] 董丽娟．隐语行话研究与公安言语识别．文化学刊，2021（11）．

[14] 樊新民．我国毒品社会问题新趋势与应对思路．广东社会科学，2015（2）．

[15] 冯立洲．共建共治共享社会治理视阈下的"全民禁毒"．政法学刊，2020（4）．

[16] 付美珍．基于多元主体作用协同的社区禁毒教育实践分析．劳动保障界，2020（3）．

[17] 高元兵．同性恋人群吸毒问题研究．湖北警官学院学报，2015（12）．

[18] 韩丹，耿柳娜．生活方式：吸毒成瘾的社会学解释视阈．社会科学论坛，2009（2）．

[19] 贾东明，郭崧．试论戒毒人员心理及行为与青少年毒品亚文化的关系．健康教育与健康促进，2018（4）．

[20] 雷海波．青少年毒品预防教育的创新发展．中国青年社会科学，2018（5）．

［21］李彬，张旻南，马立鹏，等．新精神活性物质特征与管控．中国安全防范技术与应用，2020（3）.

［22］李丹阳，何紫琪，李潇渝．基于大数据的广州市吸毒人员危害公共安全极端行为的应急管理模式．法制与社会，2020（13）.

［23］李欢乐．控制论视角下青少年禁毒工作研究．预防青少年犯罪研究，2017（6）.

［24］李伟，焦志超．网络、物流寄递涉毒犯罪的特点及打防对策．江西警察学院学报，2015（3）.

［25］李梓菡．毒品犯罪控制下交付研究．黑龙江省政法管理干部学院学报，2019（11）.

［26］林洋．论青少年吸毒原因及预防措施．青少年犯罪问题，2016（3）.

［27］梅传强．回顾与展望：我国禁毒立法之评析．西南民族大学学报（人文社科版），2008（1）.

［28］彭善民．青少年新型毒品预防的社会工作创新．学习与实践，2012（3）.

［29］孙元，谢秀钿．朋辈群体对青少年偏差行为的影响．教育评论，2009（4）.

［30］谭莉，方玉桂．广州市社区吸毒人群健康情况调查．中国临床康复，2003（13）.

［31］王锐园．大数据在禁毒工作中的应用．中国刑警学院学报，2018（5）.

［32］王姝婷．新型毒品种类与范围的司法认定．武警学院学报，2017（1）.

［33］王振宏．吸毒人员心智化特征及对其人格组织发展的影响．中国药物滥用防治杂志，2019（6）.

［34］杨丽君．我国新精神活性物质形势剖析．云南警官学院学报，2020（2）.

［35］杨丽君．云南省中小学毒品预防教育现状及对策研究．云南警官学院学报，2004（2）.

［36］姚兵．论未成年人犯罪情境预防的必要性和可行性——以三省市未成年犯实证调查为分析基础．中国刑事法杂志，2012（4）.

［37］游彦，邓毅，赵敏．第三代毒品——新精神活性物质（NPS）发展趋势评估、管制瓶颈与应对策略．四川警察学院学报，2017（1）.

［38］翟惠琴．家庭教育对青少年价值观的影响．中国农村教育，2020（22）.

［39］翟远锦．论当前我国青少年涉毒违法犯罪．云南警官学院学报，2014（5）.

［40］张黎，张拓，陈帅锋．合成毒品滥用引发的公共安全问题研究．中国人民公安大学学报（社会科学版），2014（2）.

［41］张萌．青少年吸食新型毒品的心理特征分析报告．预防青少年犯罪研究，

2020（1）.

[42] 赵宁侠，郭瑞林，任秦有，周建歧，史恒军，侯颖．阿片类毒品对人体自由基、内分泌激素及细胞免疫的影响．中国临床康复，2003（5）.

[43] 赵雪莲，何丹．论明星吸毒的原因及负面效应——从社会心理学的视角分析．湖北警官学院学报，2015（6）.

[44] 周立民．大学生观看禁毒教育视频效果调查及启示．云南警官学院学报，2020（4）.

[45] 周振想．当前中国青少年吸毒问题研究．中国青年政治学院学报，2000（1）.

[46] 周志刚，王祎．毒品犯罪隐语及其在公安禁毒工作中的应用．广西警察学院学报，2019（2）.

[47] 朱朝光．大学生自我表露与人格特征、孤独、心理健康的相关性．心理月刊，2020（6）.

[48] 朱虹．大数据背景下对贵州省毒品情报信息工作体系的思考．贵州警察学院学报，2020（1）.

[49] 朱卫彬．高职院校发展专业特色的实证研究．中南大学，2010（2）.

[50] 朱宇．青少年毒品犯罪的原因及对策．湘潭师范学院学报（社会科学版），2006（3）.

[51] 陈斌．娱乐场所毒品问题治理研究．甘肃政法学院，2019.

[52] 陈谞．吸毒预防论．吉林大学，2004.

[53] 戴坤．结构式家庭治疗介入青年冰毒滥用应用探究．江西师范大学，2020.

[54] 邓小刚．整体性治理视角下南丰县青少年吸毒治理研究．江西财经大学，2020.

[55] 董春艳．云南省昆明市毒品犯罪问题调查报告．西南政法大学，2011.

[56] 龚飞君．青少年毒品犯罪的现状与防范对策分析——以上海为例．复旦大学，2009.

[57] 郭蕾．青少年吸毒的家庭因素分析与家庭治疗研究．苏州大学，2014.

[58] 韩沛琨．艾滋病抗病毒治疗者神经认知损伤研究．昆明医科大学，2020.

[59] 刘佳宁．药物依赖戒断者心理健康模型建构及运动干预的实证研究．上海体育学院，2021.

[60] 刘美丽．人际交往障碍初中生自我调试的干预研究．曲阜师范大学，2015.

[61] 鲁春霞．运动激活免疫反应减缓甲基苯丙胺成瘾者稽延期负性情绪的作用及机制．湖南师范大学，2021.

［62］孟聪. 艾滋病防治对毒品政策转型的影响和启示. 中国人民公安大学, 2021.

［63］苗志斌. 阿片类吸毒人员戒毒的不同时段睡眠质量调查及影响因素分析. 昆明理工大学, 2017.

［64］倪泽阳. 江苏某地区吸毒人员 HBV、HCV 及梅毒感染状况与影响因素分析. 南京医科大学, 2021.

［65］王刚. 个案工作增强社区戒毒人员维持操守信心的实务研究. 云南大学, 2020.

［66］王宁. 寄递渠道贩毒案件侦查研究. 中国人民公安大学, 2020.

［67］王锐园. 毒品犯罪明知之证明与推定研究. 吉林大学, 2021.

［68］王瑞乾. 论"毒驾"入刑. 河南大学, 2019.

［69］吴楠. 女性毒品犯罪研究. 南京工业大学, 2019.

［70］徐涛. 毒品代谢物荧光免疫层析试纸条及其多联检测方法的建立. 暨南大学, 2021.

［71］闫紫菱. 吸毒人员社区康复过程中的社会融入研究. 华东理工大学, 2021.

［72］殷浩. 当前我国吸毒人员暴力犯罪问题研究. 中国人民公安大学, 2020.

［73］余爱艳. 禁毒社会工作中同伴教育的本土化应用研究. 华南理工大学, 2020.

［74］岳佳. 毒品犯罪案件侦查方法研究. 中南财经政法大学, 2020.

［75］张鸽. 我国毒品犯罪侦查存在的问题及对策. 青岛大学, 2018.

［76］张鹏飞. 基于叙事治疗视角的戒毒人员社会融入服务研究. 广州大学, 2022.

［77］张汝铮. 毒品犯罪认定研究. 大连海事大学, 2020.

［78］赵云龙. 我国毒驾防控研究. 中国人民公安大学, 2018.

［79］郑精选. 海洛因海绵状白质脑病的长期随访研究. 南方医科大学, 2014.

［80］周亮. 海洛因海绵状白质脑病的临床、病理、流行病学调查和 CYP4502D6 基因多态性关系的研究. 第一军医大学, 2004.

［81］周昕橦. 青少年禁毒社会工作中的"月半心法"实务研究. 安徽大学, 2020.

［82］朱梅. 海洛因滥用导致神经系统损伤的机理研究. 昆明医科大学, 2019.

［83］Kann L, Mcmanus T, Harris W A, et al. Youth Risk Behavior Surveillance-United States, 2015. Morbidity & Mortality Weekly Report Surveillance Summaries, 2016 (SS-12).

附 录
戒毒所吸毒人员调查问卷

感谢您填写这份问卷，我们进行这次问卷调查，是为了了解您的基本情况和真实想法，特别是对您在强制隔离戒毒期间的情况作深入了解。请您务必按照真实情况回答，您所提供的一切资料与信息都将严格保密并且只用于研究。感谢您的合作与支持！

第一部分

1. 您的年龄（周岁）？

_____

2. 您吸毒持续的时间为多久？

_____

3. 您第一次吸毒和第二次吸毒之间间隔多久（小时或天为单位）？

_____

4. 您认为戒毒最大的障碍是什么？

_____

5. 您在吸毒之前的居住地？

□乡村 　　　　　□城市 　　　　　□城乡接合部 　　　　　□乡镇

6. 您的性别？

□男 　　　　　□女

7. 您的文化程度？

□初中及以下 　　　□高中 　　　□中专或中技 　　　□专科

□大学本科 　　　□研究生及以上

8. 您的婚姻状况？

□未婚 　□初婚有配偶 　□再婚有配偶 　□复婚有配偶 　□丧偶 　□离婚

9. 您是否有子女？

□有　　　　　　　□无

10. 您原生家庭的状况如何？

□父母关系和睦　□父母关系不和睦　□父母关系一般　□单亲家庭

11. 您后悔吸毒吗？

□后悔　　　　　　□不后悔

12. 您来过几次戒毒所？

□1 次　　　　□2 次　　　　□3 次　　　　□4 次及以上

13. 来戒毒所前您打算过戒毒吗？

□有　　　　　　　□无

14. 来戒毒所之前您采取了什么方式戒毒？

□自己戒毒　　□社区戒毒　　□强制隔离戒毒　　□没有采取任何方式

15. 您强制隔离戒毒前职业情况如何？

□有长期稳定职业　　　　　　□无长期稳定职业

□强制隔离戒毒前失业　　　　□无就业经历

16. 您强制隔离戒毒前每月收入大概是多少？

□无经济收入　□≤1000 元　□1001～2000 元　□2001～3000 元

□3001～5000 元　□>5000 元

17. 您是通过什么途径染上毒品的？（单选或多选）

□家人介绍　　□亲戚介绍　　□朋友介绍　　　□同事介绍

□同学介绍　　□陌生人介绍　□娱乐场所误食　□他人胁迫

□其他_____

18. 您购买毒品的资金来源是？（单选或多选）

□自己的工资等合法收入　　　　□向父母索要　　　□变卖财物

□敲诈、勒索、诈骗、赌博、偷窃等违法行为　　　□贩卖毒品

□其他_____

19. 您吸毒前了解其危害吗？

□非常了解　　□比较了解　　□了解但不在意　　□比较不了解

□完全不了解

20. 您第一次吸毒感觉如何？（单选或多选）

□头晕、恶心　□食欲不振　□呼吸缓慢、不规则　□全身无力

□心悸、腹痛　□精神恍惚、精神错乱　　　　　　□幻听、幻视

□失眠　　　　□没有感觉　□其他_____

21. 您吸毒时的地点有哪些？（单选或多选）

□自己家中　　　　□朋友家中　　　　□娱乐场所　　　　　□酒店、旅馆

□私家车内　　　　□其他_____

22. 您曾经诱导、怂恿、胁迫过吸毒的人有些哪些？（单选或多选）

□家人　　　　　　□亲戚　　　　　　□朋友　　　　　　　□同事

□同学　　　　　　□陌生人　　　　　□没有诱导、怂恿、胁迫过

□其他_____

23. 您吸食过的毒品有哪些？（单选或多选）

□冰毒　　　　　　□海洛因　　　　　□大麻　　　　　　　□鸦片

□"摇头丸"　　　　□可卡因　　　　　□"笑气"　　　　　　□不知道

□其他_____

24. 您吸毒后有以下哪些现象？（单选或多选）

□智力衰退　　　　　　　　　□精神颓废　　　　　　　　□注意力不集中

□易冲动、渴望刺激与冒险　　□可信任度低　　　　　　　□适应能力低下

□自卑感强烈　　　　　　　　□普遍存在抑郁与焦虑

□缺乏和谐稳定的人际关系　　□记忆力下降　　　　　　　□意志力薄弱

□丧失工作/学习兴趣　　　　 □丧失责任感　　　　　　　□丧失羞耻感

□丧失人格尊严

25. 您长期吸毒后有以下哪些现象？（单选或多选）

□咽炎、鼻炎、鼻窦炎　　　□免疫力下降　　　　　　□皮炎、贫血等

□食欲不振　　　　　　　　□身体瘦削、形如枯槁　　□呼吸缓慢、不规则

□萎靡不振、丧失进取　　　□全身无力、反应迟钝　　□喜怒无常

□吐血、心悸、腹痛　　　　□顽固性便秘　　　　　　□精神恍惚、精神错乱

□幻听、幻视　　　　　　　□意识障碍、抑郁　　　　□失眠、睡眠障碍等

□乙肝、丙肝等血清型肝炎　　　　　　　　　　　　　□性功能障碍、不孕

□月经紊乱、内分泌失调

26. 吸毒后您有过利用毒品谋利的想法或行为吗？

□有　　　　　　　　　　□无

27. 您吸毒后是否有分手、分居、离婚、家庭破裂或类似现象？

□有　　　　　　　　　　□无

28. 您有过复吸行为吗？

□有　　　　　　　　　　□无

29. 您在吸毒前有多少关系密切，可以得到支持和帮助的朋友？

□1 个也没有　　　　□1~2 个　　　　□3~5 个　　　　□6 个及以上

30. 您在吸毒后有多少关系密切，可以得到支持和帮助的朋友？

□1 个也没有　　　　□1~2 个　　　　□3~5 个　　　　□6 个及以上

31. 强制隔离戒毒前一年您？

□远离家人，且独居一室　　　　□住处经常变动，多数时间和陌生人住在一起

□和同学、同事或朋友住在一起　　　　□和家人住在一起

32. 您和邻居的关系？

□互相之间从不关心，只是点头之交　　　□遇到困难可能稍微关心

□有些邻居很关心你　　　　□大多数邻居都很关心你

33. 戒毒期间您从家庭成员得到的支持和照顾（在合适的框内打"√"）

全力支持	无	极少	一般
夫妻（恋人）			
父母			
儿女			
兄弟姐妹			
其他成员（如嫂子）			

34. 戒毒期间您曾得到的经济支持和解决实际问题的帮助的来源有？（单选或多选）

□无任何来源　　　　□配偶　　　　□其他亲属　　　　□朋友　　　　□同事

□工作单位　　　　□党团工会等官方或半官方组织

□宗教、社会团体等非官方组织　　　□其他_____

35. 您对于团体（如党团组织、宗教组织、工会、学生会等）组织活动？

□从来不参加　　　□偶尔参加　　　□经常参加　　　□主动参加并积极活动

36. 您遇到烦恼时的倾诉方式？

□从不向任何人倾诉

□只向关系极为密切的 1~2 人倾诉

□如果朋友主动询问会说出来

□主动诉述自己的烦恼以获得支持和理解

37. 吸毒后您是否出现以下情形？（单选或多选）

□和原来的朋友疏远　　　　□因吸毒结识了更多的朋友

□戒毒后与吸毒认识的朋友疏远　　□因吸毒结识的朋友大多没有长期稳定工作

38. 吸毒后以下哪些情绪的反复对您的生活造成了影响？（单选或多选）

□烦躁、愤恨、敌意　　　□抑郁、寂寞、沮丧　　　　□焦虑、紧张、惊恐

□兴奋、狂喜　　　　　　□尴尬、懊恼、耻辱

39. 您在吸毒之前是否有固定的住所？

□有　　　　　　　　　　□无

40. 您对于毒品犯罪中的"行话"和"黑话"了解吗？

□非常了解，并且能用在圈子交流中

□比较了解，听得懂他们在说什么

□不是很了解，听人说起过

□不了解，从未听说过这种名词

41. 您是从什么方面了解到这些和毒品有关的行话的呢？

□书籍上　　　　　　　　□和一些朋友聊天的过程中

□从一些境外网站上　　　□其他_____

42. 您吸毒之前在学校学习状况如何？

□在班级的前五名　　　　□在班级前百分之二十

□成绩中等，处于中游　　□在班级的后百分之二十

□在班级的倒数五名之内

43. 在学校老师对您的态度如何？

□老师对于我很关心，各方面都很照顾　　□老师对于我不是很关心

□老师对于我不闻不问，缺乏关心　　　　□老师对我放任不管

44. 你们学校的毒品宣传的普及率如何？

□百分之八十的同学都知道毒品的相关知识

□百分之六十的同学了解毒品相关知识

□有一半的同学了解毒品知识

□有百分之三十的同学了解毒品知识

□几乎没有同学了解毒品知识

45. 您对毒品知识了解多少？

□很了解　　　□比较了解　　　□了解较少　　　□完全不了解

46. 在您吸毒过程中，您的经济收入能够支持您吸毒吗？

□我没有经济来源　　　　　　　□我的经济来源很难维持吸毒

□我的经济来源能够勉强维持吸毒　　□我的经济来源较广，能够支持我吸毒

47. 您对吸毒有关的法律了解清楚吗？

□很了解　　　□比较了解　　　□一般了解　　　□比较不了解　　　□完全不了解

48. 您父母对您的教育方式是怎样的？

□纵容、溺爱　　　　　　□宽严并济　　　　　　□偶尔关心

□严厉甚至是暴力的方式　　□不闻不问，缺乏监管

49. 您的家人是否有人吸毒

□有　　　　　　　　□没有

50. 您家人有谁在吸毒？

□父亲　　□母亲　　□其他亲戚　　□多人吸毒且与我关系密切　　□无人吸毒

51. 您的工作压力大不大？

□很大，赚的钱无法维持生计

□较大，赚的钱可以维持生计

□较小，赚的钱完全能够维持生计

□很小，赚的钱不仅可以维持生计，还可以用于其他用途

□没有工作

52. 您认为吸毒毁了您的人生吗？

□是　　　　　　　　□否

53. 您相信您会戒毒成功吗？

□是　　　　　　　　□否

54. 您对戒毒后的人生是否充满希望？

□是　　　　　　　　□否

第二部分

请您在每个问题后打"√"，选择是或否。

	是	否
1. 关于自己的烦恼有苦难言		
2. 和生人见面时感觉不自然		
3. 过分羡慕和嫉妒别人		
4. 与异性交往太少		
5. 对连续不断的会谈感到困难		

续表

	是	否
6. 在社交场合感到紧张		
7. 时常伤害别人		
8. 与异性来往不自然		
9. 与一大群朋友在一起，常感到孤寂或失落		
10. 极易受窘		
11. 与别人不能和睦相处		
12. 不知道与异性相处如何适可而止		
13. 当不熟悉的人对自己倾诉他的生平遭遇以求同情时，自己常感到不自在		
14. 担心别人对自己有什么坏印象		
15. 总是尽力使别人欣赏自己		
16. 暗自思慕异性		
17. 时常避免表达自己的感受		
18. 对自己的仪表（容貌）缺乏信心		
19. 讨厌某人或被某人所讨厌		
20. 瞧不起异性		
21. 不能专注地倾听		
22. 自己的烦恼无人可申诉		
23. 受别人排斥与冷漠		
24. 被异性瞧不起		
25. 不能广泛地听取各种意见、看法		
26. 自己常因受伤而暗自伤心		
27. 常被别人谈论、愚弄		
28. 与异性交往不知如何更好地相处		

第三部分

请您在每个问题后打"√",选择是或否。

	是	否
1. 别人围在我身旁会使我感到紧张不安		
2. 我习惯于按自己的方式行事,难以因别人的意见而改变,即使这些意见看起来很有道理		
3. 我认为自己是一个了不起的人		
4. 我容易显露出自己的情绪		
5. 我有时心情不好		
6. 我有过不止一次的违法行为(可能会被拘留、起诉、判刑等)		
7. 我难以控制恼怒或脾气		
8. 我常诉说我的苦楚和不幸		
9. 我与别人打过许多次架		
10. 我不在乎别人会怎么说我		
11. 我与别人保持相当的距离		
12. 我是一个情绪不稳定的人		
13. 我不会忘记和原谅那些待我不好的人		
14. 我曾试过伤害自己或自杀		
15. 我难以在一种只有两个人的场合单独与对方打交道		
16. 我看上去可能会使别人认为我有些古怪和离奇		
17. 我与别人的关系有时变得很亲密,有时则变得充满怨恨		
18. 我希望能引人注目		
19. 我是一个悲观的人		
20. 我让我的家人和朋友为我生活中的重要事情做出决定		
21. 我常常寻思我所认识的人是否真正信得过		
22. 别人往往低估了我做出的成绩		
23. 我常常保持警惕以防别人趁机夺走好处		

续表

	是	否
24. 我做过很多不考虑后果的事情		
25. 人们常常难以理解我谈话中的内容		
26. 我因自我评价过低而痛苦		
27. 我时常留意与琢磨别人话中所隐含的意思		
28. 一场核战争也许不是一个那么坏的想法		
29. 别人认为我心情易变及脾气暴躁		
30. 为了使我所爱的人不离开我，我会走极端		
31. 我常常将工夫花在细节上而忽略了大目标		
32. 我在表达自己的感受和情绪时比一般人更为兴奋和强烈		
33. 一旦我发现与我关系亲密的人不再接近我，我便会感到十分烦恼并做出强烈的反应		
34. 我尽量避免与那些可能批评我的人在一起		
35. 当别人中伤我时，我会毫不犹豫给予还击		
36. 我容易受别人的影响		

第四部分

请您在每个问题后打"√"，选择是或否。

序号	题目	从来不	很少	有时	经常	一直如此
1	我能适应变化					
2	我有亲密、安全的关系					
3	有时，命运或上帝能帮忙					
4	无论发生什么我都能应付					
5	过去的成功让我有信心面对挑战					
6	我能看到事情幽默的一面					
7	应对压力时我感到有力量					

续表

序号	题目	从来不	很少	有时	经常	一直如此
8	经历艰难或疾病后，我往往会很快恢复					
9	事情发生总是有原因的					
10	无论结果怎样，我都会尽自己最大努力					
11	我能实现自己的目标					
12	当事情看起来没什么希望时，我不会轻易放弃					
13	我知道去哪里寻求帮助					
14	在压力下，我能够集中注意力并清晰思考					
15	我喜欢在解决问题时起带头作用					
16	我不会因失败而气馁					
17	我认为自己是个强有力的人					
18	我能做出不寻常的或艰难的决定					
19	我能处理不快乐的情绪					
20	我不得不按照预感行事					
21	我有强烈的目的感					
22	我感觉能掌控自己的生活					
23	我喜欢挑战					
24	我努力工作以达到目标					
25	我对自己的成绩感到骄傲					